María Rosa Menocal

o ornamento do mundo

Tradução de
Maria Alice Máximo

Revisão Técnica de
Rogério Ribas

EDITORA RECORD
RIO DE JANEIRO • SÃO PAULO
2004

CIP-Brasil. Catalogação-na-fonte
Sindicato Nacional dos Editores de Livros, RJ.

M517o Menocal, María Rosa
O ornamento do mundo / María Rosa Menocal; tradução de Maria Alice Máximo. – Rio de Janeiro: Record, 2004.

Tradução de: The ornament of the world
ISBN 85-01-06489-0

1. Tolerância – Espanha – História. 2. Muçulmanos – Espanha – História. 3. Cristãos – Espanha – História. 4. Judeus – Espanha – História. 5. Espanha – Civilização – 711-1516. 6. Espanha – Relações étnicas. 7. Europa – Relações – Espanha. 8. Espanha – Relações – Europa. 9. Espanha – Civilização – Influência islâmica. 10. Europa – Civilização – Influência árabe. 11. Europa – Civilização – Influência espanhola. I. Título.

04-0403 CDD – 946.01
CDU – 94(460) "711/1516"

Título original em inglês:
THE ORNAMENT OF THE WORLD

Impresso no Brasil

ISBN 85-01-06489-0

PEDIDOS PELO REEMBOLSO POSTAL
Caixa Postal 23.052
Rio de Janeiro, RJ – 20922-970

Para *un hombre sincero de donde crece la palma...*
meu pai, o intrépido Enrique Menocal,
que passou toda a vida em exílio
de sua própria terra das palmeiras

Sumário

Relação dos mapas

Prefácio de Harold Bloom

María Rosa Menocal começa esta história pungente em Damasco no ano de 750 e a termina em Granada em 1492, ano da expulsão dos mouros e dos judeus da Espanha. O epílogo de Menocal, "Fragmentos Andaluzes", nos conta de maneira fantástica a destruição, exatamente quinhentos anos depois, da Biblioteca Nacional de Sarajevo pela artilharia sérvia. Entre o brutal desastre de 1492, obra do catolicismo espanhol, e a atrocidade cultural de 1992, façanha deliberada dos cristãos ortodoxos sérvios, Menocal escreve minhas páginas prediletas deste livro, que tratam da publicação da primeira parte do *Dom Quixote* de Cervantes em 1605. Esse foi também o ano em que Shakespeare encenou pela primeira vez seu *Rei Lear* no Globe Theatre em Londres. Nada na literatura ocidental, nestes quatro séculos que se seguiram, tem a eminência de *Dom Quixote*, o maior dentre os romances e as comédias, ou do *Rei Lear*, a suprema tragédia dramática e, quiçá, o limite da arte literária.

A Espanha de Cervantes, um século após a expulsão, continuava assombrada pelos traumas culturais e econômicos daquele evento catastrófico. Para os judeus e para os mouros, a expulsão significou o exílio permanente do que havia sido para eles "um lugar da mais alta qualidade"; para os antigos cristãos, significou o triunfo e sua Idade de Ouro. O que a expulsão significou para Cervantes permanece um enigma que não pode ser solucionado. É com freqüência que Sancho Pança se queixa de sua linhagem de antigos cristãos, e em uma ocasião, aparentemente sem motivos, diz que odeia os judeus. Que judeus? Ele pode estar se referindo aos novos convertidos, porém o leitor não é levado a crer que Sancho, um sujeito tão maravilhosamente bom, seja capaz de odiar quem quer que seja. Quanto a Dom Quixote, este é finalmente derrotado, abandona seu título de cavaleiro e volta para casa a fim de morrer devotamente. A Espanha morreu devotamente a partir da segunda metade do século XVII até a morte de Francisco Franco e, desde então, transformou-se em algo diferente, algo que ainda não se consegue definir. Se comparada aos Estados Unidos ou à Irlanda, a Espanha já não é mais um país obcecado pela religião. O culto à morte, porém, continua a existir nos desvãos de sua cultura.

A Andaluzia de Menocal, onde "muçulmanos, judeus e cristãos criaram uma cultura de tolerância", pode, até certo ponto, ser produto de uma idealização, saudável e útil. A própria autora refere-se ao terrível massacre dos judeus em Granada em 1066 atribuindo-o inteiramente a berberes fundamentalistas, no que não é de todo convincente. Ainda assim, a visão central de *O Ornamento do Mundo* é convincente. Os judeus e os cristãos da Andaluzia muçulmana prosperaram econômica e culturalmente sob os omíadas, cuja dinastia havia sido transplantada de Damasco para Córdoba pelo audacioso Abd al-Rahman. De fato, dentre as culturas judaicas no exílio, desde a Babilônia até os Estados Unidos, os três pontos mais altos foram atingidos em Alexandria (do século II a.C. até o século II da Era Cristã), na Andaluzia muçulmana e na Áustria-Alemanha (cerca de 1890 até 1933). Quando comparada a qualquer dessas três, a cultura judaico-americana parece ridícula, embora o Talmude da Babilônia e a Gênese-através-dos-Reis, criação do Redactor, provavelmente ofusquem até mesmo as culturas de Alexandria, de Córdoba-Granada-Toledo e de Viena-Praga-Berlim.

O livro de Menocal é uma canção de amor aos poetas judeus, muçulmanos e cristãos (principalmente os trovadores) de um período que já foi chamado de Alta Idade Média. Hesito em mencionar um único herói do livro (o coração de Menocal parece pertencer ao poeta-guerreiro Samuel, o Nagid, que reinventou a poesia hebraica), mas meu voto vai para Ibn Hazm, também poeta-guerreiro que escreveu em árabe. Seu livro *O colar da pomba*, um manual de amor romântico, é também um monumento a uma Córdoba devastada, cujos dias de glória haviam passado para sempre. Menocal apresenta Ibn Hazm como um Dom Quixote que se agarra a uma estética, a uma erótica e a uma tradição cultural irrecuperáveis, porém inesquecíveis.

O livro de Menocal, tão sábio quanto instigante, estuda essas nostalgias não exclusivamente pelo que têm de valor em si, mas também por sua relevância atual. Não se vêem andaluzes muçulmanos em parte alguma do mundo de hoje. O Irã dos aiatolás e o Afeganistão dos talibãs podem marcar um ponto extremo, porém nem mesmo o Egito de hoje pode ser considerado uma cultura de tolerância. Judeus e palestinos, ainda que pudessem chegar a algum tipo de paz, continuariam cercados por um mundo muçulmano muito distante da Andaluzia de Abd al-Rahman e seus descendentes. É saudável sermos lembrados do que Córdoba e Granada já foram, mas é inquietante também.

Termino a leitura do livro de Menocal com uma sensação de perda, o que é mais um tributo a seu talento evocador. Nosso multiculturalismo atual, que é a peste de nossas universidades e de nossa mídia, é uma paródia da cultura de Córdoba e de Granada em decadência. Todas as realizações culturais descritas com tanta paixão por Menocal, desde a Alhambra até a poesia de Judah Halevi, foram triunfos *estéticos*, pujantes em sua concepção e requintados em sua execução. Como contribuição à memória cultural, *O ornamento do mundo* é um autêntico e encorajador gesto do espírito.

Uma Nota sobre Transliterações e Outras Grafias

Para tornar mais acessíveis ao leitor os muitos nomes estrangeiros, observei, de um modo geral, os seguintes princípios:

Algumas palavras que não têm equivalentes em nossa língua aparecem em itálicos quando da primeira vez. Depois de explicadas, porém, passam a ser grafadas sem itálicos. Este é o caso de palavras como *taifa e fitna*, por exemplo. A maioria dos títulos de livros é dada apenas em sua forma traduzida.

Nomes árabes e hebraicos que têm equivalente em nossa língua aparecem pela primeira vez no texto em suas formas originais e, a partir de então, assumem suas formas mais familiares. Assim, Musa ibn Maymun será Maimônides. Muitos dos nomes próprios são grafados de diversas maneiras nos documentos medievais, e, nesses casos, a grafia mais comum foi a escolhida.

As referências a al-Andaluz geralmente incorporam o artigo *al* ao nome próprio, ao passo que ha-Sefarad, por questão de uso, perde o artigo *ha* e torna-se apenas Sefarad.

Como tudo começou

ERA UMA VEZ, EM MEADOS DO SÉCULO VIII, UM INTRÉPIDO JOVEM CHAMAdo Abd al-Rahman, que abandonou sua casa em Damasco, no coração do islã no Oriente Próximo, e atravessou o deserto do norte da África em busca de um lugar onde refugiar-se. Damasco tornara-se um matadouro para sua família — os *Umayyads,* ou seja, omíadas —, deposta do poder que exercia desde que seus antepassados haviam levado os muçulmanos do deserto da Arábia para as terras altas do Crescente Fértil. À exceção de Abd al-Rahman, os omíadas foram assassinados pelos abássidas, seus rivais, que tomaram o controle do grande império chamado "Casa do Islã". Esse único sobrevivente era, sem dúvida alguma, jovem demais — não havia, provavelmente, chegado aos vinte anos de idade — para se deixar desanimar ante as poucas probabilidades de sucesso. Além disso, aquela sua fuga em direção ao oeste, em direção à fronteira mais distante dos territórios islâmicos, não foi assim tão arbitrária e desesperada como parece ter sido. A mãe do príncipe pertencia a uma tribo berbere das cercanias de Marrocos, onde conquistadores árabes haviam chegado alguns anos antes. Desse lugar, que os muçulmanos chamavam de Magreb, o "Ocidente Longínquo", os descendentes do Profeta e seus primeiros seguidores haviam levado mulheres como a mãe de Abd al-Rahman ao retornarem para o Oriente. Elas foram como noivas ou concubinas para as famílias mais poderosas, que assim se expandiriam e enriqueceriam sua linhagem.

O massacre dos omíadas pelos abássidas na Síria ocorreu em 750. Abd al-Rahman surgiu novamente cinco anos depois, já no Ocidente Longínquo, e ao lá chegar finalmente descobriu que muitos de seus parentes berberes já haviam emigrado. Esses nômades não-árabes, que na Antigüidade se haviam estabelecido entre o Saara e o Mediterrâneo a oeste do Nilo, foram convertidos, em grande parte, ao islamismo e tornaram-se parcialmente árabes com a expansão do islã em direção ao Ocidente no século VII. A partir de 711, os muçulmanos — neste caso os berberes liderados por árabes sírios — haviam atravessado a estreita faixa de mar que separa a África da Europa, que é o Estreito de Gibraltar, chegando ao lugar que os romanos denominaram *Hispania* ou *Iberia*. Diferentemente de Abd al-Rahman, que atravessara o temível deserto como refugiado político, os berberes do Magreb, juntamente com os sírios que iam à frente das tropas, eram movidos pelo expansionismo militar e pela ambição, bem como pelo espírito de aventura e pelo desejo de uma vida melhor que sempre motivaram os pioneiros através da história.

Abd al-Rahman seguiu sua trilha e atravessou a estreita nesga de mar que ficava na extremidade ocidental do mundo. Na Ibéria, lugar que estava sendo chamado de *al-Andaluz* em árabe, língua dos novos colonizadores muçulmanos, ele encontrou um assentamento islâmico que prosperava e se expandia. Seu centro ficava à margem de um rio que serpenteava até chegar à costa atlântica. Era o "Grande *Wadi*" (que veio a se chamar Guadalquivir, ou *Wadi al-Kabir*). A nova capital era uma antiga cidade que os governantes anteriores, os visigodos, chamavam de *Khordoba*, e que, antes da conquista germânica, havia recebido o nome de *Corduba*, dado pelos romanos, que a governaram ainda antes. Com a nova pronúncia árabe, passou a ser chamada *Curduba*, por quase toda parte. O governador daquela "província" de fronteira amorfa e remota ficou perplexo, com toda a razão, com a aparição inesperada daquele príncipe omíada que era tido como morto. Lá naquele fim-de-mundo, tão longe do centro do império, a substituição dos omíadas pelos abássidas no poder em quase nada havia afetado a política local.

A política local provavelmente se pautava, acima de tudo, pelas rivalidades quase sempre sanguinárias entre a maioria das tropas, que eram berberes, e a minoria árabe que comandava. Eram rivalidades próprias daquela comunidade de muçulmanos que dominariam durante meio milênio a política de al-Andaluz — nome atribuído ao estado muçulmano na Ibéria, com seu território sempre a se modificar, nunca chegando de fato a ocupar toda a península. Os emires (*emir*, ou *amir*, é a palavra árabe para designar "governante") desses territórios andaluzes remotos, nos limites ocidentais extremos de um império que no Oriente já estava chegando à

China, haviam sido fiéis aos omíadas, representantes que eram, embora com grande autonomia, do remoto governo central. As notícias recentes que davam conta da deposição dos omíadas em Damasco tinham importância mais simbólica do que real para os muçulmanos no Ocidente. Isso era verdade principalmente para os berberes, para quem os árabes eram senhores supremos, arrogantes e autoritários. Eles reconheciam que os árabes haviam levado a revelação da Verdadeira Fé àquelas longínquas paragens no extremo sudoeste do Império Romano decadente — porém continuavam a tratar os berberes como inferiores, mesmo após a maioria haver-se convertido fervorosamente.

Com a chegada de Abd al-Rahman em 755, o destino da dinastia dos omíadas deixou de ser uma questão abstrata e passou a ocupar lugar central no torvelinho político local. A perturbação que sua presença causou pode ser imaginada se pensarmos no que teria acontecido se a princesa Anastácia tivesse surgido um belo dia em Paris dizendo-se, com toda a legitimidade, a última descendente dos Romanov. Abd al-Rahman era, de certa forma, a quintessência dos árabes, o herdeiro e descendente dos guerreiros do deserto que haviam sido companheiros do próprio Profeta e, além disso, era também um berbere legítimo, filho de uma mulher daquelas tribos. Isso fez com que lhe fosse fácil reivindicar a lealdade dos soldados e do povo daquela nova terra, fértil e promissora. O emir de al-Andaluz, aflito, ofereceu ao jovem um refúgio permanente na capital, bem como a mão de sua filha em casamento. Porém o neto do califa, sucessor do Profeta e líder espiritual e temporal supremo do mundo islâmico, não poderia ser comprado assim tão facilmente. Abd al-Rahman reuniu forças leais a ele, que contavam com sírios e berberes, e, num determinado dia de maio de 756, numa batalha junto às muralhas de Córdoba, mudou o rumo da história e da cultura na Europa. Abd al-Rahman derrotou facilmente aquele que teria sido seu sogro e tornou-se o novo governante daquela província no Extremo Ocidente do mundo islâmico.

A rigor, Abd al-Rahman não passava de governador de um posto de fronteira no final do califado, e aquele califado tinha passado para o controle dos abássidas, que não apenas haviam deposto como também assassinado a família de Abd al-Rahman. Mas, naquela meia década que se passara desde o sangrento golpe, os abássidas tinham transferido a capital do império islâmico mais para o Oriente, para Bagdá, tornando ainda mais remota a legitimidade dos omíadas. O surgimento improvável e triunfante de Abd al-Rahman como um líder viável era algo que incomodava os novos donos do poder, já que ele era a memória viva e vital daquele passado legítimo, diretamente ligado aos próprios primórdios do islã. Apesar de toda a apreensão que os abássidas possam ter tido com aquele omíada que lhes escapou, nada fizeram contra ele, certamente julgando que, no exílio permanente naquele fim-de-mundo onde teria que ficar, Abd al-Rahman não representava ameaça alguma. Era como se estivesse morto.

Entretanto, aquele jovem era, para quase toda a população daquelas províncias distantes, o califa legítimo, e não aceitaria passar o resto da vida se lastimando no exílio. Ele construiu seu novo estado andaluz, Rusafa, em parte para prestar homenagem à antiga Rusafa, nas estepes desertas a nordeste de Damasco, onde vivera seus últimos momentos com a família, e em parte, também, para proclamar que estava vivo e que aquele lugar era, de fato, a nova sede legítima da dinastia dos omíadas. Apesar de ainda terem decorrido dois séculos até que um de seus descendentes proclamasse Córdoba a sede de todo o califado, al-Andaluz se transformou e deixou de ser uma simples capital de província. Naquelas terras situadas na costa ocidental do grande mar do Império Romano e nos limites do que ainda não era de fato a Europa, um legítimo lutador havia chegado e se estabelecido.

Este livro conta como essa notável reversão dos acontecimentos — que, de fato, originou-se em pleno século VII, numa região que hoje chamamos de Oriente Médio — afetou tão profundamente o curso da história e da civilização européias. Muitos aspectos da história permanecem em grande parte obscuros, e a extensão de suas conseqüências no mundo de hoje é pouco compreendida, por razões bem numerosas e complexas. A história convencional dos povos de língua árabe segue, naquela bifurcação da estrada, o caminho percorrido pelos abássidas. Precisamente no ponto em que o príncipe omíada estabelece seu califado praticamente nominal na Europa, a história que os árabes contam continua com as realizações dos abássidas, que de fato fazem de Bagdá a capital de um império de grandes conquistas materiais e culturais.

Até mesmo as histórias contadas tradicionalmente no mundo muçulmano raramente seguem o caminho dos omíadas e pouca referência fazem a al-Andaluz embora al-Andaluz, represente, de uma forma ou de outra, a presença do islã na Europa nos setecentos anos subseqüentes, ou seja, tempo três vezes maior que o da existência da república dos Estados Unidos da América. Na perspectiva normativa da história do islã ou dos povos de língua árabe, al-Andaluz é considerada mais como uma curiosidade nostálgica que qualquer outra coisa — e até mesmo, ao final, como uma experiência fracassada, posto que o islamismo não sobreviveu como uma das religiões da Europa e porque em 1492 Granada, a última cidade-estado islâmica da Europa, foi subjugada e os "mouros" (termo pejorativo que os cristãos usavam para se referir aos muçulmanos), juntamente com os judeus, foram expulsos da Espanha. E o pior de tudo, para nós, é que, nas histórias que constituem nossa herança cultural européia, os capítulos acerca da "Idade Média", quando todos esses eventos ocorrem, descrevem o período como tendo sido bárbaro e sombrio. No imaginário popular, e mesmo na visão da maioria das pessoas cultas, a própria palavra "medieval" (ou seja, "no meio", portanto o tempo que se passou entre duas eras legítimas e autônomas, a clássica e a moderna) quase sempre evoca um tempo retrógrado e obscuro, dominado pela intolerância.

Porém, se recontarmos a história começando pela narrativa de como aquele jovem intrépido conseguiu, espantosamente, escapar de ser aniquilado como todos os outros de sua família e migrar de Damasco para Córdoba, que ele então adotou como sua nova terra, acabaremos por ter uma visão totalmente diferente dos parâmetros fundamentais da Europa durante a Idade Média. Esta é uma visão que se evidencia ainda hoje no que ainda resta da influência daquela civilização complexa, rica e tão diferente de qualquer outra. Quando se passa pelas sinagogas do Upper West Side em Nova York, prédios erigidos por devotos judeus alemães no século XIX, percebem-se alusões claras e intencionais a mesquitas. Este é apenas um exemplo, encantador, aliás, dentre centenas de outros. Entretanto, onde estão as histórias que, em nosso processo de educação, nos revelam por que as coisas são assim?

Este livro pretende seguir a estrada de Damasco tomada por Abd al-Rahman, que, como Enéias, escapou do massacre de sua família para tornar-se não o último, mas o primeiro de sua linhagem. O livro trata de um momento cultural genuíno e seminal da Europa que pode ser considerado "de primeira categoria" no sentido que F. Scott Fitzgerald atribuiu à expressão (deliciosamente explicada em seu ensaio *The Crack Up*) — segundo o qual "o teste de uma inteligência de primeira categoria é a capacidade de ter em mente, simultaneamente, duas idéias opostas". Em seus momentos de maior realização, a cultura medieval positivamente primava por manter vivas pelo menos duas e às vezes até mais idéias conflitantes ao mesmo tempo. Foi nesse capítulo da cultura européia que judeus, cristãos e muçulmanos conviveram lado a lado, e, apesar de suas irredutíveis diferenças e ancestrais hostilidades, alimentaram uma complexa cultura de tolerância. É esse intrincado conceito que o subtítulo do livro se propõe a transmitir. Não se pense que tais relações incluíam sempre as garantias de liberdades religiosas como hoje em dia se esperaria encontrar em um Estado moderno "tolerante"; a tolerância se expressava na aceitação, com freqüência inconsciente, de que as contradições — internas ao próprio indivíduo ou à própria cultura — podem ser positivas e produtivas. Muito do que caracterizou a cultura medieval estava profundamente imbricado no culto às complexidades, aos encantos e aos desafios das contradições — do "sim e não", como disse Pedro Abelardo, o polêmico intelectual e teólogo cristão parisiense do século XII.

A essência mesma dessa concepção de cultura como uma série de contrários encontra-se em al-Andaluz, o que requer que reconfiguremos o mapa da Europa, colocando o Mediterrâneo no seu centro, e que comecemos a contar pelo menos essa parte da nossa própria história de um ponto de vista andaluz. Foi lá que judeus profundamente "arabizados" redescobriram e reinventaram o hebraico; foi lá que cristãos adotaram praticamente todas as características do estilo árabe — do estilo intelectual da filosofia aos estilos arquitetônicos das mesquitas — e isso não se deu apenas enquanto viviam sob o domínio islâmico, mas especialmente depois de tomarem deles o controle político; foi lá que homens de fé inabalável, como Abélard, Maimônides e Averróis, não viram contradição alguma na busca da verdade — fosse ela filosófica, científica ou religiosa — através dos caminhos da religião. Essa visão de uma cultura de tolerância reconhecia que as incongruências existentes entre indivíduos e entre culturas são enriquecedoras e fecundas. Essa maneira de ver o mundo, revelada em suas realizações artísticas, intelectuais e até mesmo religiosas, foi violentamente contestada por muitos, ainda é contestada até hoje, mas revelou-se poderosa e determinante por centenas de anos. Seja devido às nossas idéias estereotipadas acerca da Idade Média, seja por conta de nossas expectativas de coerência no que concerne a cultura, religião ou ideologia política, por exemplo, ficamos perplexos diante de alguns testemunhos duradouros da cultura andaluza. É o que acontece diante de monumentos como o túmulo de São Fernando em Sevilha. Fernando III é o monarca lembrado como o conquistador castelhano do último território islâmico, à exceção de Granada; entretanto seu túmulo tem inscrições em árabe e em hebraico, além daquelas em latim e em castelhano.

Ao final, grande parte da Europa que se situa além do mundo andaluz e muito além dos limites geográficos da Espanha moderna foi influenciada por uma visão do mundo poderosa, complexa e contraditória, elevada à forma de arte pela primeira vez pelos andaluzes. "O ornamento do mundo" é o famoso epíteto de Córdoba dado por Hroswitha, uma escritora da Saxônia que viveu no século X e que, de seu remoto convento em Gandersheim, foi capaz de perceber as excepcionais qualidades e a importância do califado de Córdoba. É revelador o fato de Hroswitha ter cunhado essa expressão exatamente quando escrevia a história de um mártir cristão moçárabe daquele século. Para ela, como para muitos que tomaram conhecimento da cultura andaluza na Idade Média, de primeira mão ou de longe — através de uma tradução produzida lá ou de um poema cantado por seus renomados bardos —, o brilho daquele mundo e a luz que lançava ao resto do universo transcendiam as diferenças religiosas. Também eu faço uso dessa expressão generosamente; como título deste livro, tem o propósito de descrever a cultura que sobreviveu por tanto tempo à destruição do califado do tempo de Hroswitha, a cultura que séculos depois ainda produziu o túmulo de São Fernando e deu um estilo "mourisco" às sinagogas do século XIX de Nova York.

Em vez de contar uma outra história da Idade Média ou mesmo da Espanha medieval, costurei uma série de painéis em miniatura que variam muito em tempo e espaço e que focalizam os eventos culturais em preferência aos políticos. Espero que eles sejam capazes de deixar bem visível a enorme distância entre o que as histórias convencionais e outras formas de preconceito nos fazem crer (como, por exemplo, a idéia de que os cristãos viam os muçulmanos como infiéis e inimigos mortais a quem passaram sete séculos tentando expulsar da Espanha) e o que podemos aprender com muitos testemunhos que sobrevivem nas canções que o povo cantava de verdade ou nos prédios que os andaluzes realmente construíram. Essas vinhetas e esses perfis contam histórias que por si só merecem ser conhecidas e recontadas, como parte que são da nossa história comum. Mais que isso: reunidas, elas sugerem a existência de profundezas desconhecidas de nossa tolerância cultural e da simbiose que constitui nossa herança, podendo ainda deixar entrever um retrato bem diferente dessa idade "média". Seria tolice tentar substituir os estereótipos antigos por outros, novos, igualmente simplistas — como seria sugerir que aquele era um mundo totalmente destituído de qualquer tipo de intolerância e de maldades. A era, por mais "dourada" que tenha sido, não foi livre disso. Porém quantos dentre nós conhecem histórias que fazem da Idade Média também uma idade de ouro, ou melhor, uma seqüência de idades de ouro?

Para que essas histórias tenham sentido, faz-se necessário montar o cenário maior em que ocorreram. Antes de voltarmos para Córdoba na primavera do ano 756, precisamos invocar a visão daquela terra estranha. Quem eram os muçulmanos que Abd al-Rahman encontrou em al-Andaluz e como tinham ido parar lá? Como era aquele lugar, a Europa, onde eles viviam? E o que aconteceu com o estado islâmico na Europa medieval durante centenas de anos antes de desaparecer por completo, deixando atrás de si um mundo transformado?

Uma Breve História de um Lugar de Primeira Categoria

Os acontecimentos decisivos para a Europa do século VIII tiveram início com a morte de Maomé, o Profeta portador da revelação de submissão a Deus que é o princípio fundamental do islamismo. A história da transformação de Maomé, que passou de cidadão comum a líder militar carismático e fundador de uma nova ordem civil e religiosa radical, desenrolou-se em um canto do nosso mundo ancestral sobre o qual sabemos muito pouco. Os árabes das estepes e dos desertos da Península Arábica viviam de maneira razoavelmente estável nos oásis onde obtinham a pouca água de que podiam dispor. Alguns poucos eram comerciantes e serviam de conexão entre os povoados. Os mais poderosos eram os nômades, os beduínos. A cultura de deserto desses povos — que também tinham conexões históricas com as culturas adjacentes do Crescente Fértil — era fortemente marcada por duas características que deram uma feição decisiva à religião que Maomé inaugurou. Uma dessas características eram as religiões pagãs e idólatras do deserto, alvo daquele novo monoteísmo profundamente radical que começou com a declaração inequívoca de que "não há outro deus senão Deus".[1] A outra característica, não apenas conservada mas totalmente apropriada da cultura cujo centro era Meca, era o cuidadoso cultivo — alguns chamariam de adoração — da língua, principalmente da poesia, considerada o que de melhor o homem fez com o dom da língua. A revelação de Maomé, preservada no Alcorão, encampou o universo inebriado de poe-

[1]Um dos equívocos alienantes que normalmente cometemos ao nos referirmos ao islamismo é o de utilizar a palavra árabe *Allah*, Deus, como se fosse um nome próprio, criando a impressão falsa — absurda e abominável para um muçulmano — de que se trata de um outro deus. Empregarei sempre a palavra "Deus" para o Deus das três religiões monoteístas cujas línguas diferentes empregam, obviamente, palavras diferentes para se referirem ao mesmo Ser.

sia de seus ancestrais e de seus contemporâneos, assegurando assim a sobrevivência do universo poético pré-islâmico, com suas inúmeras contradições, no que viria a ser a religião normativa islâmica.

O cerne da questão nesta história que estamos contando, que nos levará às notáveis transformações por que passou a Europa no período medieval, encontra-se não na vida de Maomé, mas em sua morte. (O calendário islâmico não se inicia no nascimento ou na morte de Maomé, mas no clímax da história, em 622, quando Maomé e seus seguidores foram de Meca para Medina, numa viagem conhecida como *hijra*, ou "hégira".) Maomé morreu em Meca no ano de 632 sem deixar um sucessor definido. Deixou como legado uma poderosa revelação que combinava tradição e revolução. O islã era o retorno ao monoteísmo primevo de Abraão, abandonado ou mal interpretado por judeus e cristãos. As revelações levaram aquela mensagem aos povos pagãos do deserto, que a desconheciam. E isso foi feito não apenas com as palavras de Moisés, mas com as que ele transmitiu, recebidas diretamente de Deus, sua "Recitação" — a palavra *Quran* significa "recitação" — do que Deus lhe revelou e lhe ditou.

Juntamente com essa revelação, relativamente simples, Maomé também criou uma comunidade inextrincavelmente imbricada na reorientação espiritual essencial que ele pregava. Era uma comunidade com distintos valores sociais, civis e morais, o embrião do império militar e político que se formava. Não havia, porém, orientações claras para a organização e o governo daquele império, e a morte de Maomé deixou inevitável vácuo. Nenhuma questão no islã é mais fundamental e mais determinante que essa, fonte de instabilidade política e disputas violentas desde o início e que se prolongam até os nossos dias. Quem poderia, afinal, suceder a um profeta que tinha sido também um poderoso estadista? Naquela sucessão, altamente polêmica, encontram-se as origens das principais dissensões do islã, em grande parte desconhecidas ou incompreendidas por não-muçulmanos: xiitas e sunitas, califas e emires, omíadas e abássidas, divisões internas todas elas cruciais. Um dos primeiros capítulos dessa luta interna do islã pela legitimidade do poder foi a que se evidenciou em 750, o sangrento massacre da família real dos omíadas que levou à criação de um estado islâmico rival no sul da Europa. As origens dessa história encontram-se no momento que se seguiu à morte do Profeta, mais de um século antes.

A versão simplificada da sucessão do Profeta é a de que os quatro primeiros califas — do árabe *khalifa*, ou "sucessor" — foram escolhidos dentre conterrâneos de Maomé. Foram companheiros seus, membros da nascente comunidade ou parentes próximos do profeta. O último desses quatro (a quem muitos muçulmanos chamavam de O Eleito) foi Ali, um primo de Maomé, que se casou com Fátima, filha do Profeta. Porém Ali só governou durante cinco anos, ao final dos quais seu califado teve um fim sangrento, com o seu assassinato em 661. Mal haviam-se passado trinta anos da morte do Profeta, e já aquele terrível evento começava a fazer parte do drama do Império Islâmico, que não parava de se expandir. Os omíadas, a nova dinastia que tomou o poder, eram tanto árabes quanto muçulmanos e simbolizavam a fusão original de uma cultura — e principalmente de uma língua — com uma revelação. Aquela fusão era a própria essência da nova religião e da nova civilização. Porém eles transferiram a capital do império de Medina, cidade provinciana e perigosamente faccionária, para Damasco, mais espaçosa e tranqüila. Ao deixar o isolamento dos desertos árabes, transformando a Síria em sua sede, e ao converter um povo tão distante de Meca e de Medina, o islã dos omíadas deu origem a uma nova cultura que expandiu consideravelmente a base do mundo árabe. Ao transplantarem o coração do império para fora da Península Arábica, levando-o para a Síria, que tinha seu próprio legado cultural já bem complexo, eles deram o primeiro passo para estabelecer a confusão até hoje existente entre o que é árabe e o que é islâmico. Essa distinção é de fundamental importância para nossa história.

Os omíadas governaram durante esse período de expansão a partir da sede de seu califado, central e acessível, em Damasco, cidade cosmopolita e venerável que, em existências anteriores, havia sido araméia, grega, romana e, mais recentemente, cristã. Lá, e por toda parte, puseram-se a construir novos monumentos em lugares onde os remanescentes de outras culturas ainda eram visíveis. A Grande Mesquita de Damasco não foi erigida com barro novo e sim com fragmentos de um templo romano e de uma igreja cristã. O Domo da Pedra em Jerusalém foi construído com as ruínas do Templo do Monte e ao redor da pedra onde o sacrifício do filho de Abraão pelo próprio pai foi rejeitado misericordiosamente pelo Deus de Abraão. O prédio foi portanto erigido pelos omíadas como uma versão em forma de monumento do ensinamento básico do Alcorão de que existe apenas Um

Deus e de que os muçulmanos eram também, e de forma preeminente então, Filhos de Abraão.

As fronteiras do Império Islâmico continuaram a se expandir e, em 711, tropas de berberes recém-convertidos, chefiadas por omíadas da Síria, entraram na Europa. No entorno do Mediterrâneo, desde as montanhas de Taurus no nordeste (fronteira com a Anatólia) até os Pireneus no noroeste (fronteira com a Gália), o novo império ocupou quase que o mesmo território deixado pelo antigo Império Romano: um mapa dos territórios do Mediterrâneo do nascente Império Islâmico — o califado dos omíadas — nos séculos VII e VIII corresponde de maneira notável a um *mapa i mundo* romano no século II que tem como centro o Mediterrâneo. Ao aceitarmos acriticamente a idéia de que havia uma divisão importante e intrínseca entre a África e a Europa, somos levados a nos esquecer da importância que aquela costa ao sul teve para o mundo romano. Porém, se reexaminarmos a faixa da costa ao norte da África e a maneira como foi planejada em termos geopolíticos no mundo romano do segundo ou terceiro século e, depois, no oitavo, podemos constatar a pouca importância de estreitas faixas de mar como o Estreito de Gibraltar e o trecho que vai de Cartago à Sicília, bem como a continuidade espacial existente.

As transformações islâmicas começaram a reestruturar todo o Oriente Próximo, inclusive a Pérsia, chegando, ainda no tempo dos omíadas, ao noroeste da Índia. A grande virtude dessa civilização árabe-islâmica (que, nesse e em outros aspectos, assemelhava-se à dos romanos) consistia exatamente em sua capacidade de assimilar e até mesmo de fazer florescer novamente os ricos legados das culturas locais mais antigas, algumas das quais em processo de decadência, outras já arruinadas. Isso se dava no decorrer do próprio processo de dominação. A extensão dessa ambição cultural e dessa osmose do Império Islâmico nesse período de expansão foi tão grande quanto sua ambição territorial: dos espólios romanos que enfeitavam as colunas de incontáveis mesquitas, às histórias persas que ficaram conhecidas como *As mil e uma noites* (ou *Noites árabes*), às obras completas de filosofia grega traduzidas, às especiarias e às sedas do Oriente mais remoto. A partir dessa confrontação aquisitiva de um universo de línguas, culturas e povos, os omíadas, que haviam saído do Deserto da Arábia, definiram sua versão de islã como a de uma cultura que se comprazia em dialogar com outras. Essa foi uma evolução notável; tão notável que de fato historiadores muçulmanos algum tempo depois acusaram os omíadas de serem menos muçulmanos por isso.

Os próprios omíadas não sobreviveram para ver frutificar o modelo de expansão e acumulação que estabeleceram. Pelo menos, não puderam fazê-lo em seu lar adotivo na Síria. Essa troca de lideranças no mundo islâmico é o início da nossa narrativa sobre a cultura medieval européia. Os abássidas que destronaram os omíadas em Damasco no ano de 750 reivindicavam de outra maneira a legitimidade do poder. De fato, diziam-se descendentes diretos do Profeta por via do tio do Profeta, Abbas, cujo nome levavam. Entretanto, como ocorreu com tantos outros grupos antes e depois desses, para que estabelecessem sua autoridade seria necessário eliminar os rivais, principalmente os que haviam reivindicado antes o poder. Foi assim que massacraram os omíadas na residência da família em Rusafa e abandonaram Damasco. A capital do Império Islâmico abássida foi transferida para longe do Mediterrâneo, indo então para o Iraque, que havia sido o centro das forças civis e militares que apoiavam os abássidas. Bagdá, a circular "Cidade da Paz" que mais parecia uma fortificação, passou a ser a nova capital e o cenário familiar de muitas das histórias de *As mil e uma noites*. Único sobrevivente do massacre de Rusafa, Abd al-Rahman tomou o rumo do oeste e tornou-se o primeiro dos omíadas em um lugar que era considerado um canto remoto da Europa, mas que veio a se tornar seu verdadeiro centro nos vários séculos que se seguiram.

A Península Ibérica, como muito do que restou da Europa pós-românica no século VIII, era um lugar cultural e materialmente árido. Roma havia governado a região durante quase seiscentos anos, tendo iniciado por volta do ano 200 a.C., dando continuidade a uma longa seqüência de colonizadores e culturas mediterrâneas — fenícios, cartagineses e gregos. Tanto nos anos da república como nos do império, a *Hispania* havia florescido com os benefícios materiais e culturais dos romanos e enviava seus filhos para os centros do poder e para os anais das letras latinas. Porém isso se transformou em remota memória — ou, melhor dizendo, em nenhuma memória —, esquecido que foi no longo período em que a história européia se tornou a história dos "bárbaros". As

O Mundo Islâmico do Século Sete ao Século Dez

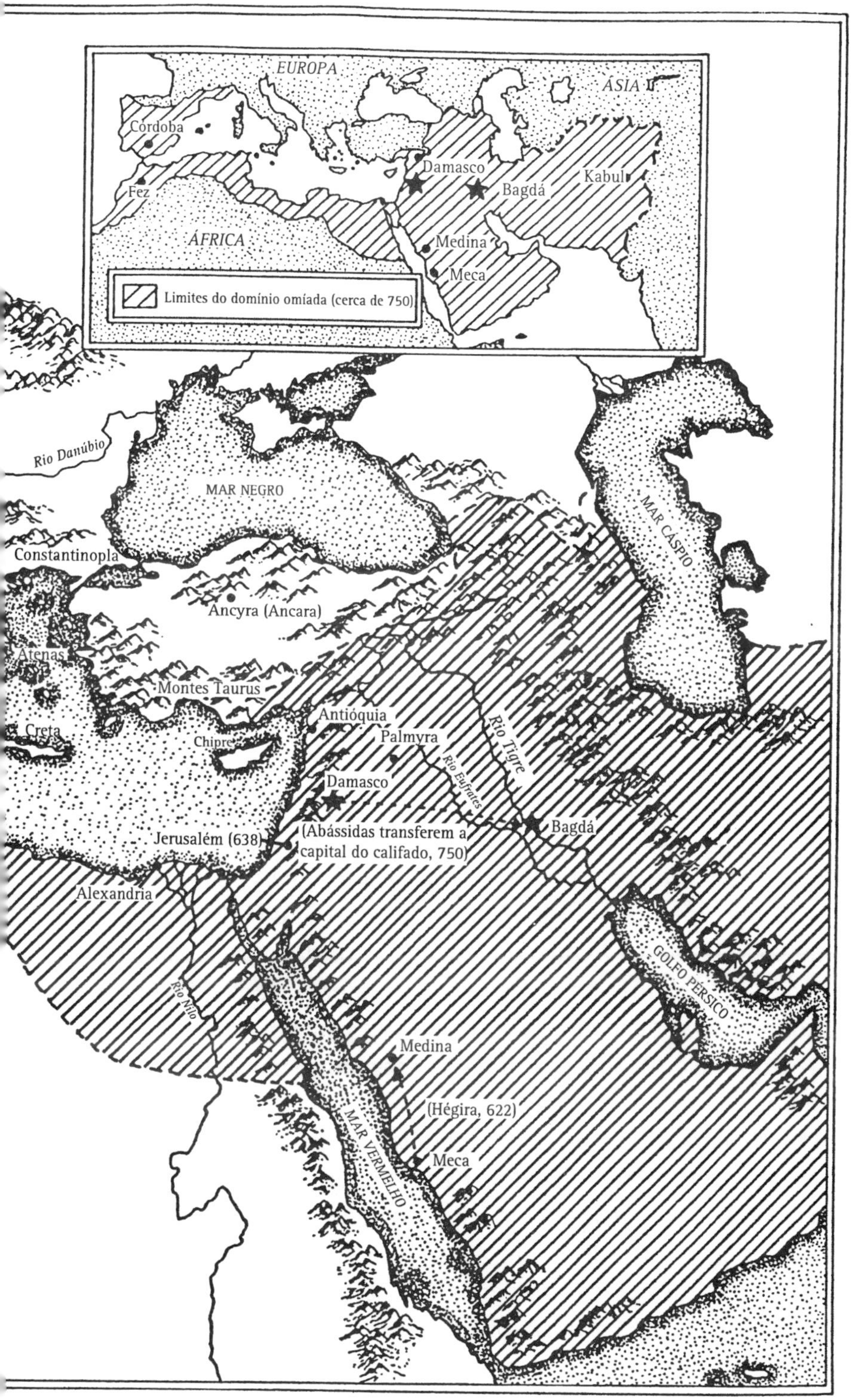
EUROPA
ÁSIA
Córdoba
Fez
Damasco
Bagdá
Kabul
ÁFRICA
Medina
Meca
Limites do domínio omíada (cerca de 750)
Rio Danúbio
MAR NEGRO
MAR CASPIO
Constantinopla
Ancyra (Ancara)
Atenas
Montes Taurus
Creta
Chipre
Antióquia
Palmyra
Rio Tigre
Rio Eufrates
Damasco
Bagdá
(Abássidas transferem a capital do califado, 750)
Jerusalém (638)
Alexandria
GOLFO PÉRSICO
Rio Nilo
Medina
(Hégira, 622)
MAR VERMELHO
Meca

convulsões sociais e políticas de proporções cataclísmicas, as migrações paneuropéias das tribos germânicas no terceiro e quarto séculos da era cristã, levaram ao declínio o Império Romano e, se não à sua queda, pelo menos à perda tanto da ordem civil quanto da continuidade da cultura clássica grega que constitui a essência de nossa herança cultural. Roma havia substituído a Grécia em parte pela assimilação consciente da cultura e da história gregas, construindo sua civilização sobre os alicerces de sua nobre predecessora, com a qual teve, naturalmente, uma relação de rivalidade.

O colapso das fronteiras do Império Romano ao norte e a leste e a tomada do poder pelas várias tribos germânicas causaram uma ruptura das conexões da Europa com seu próprio passado cultural, fato esse que teve grande influência na maneira como o Ocidente passou a perceber a si mesmo. Dentre as tribos que desbarataram e depois colonizaram novamente o que havia sido o Império Romano, os visigodos tiveram papel de destaque. Responsáveis pelo terrível saque de Roma em 410, eles acabaram sendo os senhores supremos da antiga província romana da Hispânia, embora não sem antes empreender guerras destrutivas durante séculos com a tribo dos vândalos e em lutas internas. Como ocorreu em outras áreas arruinadas do Império Romano e entre as tribos germânicas de grande mobilidade, o cristianismo foi adotado de forma bastante imperfeita, na avaliação da Igreja Católica ("Romana"). Somente em 589 os visigodos aderiram à Igreja Romana, abrindo mão de sua própria versão desviante do cristianismo. Embora houvesse importantes sedes do cristianismo na Hispânia visigoda, dentre as quais destacava-se Toledo, o paganismo estava longe de ser desconhecido no campo, onde a população rural que havia sido romanizada pouco tinha a ver com os visigodos ou com os cristãos, e onde a comunidade de judeus que havia chegado com os romanos vivia praticamente em regime de escravidão.

No longo período de crepúsculo que teve início no século V, foram poucas as luzes que brilharam, e uma figura solitária como Isidoro de Sevilha destacou-se das demais: foi um religioso notável que compreendeu a necessidade de algum tipo de ordem cristã preencher o vácuo deixado com o colapso das instituições civis romanas. Sua obra política mais influente e reveladora, *Em louvor à Espanha*, foi uma tentativa de trazer os visigodos, que detinham o poder, para o interior do processo cultural cuja ruptura eles mesmos haviam causado. Para tanto, Isidoro concebeu a história dos visigodos como um prolongamento da dos romanos. Muito mais famosa, e de leitura ainda interessante, é outra obra de Isidoro cujo título é *Etimologias*, um esforço intelectual, incomparável naqueles séculos, para preservar o que ainda restava do conhecimento da Antigüidade e transmiti-lo para um futuro ainda incerto. Apesar das bravas tentativas de fazer dos visigodos sucessores dignos dos romanos, Isidoro não teve sucesso, pois os novos donos do poder estavam longe de sê-lo. Em conseqüência, havia muito pouco ainda por ruir quando, logo no início do século VIII, uma nova onda de conquistadores-imigrantes chegou com todo o ímpeto.

Assim como os romanos, muito antes, e as tribos germânicas depois, os muçulmanos sentiram-se seduzidos por aquela península de forma arredondada postada na extremidade ocidental do Mediterrâneo. A Hispânia era uma fruta madura no ponto de ser colhida, já que aquele reino visigodo que os novos muçulmanos do norte da África ambicionavam — e que facilmente conquistaram e ocuparam — era tudo que se poderia esperar de séculos de descontinuidade civil: politicamente instável, religiosa e etnicamente fragmentado, culturalmente debilitado. Até mesmo a mitologia cristã que se desenvolveu em torno dos acontecimentos de 711, histórias elaboradas muitos séculos depois para contar como a antiga Espanha cristã havia sido perdida para os muçulmanos, baseou-se na extrema desordem política, na corrupção moral e na decadência dos últimos reis visigodos. Quando Abd al-Rahman chegou, menos de cinqüenta anos após os primeiros exércitos muçulmanos terem-se aventurado à travessia do Estreito de Gibraltar, praticamente todos os territórios visigodos até Narbonne, na Aquitânia, já haviam sido conquistados pelos muçulmanos. Quando o príncipe omíada conheceu aquele lugar onde passaria o resto da vida em exílio, deve ter se dado conta de que dali não haveria retorno a sua pátria natal. A terra onde ele tinha ido parar seria o que ele conseguisse fazer dela. Decidiu que transformaria aquela paisagem arruinada em uma terra próspera, que daria novos frutos.

No decorrer dos trezentos anos que se seguiram, até aproximadamente a virada do primeiro milênio segundo o calendário cristão, a ordem política e o florescimento cultural que haviam marcado a Hispânia romana retornaram à península. Entretanto, os muçulmanos nunca chegaram a ocupar toda a península, e os cristãos mantiveram seus territórios nas regiões montanhosas da costa atlântica a noroeste dos Pireneus. Apesar de esses povoados cristãos espalhados por tais regiões darem motivos para algumas escaramuças nas áreas de fronteira, a história política do estado de Córdoba foi surpreendentemente tranqüila. Sua própria estabilidade poderia levar os não-entusiastas a julgar que a vida lá deveria ter sido monótona: um emir seguindo-se a outro após décadas de governo tranqüilo, um acréscimo após o outro à Mesquita de Córdoba, uma porcaria atrás da outra, como algum espirituoso descreveu a história. Porém, no decorrer dos longos reinados estáveis em que os filhos, netos e bisnetos de Abd al-Rahman foram se sucedendo, ocorreram revoluções de outras naturezas. Deu-se um enorme desenvolvimento econômico: a população aumentou, e não apenas nas cidades, que voltaram a florescer cada vez mais cosmopolitas, mas também no campo, onde ela havia sido dizimada. Aí a introdução de novas plantas e de novas técnicas, inclusive da irrigação, tornaram a agricultura uma fonte de prosperidade; e as rotas pan-mediterrâneas de viagens e comércio, que haviam sustentado a prosperidade romana e que eram vitais para o intercâmbio cultural, foram refeitas e expandidas.

Al-Andaluz crescia e florescia com uma identidade bem distinta. As tropas e os colonizadores que lá haviam chegado eram em número bem pequeno quando comparado à população da península na época. Os novos donos do poder, com sua nova língua, seus novos costumes e sua nova religião, constituíam talvez um por cento da população total na primeira geração de conquista e colonização. Assim como Abd al-Rahman, eles próprios eram uma mistura étnica, parte árabe, parte berbere. Dentro de poucas gerações, uma impressionante taxa de conversões ao islamismo por parte dos muitos grupos étnicos mais antigos, bem como de cristãos e de populações pagãs, tornou a comunidade muçulmana andaluza não apenas muitas vezes maior, como também profundamente integrada por casamentos entre os diferentes grupos étnicos que lhe deram origem. Enquanto os visigodos, distinguíveis acima de tudo por suas características étnicas, haviam permanecido, nos vários séculos de domínio da Hispânia, uma minoria externa, não integrada à população local, os muçulmanos originavam-se de vários grupos étnicos. Como ocorreu com os cristãos antes deles, o que distinguia os muçulmanos e lhes dava autoridade era sua fé. A conversão a essa fé não era apenas possível, como desejável e estimulada, ou pragmaticamente forçada pelo grande número de vantagens civis asseguradas a qualquer muçulmano, fosse ele descendente da mais prestigiosa tribo de beduínos, *os Quraysh*, ou seja, os Coraichitas do próprio Profeta, ou apenas convertido na véspera. E converter-se foi o que fez a população, em levas.

A convergência de uma etnia mista e uma religião de convertidos tornou possível que os ancestrais de um muçulmano de Córdoba no ano de 900, por exemplo (sem se considerar os de duzentos ou quatrocentos anos depois), tanto pudessem ser hispano-romanos como berberes, ou um pouco de cada, com pitadas sírio-árabes ou visigodas, sendo esses os dois grupos que sempre se mantiveram menores, porém politicamente dominantes. Mas obviamente teria o máximo prestígio alguém que pudesse reivindicar a descendência do pequeno grupo original de árabes do deserto que haviam cruzado a Península Arábica, ou dos sírios que lá haviam chegado em primeiro lugar. A ascendência árabe era o que havia de mais aristocrático para uma família, e os sírio-árabes constituíam a linhagem de origem da cultura andaluza, literal e figuradamente. Porém até mesmo os emires e, depois, seus filhos, os califas que descendiam diretamente de Abd al-Rahman — ele próprio parte berbere e parte sírio —, eram quase todos filhos de mulheres que haviam sido cristãs, vindas do norte, e a tez pálida e os olhos azuis desses omíadas surpreendiam os visitantes vindos do leste.

Tampouco deve-se pensar que tudo que era árabe fosse necessariamente islâmico. O outro pilar da cultura andaluza, a língua árabe, ultrapassou os limites de sua principal área de influência, que era a religião muçulmana, passando a outras áreas. Tratava-se, afinal, da prestigiosa língua do império, que tinha ligações vitais com o resto do mundo civilizado. O árabe tornou-se a língua franca para todos os povos da área, exceto os bárbaros — e ainda que não fosse a primeira língua para alguns, era uma espécie de dialeto comum para comerciantes e viajantes. Por toda a península então revigorada, o árabe foi adotado como a língua mais sofisticada e elegante pelas comunidades das duas outras religiões. O novo estado islâmico não apenas permitiu que judeus e cristãos continuassem a viver lá, como também, seguindo os preceitos do Alcorão, ainda lhes oferecia proteção. Dentro de relativamente pouco tempo desde a chegada de Abd al-Rahman a Córdoba, tanto a comunidade judaica como a cristã em al-Andaluz já se haviam "arabizado". Um dos documentos mais famosos desse período é o lamento de Alvarus de Córdoba, de meados do século IX, no qual ele se queixa de que os jovens da comunidade cristã não eram capazes de escrever sequer uma simples carta em latim, mas escreviam (ou tinham como aspiração escrever) odes em árabe clássico que competiam com as dos muçulmanos.

Naturalmente, essa adoção do árabe pelos *dhimmi* — palavra árabe que designa os "Povos do Livro" a serem protegidos, judeus e cristãos que compartilhavam do monoteísmo de Abraão e das escrituras — ocorreu por todo o mundo islâmico. Por princípio, todos os estados islâmicos eram (e ainda são) obrigados pelo Alcorão a não fazer mal aos dhimmi, a tolerar a convivência de cristãos e de judeus em seu meio. Al-Andaluz foi além dessa postura fundamental de tolerância e tornou-se, desde o início, o lugar onde ocorreram relações inter-religiosas memoráveis e diferentes de quaisquer outras. Lá a comunidade judaica ergueu-se das cinzas de uma existência indigna no domínio visigodo, chegando a tal situação de prestígio que um emir que se proclamou califa no século X nomeou um judeu para ser seu ministro das relações exteriores. Casamentos entre membros das várias culturas e a qualidade das relações com os dhimmi foram aspectos vitais da identidade andaluza cultivada desde os primeiros séculos. Na verdade, essa era uma das características dos omíadas que se distinguiam em relação ao resto do mundo islâmico. Em 929, foi proclamado o que muitos já acreditavam desde 756: em todas as mesquitas de al-Andaluz leu-se a declaração de que Abd al-Rahman III era o verdadeiro Defensor da Fé, o legítimo califa de todo o mundo islâmico e o líder religioso de todos os muçulmanos.

Essa declaração de total soberania por parte dos andaluzes — que representava bem mais do que independência política, já que significava uma declaração pública de legitimidade para a liderança de todos os muçulmanos, não apenas os de al-Andaluz — revelou as deficiências fatais do império abássida na primeira metade do século X. Nenhuma civilização em lugar algum havia sido mais esplêndida nos dois séculos anteriores que a dos abássidas. Um dos lugares-comuns mais repetidos em relação à história da civilização islâmica é o de que o zênite de suas realizações e de sua influência deu-se naquelas poucas centenas de anos que se seguiram à deposição dos omíadas pelos abássidas, quando estes se estabeleceram em Bagdá. Os efeitos dessa cultura aventureira e pujante — que, dentre outras realizações, levou a cabo o projeto de traduzir praticamente todo o *corpus* da filosofia grega para o árabe — chegaram a Córdoba vindos de Bagdá, bem como a outros lugares da vasta órbita do islã. Apesar de terem mudado sua base para o interior do continente, afastando-se do antigo mar dos romanos e indo para junto do rio Tigre, próximo à confluência deste com o Eufrates, a dinastia dos abássidas foi a principal força responsável pelo reflorescimento material e intelectual dos territórios banhados pelo Mediterrâneo naqueles séculos.

O caos que se instalou na capital abássida levou os andaluzes a declarar sua independência e sua superioridade. Até então, eles de certa forma se contentavam com a idéia de que eram uma simples província, por mais brilhante que fosse, do califado sediado em Bagdá. Em 909, o poder central perdeu o controle e o que era quase inimaginável aconteceu: um grupo dissidente de xiitas, que se considerava descendente de Ali, o genro assassinado do Profeta, conseguiu assumir o controle das províncias ocidentais do império. Em Túnis — não muito distante de al-Andaluz —, esses pretendentes ao poder, liderados por um imã que se dizia descendente direto de Fátima, filha do Profeta e esposa de Ali, proclamou que seu estado islâmico dissidente era o legítimo califado. Para os andaluzes, tinha sido possível reconhecer a autoridade distante que os abássidas representavam e que lhes permitia uma independência bem razoável. Tinha havido consideráveis vantagens naquela forma de convivência confortável, quando a possibilidade de circular livremente entre Córdoba e Bagdá permitia aos andaluzes saciar seu infindável apetite por todas as novidades da metrópole oriental. Porém, no início do século X, Córdoba, que desde o princípio alimentava seu próprio sentido de legitimidade, estava longe de se considerar uma capital de província.

Diferentemente do Iraque, contudo, onde viviam os abássidas, Túnis ficava logo ali perto, por isso os fatímidas, como se chamavam, eram rivais perigosos para os andaluzes. A situação, portanto, ficou bem diferente quando os fatímidas proclamaram não apenas sua independência, como também sua legitimidade para representar o que um estado islâmico era e o que deveria ser. A reação dos omíadas de reivindicar para si a legitimidade e o centro do mundo islâmico para Córdoba foi feita de maneira a ser ouvida por todos naquele dia em 929 pelo jovem Abd al-Rahman III, herdeiro digno de seu ancestral e homônimo. Córdoba muito provavelmente merecia ser reconhecida como o centro do universo conhecido, e não eram só os cordobeses que pensavam assim. Porém aquela declaração pública, por mais justa que tenha sido, contribuiu para deflagrar reações de hostilidade, tanto por parte dos cristãos, ao norte, como por parte dos povos islâmicos ao sul. Manifestações de rivalidade começaram a ameaçar a cidade dourada à margem do Guadalquivir. Mas não falemos já dos ataques à grande capital islâmica da Europa; não até que nos tenhamos quedado um pouco no curto século de sua merecida celebridade.

Córdoba, no início do século X, era uma cidade absolutamente fascinante. As descrições feitas por pessoas que lá viveram então e por historiadores que chegaram depois sofrem do excesso de maravilhas catalogadas, problema semelhante, de certa forma, ao das histórias das conquistas de Don Juan: serem contadas às dezenas, às centenas. Primeiro falavam da estonteante riqueza do próprio califa e de sua capital; em seguida, dos novecentos banhos e das dezenas de milhares de lojas; depois, das centenas, quiçá milhares, de mesquitas; contavam também da água corrente que chegava pelos aquedutos, bem como das ruas pavimentadas e bem iluminadas... A religiosa Hroswitha de Gandersheim, mulher culta que participava dos círculos diplomáticos e sociais da corte de Oto I,* foi capaz de fazer um fascinante relato daquela cidade muçulmana simplesmente a partir de suas conversas com um dos emissários enviados pelo califa Abd al-Rahman à corte de Oto em 955. "O fascinante ornamento do mundo brilhou no Ocidente, uma nobre cidade recentemente tornada famosa pelas proezas militares de seus colonizadores hispânicos. Córdoba era seu nome e ela era rica e famosa e conhecida por seus prazeres e resplandecente em todas as coisas, especialmente por suas sete fontes de sabedoria [o *trivium* e o *quadrivium*] e por suas constantes vitórias."

Porém Córdoba brilhava não apenas em comparação com as terras do norte, que praticamente não haviam progredido material ou culturalmente além de onde tinham chegado no século VIII. Cronistas e historiógrafos árabes de renome foram também responsáveis pela imagem de Córdoba no resto do mundo islâmico — onde água corrente e bibliotecas faziam

*Oto I, o Grande (c. 912-973), foi imperador do Sacro-Império germânico entre 936 e 973. (*N. do E.*)

parte do ambiente familiar — e deixaram uma imagem poderosa daquela cidade, como "a mais elevada dentre as elevadas, e mais distante dentre as distantes, o lugar da máxima referência". E não apenas Córdoba brilhava, naturalmente, mas também toda a al-Andaluz governada pelo califa. Por fim, seria toda a enorme riqueza intelectual da al-Andaluz, inseparável de sua prosperidade material, que faria dela o "ornamento do mundo".

A rica multiplicidade de atitudes acerca da cultura e a opulência intelectual que al-Andaluz representava pode ser simbolizada pela biblioteca do califa, que tinha cerca de quatrocentos mil volumes (apurados em uma contagem), em uma época em que a maior biblioteca do mundo cristão não contava com mais que quatrocentos manuscritos. A biblioteca do califa em Córdoba era apenas uma dentre as setenta bibliotecas da cidade, onde os livros tinham tanto prestígio que um relato da época revelou que lá havia setenta copistas no mercado de livros que trabalhavam exclusivamente copiando o Alcorão. Em uma das dezenas de páginas que dedica a Córdoba, o historiador Edward Gibbon refere-se ao culto ao livro naquele estado islâmico que ele tanto admirava (e que achava incomparavelmente superior ao que havia visto na cultura nada livresca da cristandade medieval) de maneira surpreendente: somente os catálogos da biblioteca de Córdoba chegavam a quarenta e quatro volumes, e esses continham informações das bibliotecas acerca de aproximadamente seiscentas mil obras. O islã era de fato uma clerezia: suas elites privilegiadas eram os religiosos, que se dedicavam às leis e que estudavam os textos sagrados, e os escribas e burocratas que compunham a administração do reino. Mas, para além desse considerável segmento da população, as bibliotecas eram os monumentos de uma cultura que cultivava a Palavra como a um tesouro, construídos por governantes que os consideravam relicários. Muitas das obras que lá estavam, como se pode supor, tratavam de assuntos de pouco interesse para visitantes não-muçulmanos ou não interessados na cultura árabe: livros sobre religião e sobre a língua tinham papel dominante nas bibliotecas islâmicas. Porém havia muitos outros mais, inclusive livros que teriam deixado perplexo qualquer visitante cristão, que certamente só dispunha de conhecimentos vagos sobre o mundo clássico. Os andaluzes, graças a seu intercâmbio regular com Bagdá, que tanto valorizou a tradução dos gregos, também acolhiam em suas bibliotecas obras havia muito perdidas no resto do mundo latino no Ocidente e outras ainda por eles desconhecidas no século X. O informante de Hroswitha que lhe descreveu as maravilhas de Córdoba (inclusive o *trivium* e o *quadrivium* que mereceram destaque no relato dela) era, surpreendentemente para nós, não um muçulmano, mas um cristão. Aliás, em Racemundo, o bispo de Elvira, sede episcopal de toda a Andaluzia. A descrição de Córdoba feita por Hroswitha é reveladora também do sentimento certamente criado por aquele cristão que falava latim e árabe e que vinha de um lugar onde não apenas se conhecia a já remota cultura grega, mas também onde o bispo era um prestigiado representante do corpo diplomático do califa.

As bibliotecas de Córdoba davam uma importante medida da qualidade da vida social (e não apenas intelectual) naquela cidade, já que representavam um ponto de convergência quase que perfeita entre o material e o intelectual. As bibliotecas como as de Córdoba — jamais vistas ou imaginadas nas centenas de anos em que se viveu dos espólios do Império Romano — só seriam possíveis graças a uma vigorosa economia com influência por todo o Mediterrâneo. Esta, por sua vez, estimulava grandes inovações tecnológicas. Assim, algo de certa forma essencial para a existência daquelas bibliotecas, em tal escala, foi uma fábrica de papel em Jativa, cidade próxima à próspera Valência, situada na costa do Mediterrâneo. O papel tornou-se muito mais barato e abundante que o antiquado pergaminho ainda utilizado em lugares menos desenvolvidos. Igualmente essenciais ao projeto social e cultural representado pelas bibliotecas era a atitude em relação ao saber de todo tipo, era o compromisso com a transmissão do conhecimento de uma geração à seguinte, era a interação de modos de aprender muito diferentes entre si — modos que podiam até se contradizer, como a fé e a razão o faziam e ainda o fazem. Lá estavam ambas felizes, lado a lado nas bibliotecas, sem temer as contradições. Coisas de primeira categoria.

Aos olhos dos cristãos que viviam no território da Galícia e das Astúrias a noroeste, bem como nas terras altas ao norte do rio Ebro, a nordeste, não havia dúvidas de que a Península Ibérica havia se recuperado com enorme sucesso, bem antes do final do milênio, do período de depressão econômica e cultural que se seguiu ao colapso de Roma. A gloriosa cidade de Córdoba, bem como o estado de al-Andaluz da qual era capital, haviam preenchido aquele vácuo cultural, material e intelectual no Ocidente. Ainda no primeiro século que se seguiu ao ano 1000, muitos caminhos novos se abriram e logo, nos lugares mais remotos da terra, começaram a chegar notícias de como a vida poderia ser e do que a cultura podia fazer por um povo. O tráfico intelectual, bem como o material, entre os famintos mercados do norte e os prósperos mercadores do sul foi-se intensificando e aos poucos expandindo os horizontes de todos. E em meio a tudo isso lá estava al-Andaluz, próspera, complacente e orgulhosa, certa de sua superioridade não apenas em relação aos cristãos do norte, como também a todos os demais estados muçulmanos. Depois do hiato de quase duzentos anos em que os abássidas mantiveram o poder, os cordobeses e os andaluzes como um todo sentiram-se à vontade para reivindicar o lugar de direito dos omíadas no centro do palco mundial.

De certa forma, o califado de Córdoba foi vítima de sua própria prosperidade e do seu próprio sucesso com tudo que ele trouxe. Apesar de tudo que se repete sobre essa história, ela está longe de ter sido um simples conflito entre infiéis e fiéis. Nos últimos anos do século X um famoso vizir chamado al-Mansur, que havia se tornado mais poderoso que o fraco califa que ele deveria proteger, realizou uma série de ataques provocadores e causadores de estragos a praças fortes dos cristãos no norte. Porém na virada do milênio esses ataques e essas provocações aos reinos do norte não foram a causa do colapso do poder do califado.

Violentas guerras civis entre facções muçulmanas rivais de al-Andaluz tiveram início em 1009 e nas duas décadas subseqüentes elas destroçaram o "ornamento do mundo". Observadores contemporâneos perplexos referiram-se àqueles anos de autodestruição chamando-os de *fitna*, "o tempo da discórdia". Uma cultura que pouco antes havia atingido o auge de sua pujança estava sendo destroçada não tanto por bárbaros às portas de suas cidades, mas por todo tipo de barbárie *interna* — dentro de suas próprias fronteiras e dentro da própria Casa do Islã. Por um lado, a arrogância interna e os excessos que resultaram da extraordinária riqueza começaram a marcar o califado no final do século X. Ao mesmo tempo, a ousadia de Abd al-Rahman III em declarar o califado da Andaluzia havia incitado outros pretendentes ao poder, e isso se deu exatamente quando outros poderosos estados islâmicos, hostis aos idiossincráticos omíadas tanto no campo ideológico como no político, começavam a aparecer no norte da África.

A violenta destruição de Madinat al-Zahra, a Versalhes de Córdoba, em 1009, tão logo começaram as guerras civis, pode servir como marco inicial do fim da tranqüilidade política do estado islâmico na Europa medieval. A exuberante cidade palatina nos arredores de Córdoba foi uma das mais fabulosas realizações arquitetônicas e urbanísticas do mundo islâmico. Embora até a presente data aquela cidade perdida tenha sido apenas parcialmente escavada, o que já agora é visível, somado a relatos escritos do que havia sido, revelam um grau absolutamente espantoso de sofisticação arquitetônica. Madinat al-Zahra havia sido construída no início do século X por Abd al-Rahman III, e todo o complexo arquitetônico fazia parte da afirmação de poder contra os rivais abásssidas. Porém quando aquele sítio monumental dos omíadas foi saqueado, menos de um século depois, não o foi pelos cristãos com os quais o califado vinha se engajando em escaramuças nas fronteiras. Em vez disso, a destruição foi perpetrada por outros muçulmanos, berberes saqueadores que vagavam pelos campos criando tumultos, expressando de maneira feroz todo tipo de ressentimento. Esses soldados faziam parte das tropas mercenárias levadas para al-Andaluz pelos últimos governantes desesperados do califado para ajudar a manter a paz. A devastação de 1009, semelhante ao saque de Roma pelos godos em 410 em sua carga simbólica, foi um exemplo de uma sociedade civil que havia perdido o controle de si mesma e cuja antiga ordem havia passado ao controle de tropas estrangeiras. As ruínas dos palácios e jardins de Madinat al-Zahra tornaram-se as pedras de toque da memória andaluza no que se refere ao esplendor humano — e sua absoluta fragilidade.

Em parte, também, a destruição de Madinat al-Zahra revela as dramáticas disputas entre as várias comunidades muçulmanas que lutavam para estabelecer legitimidade política e religiosa que já eram visíveis desde cem anos antes, quando os andaluzes haviam se declarado os verdadeiros califas. A rivalidade mais feroz se dava entre os muçulmanos berberes do norte da África, tradicionalmente bem mais conservadores e, até mesmo, fundamentalistas, e os andaluzes. Muitos andaluzes eram, naturalmente, descendentes de berberes, que haviam sido os primeiros colonizadores muçulmanos da península no século VIII, quando já se verificavam sérias rivalidades entre as lideranças sírio-árabes e a plebe berbere. Mas no final sua identidade andaluza havia se formado nos dois séculos e meio subseqüentes como uma comunidade omíada quase mítica no exílio; e os cidadãos de al-Andaluz, mesmo os descendentes dos colonizadores berberes originais, deixaram de se identificar com os berberes que viviam do outro lado do Estreito de Gibraltar. Como entidade política viável, al-Andaluz chegou ao fim em condições que não diferiam muito das que marcaram seu início. Era mais um capítulo da luta sangrenta no interior do islã em disputa pela autoridade legítima, a intensa e quase sempre rancorosa competição pela sucessão de Maomé.

A dissolução total e oficial do califado de Córdoba deu-se em 1031, pouco mais de um século depois de sua triunfal proclamação. Embora Madinat al-Zahra jamais viesse a se recuperar, uma espécie de fênix chegou a se erguer das cinzas do califado nos reinos das taifas, ou dos partidos. Em árabe taifa significa "partido" ou "facção", e neste caso referia-se a partidos dissidentes, que se afastaram da corrente principal. Depois da fragmentação do califado de Córdoba, as cidades, com as áreas que as cercavam, foram-se tornando autônomas, estados independentes ou quase, que passaram a lutar entre si pelo prestígio e pela autoridade que haviam sido da capital do califado andaluz, já àquela altura arruinada. Nos primeiros anos, havia cerca de sessenta estados de diversos tamanhos e origens políticas. Alguns eram dominados por grupos leais aos omíadas; outros por antigos grupos tribais que se julgavam a verdadeira aristocracia árabe; outros, ainda, por berberes ou mesmo por bandos de militares aventureiros. Com o passar do tempo, as guerras incessantes entre eles terminaram por reduzi-los a um pequeno número com poder.

Uma parte vital da paisagem cultural que floresceu nessa ocasião foi a comunidade judaica. Como aconteceu com muitos outros cordobeses abastados, setores inteiros da população judaica, próspera e culta, abandonaram a antiga capital, que estava arruinada e perigosa. Ao emigrar para novas taifas que se formavam, muitos judeus reassumiram os postos influentes que haviam ocupado em Córdoba. A taifa de Granada, por exemplo, recrutou os serviços de um judeu talentoso cuja família fugira de Córdoba e se estabelecera não muito distante, em Málaga. Samuel ibn Nagrila, como se esperava, levou para aquele lugar atrasado o refinamento da Córdoba dos omíadas, logo tornando-se *vizir*, ou primeiro-ministro. Ao mesmo tempo, tornou-se também o primeiro *nagid*, ou chefe, da comuni-

Al-Andaluz, 1009–1248
Dos reinos taifas até a queda dos almóadas
Badajoz – principais cidades taifas, cerca de 1009–1090
(⊗1086) – principais batalhas e anos
0 milhas 200 400
0 quilômetros 400
OCEANO ATLÂNTICO
Londres
NORMANDIA
Paris
Rio Danúbio
Cluny
Clermont
AQUITÂNIA
Golfo de Biscaia
Santiago de Compostela
Leão
Leão e Castela
Burgos
Pamplona
Toulouse
Albi
Languedoc
Montpellier
Narbonne
PROVENCE
Marselha
Veneza
Gênova
MAR ADRIÁTICO
Saragoça
Huesca
Pireneus
CATALUNHA
Rio Douro
Zamora
Barbastro (⊗1064)
PORTUGAL
Rio Tejo
Lisboa
ARAGÃO
Barcelona
CÓRSEGA
Roma
Nápoles
Badajoz (⊗1086)
Toledo (⊗ 1085)
Valência ⊗ 1238
AL-ANDALUZ
SARDENHA
Córdoba (⊗ 1236)
Las Navas de Tolosa (⊗ 1212)
Niebla
R. Guadalquivir
Sevilha (⊗ 1248)
Múrcia (⊗1243)
Huelva
Cádiz
Granada
MAR MEDITERRÂNEO
Conquistada pelos muçulmanos em 827, e pelos normandos, em 1072
SICÍLIA
Málaga
Almeria
Argel
Túnis
Fez
Tlemcen
IMPÉRIOS DOS ALMORÁVIDAS (1090–1145) e dos ALMÓADAS (1147–1248)
Marrakech
Trípoli
Santiago de Compostela
Leão
Burgos
Toulouse
Narbonne
REINOS CRISTÃOS
Zamora
Saragoça
Barcelona
Lisboa
Badajoz
Toledo
AL-ANDALUZ
Valência
Sevilha
Córdoba
Las Navas
Granada
Múrcia
Cádiz
Málaga
Almeria
Principais comunidades judaicas no início do século onze

dade judaica — e, como um dos melhores poetas hebreus daquela "Idade de Ouro", ficou famoso como Samuel, o Nagid.

Precisamente a essa altura, os territórios cristãos ao norte começaram a se consolidar em reinos unificados e cada vez mais poderosos. Ao se expandirem lentamente em direção ao sul ao longo do século XI, essas cidades controladas pelos cristãos entraram na mesma disputa por territórios e por supremacia política e cultural que as cidades muçulmanas. El Cid, um aventureiro militar ambicioso (que acabou passando para o campo das lendas e mitos da Espanha) lá viveu nessa época, liderando vários exércitos em todo tipo de batalha, num tempo em que as rivalidades religiosas eram mais um conceito ideológico que um dado da realidade. Rodrigo Diaz, mais conhecido pela alcunha árabe — El Cid é uma corruptela de *al-sayyid*, que significa "o senhor" —, teve suas vitórias militares relatadas com admiração igualmente por escritores muçulmanos e cristãos, posto que lutou sem distinção por monarcas de ambos os lados. Da mesma forma, cidades muçulmanas às vezes prestavam homenagens a seus vizinhos cristãos mais poderosos, assim como reis cristãos às vezes encontravam em príncipes e emires muçulmanos seus mais fiéis aliados.

A disputa pela superioridade entre as várias cidades do reino dos taifas da península, apesar da destruição militar e social que causou, costuma ser comparada à rivalidade pelo poder, acompanhada da exuberância cultural, que se deu entre as cidades-estados italianas durante o Renascimento. Muitas das formas culturais andaluzas mais características e influentes surgiram nessas inúmeras cidades-estados independentes espalhadas pela península, e muitas resultaram mesmo da surpreendente mistura de povos que se deu com o esfacelamento do califado. Durante o século XI, as conseqüências da explosão do poder central do califado continuaram a ser sentidas nas constantes reformulações das fronteiras políticas e nos consideráveis deslocamentos de muitos dos grupos que haviam sido súditos do califa de Córdoba. Muçulmanos passaram a viver em cidades cristãs — eram os mudéjares, como os chamavam os soberanos cristãos — juntamente com os judeus que haviam assimilado a cultura árabe, e ainda um outro grupo híbrido, os mozárabes. Os mozárabes, ou moçárabes, eram cristãos assimilados pela cultura árabe que durante os trezentos anos em que viveram no estado islâmico haviam-se transformado em uma comunidade acentuadamente distinta das demais comunidades cristãs no resto do Ocidente latino. O movimento também se fez do sentido contrário, naturalmente, e os cristãos do norte de fala românica passaram a atravessar as fronteiras e até mesmo a estabelecer-se em áreas situadas além de seus limites geográficos. Aqueles lugares, para eles novos e desconhecidos, eram culturalmente tão diferentes que foi como se estivessem em outros planetas. Porém a estranheza não demorou muito tempo: as confraternizações logo tornaram familiares os sons, as cores e os odores dos vizinhos tão diferentes.

A mescla de línguas, religiões e estilos de todo tipo — de comida, de vestuário, de músicas, de construções — não se restringiu à Península Ibérica, embora certamente tenha sido lá que se deu com mais vigor, mas com crescente intensidade espalhou-se para bem além dos Pireneus. A interação muito mais promíscua e transformadora entre a cultura andaluza e o resto da Europa ainda estava por ocorrer nos séculos XII e XIII, embora seu início já se pudesse observar na segunda metade do século XI. A intensa mobilidade cultural que ocorreu então entre as cidades-estados vigorosamente competitivas, tanto as muçulmanas quanto as cristãs, foi essencial nesse processo. Porém um outro acontecimento crucial veio modificar ainda mais o panorama político e cultural da Europa no primeiro século do novo milênio: a expansão e as invasões normandas.

O resultado do encontro entre os normandos cristãos e os muçulmanos da Sicília — a Sicília, também, havia sido um estado islâmico desde a expansão do século VIII que deu origem a al-Andaluz — constitui-se, à sua maneira, uma parábola das complexas mudanças de poder e absorção cultural naquela época. Em 1072, depois de trinta e quatro anos de esforços, Palermo, capital da Sicília islâmica, foi capturada pelos invasores e tornou-se o centro do reino normando da Sicília. Entretanto, ao longo do século e meio que se seguiu a essa conquista, os normandos foram assimilados pela cultura árabe e tornaram-se quase escravos da cultura que haviam conquistado. Este caso é um riquíssimo exemplo das relações intrincadas e freqüentemente paradoxais entre, de um lado, a política, a ideologia e a história militar e, do outro, a cultura. Apesar de a Igreja ter mantido uma atitude hostil em relação ao islamismo desde o início — toda a riqueza oriental foi tomada dos muçulmanos nos séculos VII e VIII —, jamais tinha tido condições de atacar aquele inimigo ideológico. Porém em 1095, em Clermont, na França, o papa Urbano II conclamou todos os cristãos do Ocidente para se lançarem em uma Cruzada que deveria reconquistar a

Terra Santa dos infiéis muçulmanos. A nosso ver, essa época ficou marcada, acima de tudo, por esse ato agressivo de intolerância religiosa. Contudo, essa foi também a época na qual uma boa parte do enorme acervo das espetaculares bibliotecas de Córdoba passou a ser lida, traduzida e canonizada como parte da tradição ocidental, freqüentemente por integrantes da hierarquia da mesma Igreja que promovia as Cruzadas.

Na Península Ibérica, o tumultuado período das cidades muçulmanas independentes de al-Andaluz chegou ao fim com um acontecimento típico daquela época. Afonso VI de Castela, um monarca cristão politicamente astuto e altamente ambicioso que por muito tempo havia protegido a importante taifa de Toledo, consolidou seu poder e assumiu abertamente o controle oficial daquela antiga cidade em 1085. Tendo vencido seus adversários cristãos e muçulmanos no esforço para assumir a liderança de grandes territórios, Afonso fez de Toledo sua capital. Fez dela também a herdeira aparente de algumas das antigas glórias de Córdoba e de al-Andaluz. Afonso e sua linhagem de influentes sucessores tornaram-se patronos proselitistas de grande parte da cultura árabe e da ampla variedade de bens culturais que a partir de então tornaram-se acessíveis ao Ocidente latino. Toledo transformou-se na capital européia das traduções, portanto também a capital de toda agitação intelectual, principalmente nos campos da ciência e da filosofia.

Porém para os territórios mais ao sul, a tomada de Toledo por um poderoso monarca cristão que era um guerreiro de verdade, não apenas mais um homem forte de uma cidade menor, provocou uma reação militar historicamente desastrosa. O rival derrotado e inconformado que havia perdido Toledo para Afonso, o igualmente ambicioso e até então bem-sucedido Mutamid, cuja base era Sevilha, pediu ajuda militar aos almorávidas, um grupo muçulmano fundamentalista que pouco antes havia tomado o poder em Marrakech e criado um estado chamado Marrocos. Os almorávidas eram uma tribo berbere que estava construindo um império no norte da África. Esses fanáticos consideravam os muçulmanos da Andaluzia inadmissivelmente fracos, com suas relações diplomáticas com estados cristãos, sem contar o prestígio que davam aos judeus em praticamente todas as áreas de seu governo e na sociedade. Mas o equivocado Mutamid de Sevilha não deu importância às convicções políticas dos almorávidas, achando que poderia pedir seu apoio militar e depois mandá-los de volta. Os almorávidas chegaram ostensivamente como aliados das debilitadas taifas e rapidamente conseguiram, em 1086, derrotar Afonso VI. Entretanto, os aliados, que chegaram como protetores, lá permaneceram como os novos tiranos de al-Andaluz.

Em 1090, os almorávidas já haviam anexado todas as taifas remanescentes do venerável reino de al-Andaluz, formando seu próprio reino, duro e intolerante. Nos 150 anos que se seguiram, os muçulmanos da Andaluzia foram governados por estrangeiros. Primeiramente foram os próprios almorávidas e, em seguida, os almóadas, ou "Unitários", um grupo ainda mais fanático de muçulmanos berberes do norte da África, igualmente estranhos a al-Andaluz e a sua maneira de ser. Por isso foi que os andaluzes se tornaram súditos nem sempre pacatos de uma província difícil de se governar. Eles haviam perdido para sempre sua liberdade política, porém a história da cultura andaluza estava ainda longe de terminar: apesar de todo o sangue derramado, os andaluzes não se curvaram e sua cultura continuou a ser sua glória — vista com suspeição, porém ambicionada por todos os povos vizinhos, tanto ao norte quanto ao sul.

O século XII na Europa iniciou-se com uma série de ironias históricas que continuaram a ocorrer com o passar do tempo. Justamente quando a Europa latina começava a colher as benesses materiais e intelectuais do contato com o progresso andaluz, o território onde antes havia sido al-Andaluz tornava-se um lugar cada vez mais repressivo. As Cruzadas, palavra que significava a guerra de motivação religiosa entre cristãos e muçulmanos, passaram a simbolizar aquele momento histórico. Ao mesmo tempo, porém, ferozes disputas no interior dessas comunidades religiosas determinavam mudanças sociais e culturais pelo menos tão grandes quanto aquelas. Talvez a mais transformadora dessas mudanças tenha sido a rebelião das novas línguas vernáculas contra o latim, que marcou o início da estrada que conduziu, com muitas voltas e percalços, a Dante, a Cervantes, a Shakespeare e a outros que optaram por expressar-se em suas próprias línguas ao invés de fazê-lo na língua universal, antiga e imutável da Igreja e do Império Romano, desaparecido havia muito tempo.

Esse período é também o início do fim da participação islâmica e judaica na cultura medieval européia que vinha ocorrendo havia séculos. Os anos em que a Andaluzia passou a ser colônia, desde a anexação pelos almorávidas em 1090, foram de grande infelicidade para os muçulmanos espanhóis. As tentativas dos almorávidas de impor sua visão do mundo islâmico aos andaluzes provocaram continuadas reações da população: em 1109, menos de vinte anos depois de os almorávidas haverem sido convidados como aliados, rebeliões antialmorávidas irromperam em Córdoba, logo depois da queima pública da obra de al-Ghazali, um legendário teólogo cuja abordagem humanística do islamismo, apesar de sua ortodoxia, foi considerada excessivamente liberal pelos fanáticos almorávidas. Discordâncias violentas como essa não eram raras. Igualmente marcante foi a resistência a várias tentativas do governo almorávida de controlar e até mesmo de perseguir os sufis, místicos considerados heterodoxos demais pelos almorávidas, porém muito admirados pelos andaluzes.

O clima religioso geralmente turbulento em al-Andaluz transformou drasticamente a composição das cidades muçulmanas. A fuga significativa dos dhimmi, judeus e cristãos que haviam desempenhado papel vital naquela mistura cultural vívida e produtiva, teve início então. Por mais lamentável que isso tenha sido, algo ainda pior estava por vir: um regime ainda mais repressivo de berberes muçulmanos tomou o poder dos almorávidas no norte da África, fazendo de al-Andaluz também colônia sua. O tipo de islamismo anti-secular e intolerante dos almóadas tinha divergências intransponíveis com muitas tradições andaluzas e eles acabaram não conseguindo "reformar" seus irmãos muçulmanos colonizados. Tampouco foram capazes de conseguir a unidade política tendo por base a unidade ideológica que almejavam para os muçulmanos. A incapacidade de conseguir isso teve graves conseqüências políticas.

A grande discordância interna dos muçulmanos, muitas vezes expressa em forma de embates violentos no território enfraquecido de al-Andaluz, coincidiu com o crescente poder e a influência do papa Inocêncio III, que se espalharam de maneira arrogante por grande parte da Europa nos anos de seu pontificado, de 1198 a 1216. Al-Andaluz foi apenas um dos muitos alvos da cruzada de Inocêncio, que não se limitou à Europa ou aos interesses cristãos. Ao longo do século XII já vinham ocorrendo guerras civis cristãs que se estenderam pelo século XIII; a cruzada contra os albigenses, considerados hereges puritanos, também dizimou as estruturas políticas e sociais das florescentes cortes da Provença, cortes essas que, intimamente ligadas às do norte da Espanha e de al-Andaluz, deram origem à primeira literatura secular canônica da moderna tradição ocidental. Cantadas em atitude de desafio à tradição até então onipotente do latim, e freqüentemente acompanhadas por novos instrumentos musicais que desafiavam os tons tradicionais da música religiosa, suas canções de amores impossíveis floresceram ao longo do século XII, tornando-se o ponto alto das manifestações culturais daquela época. Tem-se aqui um outro paradoxo: essa primeira flor da modernidade — chegando, como chegou, no auge do período medieval — viria a morrer em meados do século XIII, com a destruição, durante a cruzada contra os albigenses, das cortes provençais que haviam dado origem e impulso àquelas manifestações de cultura secular.

Aqui, novamente, de maneira paralela ao que se passava em al-Andaluz e que levou à destruição uma sociedade islâmica que havia sido pujante, os inimigos eram tanto externos como internos. Com uma visão grandiosa de domínio universal de seus inimigos (hereges cristãos e infiéis muçulmanos, sem distinção), Inocêncio foi um papa de poder político inigualável que provocou enormes modificações no panorama cultural e ideológico da Europa. O punho de ferro de Inocêncio voltou-se também contra um grupo de cristãos que ele considerava de última categoria: aqueles que habitavam reinos esparsos ao sul dos Pireneus. Para ele, eram um bando de cristãos heterodoxos demais, desunidos e apáticos demais em sua fé, a ponto de permitirem que judeus vivessem entre eles sem qualquer distinção, ignorando mesmo o decreto de 1215 do Quarto Concílio de Latrão, presidido por Inocêncio, que determinou que os judeus usassem vestimentas e outros sinais externos que os distinguissem. Eram cristãos que mais facilmente fariam guerras entre si do que com seus vizinhos muçulmanos.

Entretanto, um momento excepcional mudou o rumo dos acontecimentos. Em 1212 esses cristãos espanhóis desgarrados decidiram aceitar a oferta de apoio militar por parte dos europeus do norte contra os almóadas. Disso resultou a segunda reviravolta na história de al-Andaluz, que, à semelhança da primeira, foi causada por forças militares externas à Península em 1086, então chamadas para combater as cidades-estados muçulmanas desunidas. Um acontecimento militar da maior importância nesses embates, mas também da maior raridade, foi a Batalha de Las Navas de Tolosa. Ali a luta se deu por ideologia, algo bastante abstrato, e ocorreram alguns dos poucos incidentes da "Reconquista" em que se lutou com cruzes e bandeiras papais, de um lado, e do outro havia apenas muçulmanos. A retumbante vitória cristã foi o início inequívoco do fim; a partir dali, houve apenas perdas e recuos para os muçulmanos, seguidos da derrota final dos almóadas. As imponentes cidades antigas foram caindo como peças de dominó, uma após a outra: Córdoba em 1236, Valência em 1238 e finalmente Sevilha, a adorável cidade cheia de laranjeiras que os almóadas haviam feito sua capital. Sevilha foi conquistada por Fernando III de Castela, o primeiro de uma longa linhagem de soberanos castelhanos que preferiram Sevilha a todas as outras cidades. Quando Fernando morreu poucos anos depois, seu filho Afonso — que viria a ser conhecido como o "Sábio", por ser o grande patrono das traduções e, portanto, transferir as riquezas da cultura árabe-islâmica para o tesouro do cristianismo — construiu para o pai um túmulo que ficaria na Grande Mesquita de Sevilha, já então reconsagrada como a esplêndida catedral da nova capital castelhana. Acompanhando o espírito da época, Afonso mandou fazer as inscrições nas três línguas veneráveis do reino — o árabe, o hebraico e o latim — e ainda no novo idioma castelhano que apenas poetas e outros revolucionários usavam em seus escritos.

Porém um mundo no qual um túmulo como o de Fernando fazia sentido, um mundo de primeira categoria no qual todas aquelas línguas pareciam à vontade lado a lado no túmulo de um santo cristão, aquele mundo foi destruído, juntamente com as mesquitas que lhe deram origem e nas quais não apenas Fernando mas também seus sucessores rezaram até o final do século XV. O desmantelamento intermitente daquele universo, os motivos e os meios dessa destruição de uma cultura européia de primeira categoria, constituem de fato uma história diferente da que concerne a este livro. É uma estrada longa e freqüentemente traiçoeira a que leva da Sevilha de Fernando III em 1248 à Granada de Fernando V em 1492. Com efeito, Fernando III havia feito de Granada o último dos estados islâmicos na

Reinos da Península Ibérica

De 1248 a 1492

Península Ibérica: foi a recompensa que deu a Ibn Ahmar, da família Nasr, em retribuição pelo importante apoio militar na disputa por Córdoba contra os almóadas em 1236. Nos 250 anos que se seguiram, os násridas, descendentes de Ibn Ahmar, sobreviveram a um assédio que faz lembrar a *Ilíada* de Homero, já não mais como andaluzes propriamente ditos, mas como guardiães da memória de al-Andaluz e, principalmente, como os arquitetos do seu monumento sepulcral que se chamou Alhambra. Num local onde a memória cultural já vinha se depositando em camadas havia séculos, construiu-se o cenário para o evento que marcou o verdadeiro fim da Idade Média em 1492: Muhammad XII, o último dos násridas, conhecido como Boabdil, entregou as chaves da casa real de sua família à descendente de Fernando III e de Afonso, o Sábio, a rainha Isabel de Castela, e a seu marido, Fernando de Aragão. Alguns relatos dessa cena dão conta de que os Reis Católicos trajavam vestes mouras nessa ocasião. Provavelmente vestiam-se assim também quando, poucos meses depois, assinaram o decreto de expulsão dos judeus.

Os Palácios da Memória

A Mesquita e a Palmeira

Córdoba, 786

ABD AL-RAHMAN ERA UM VELHO DE CINQÜENTA ANOS. TODA UMA VIDA SE passara naquelas terras outrora remotas de Córdoba desde que ele lá chegara, um jovem ambicioso, único herdeiro sobrevivente de um califado brutalmente roubado na Síria. O universo havia se transformado naqueles anos, em parte por conta própria e em parte sob sua direção. Desde o início, ele havia decidido permanecer em seu exílio em al-Andaluz, apesar da tristeza que sentia por saber que nunca mais veria sua amada terra natal novamente. Com essa aceitação vieram-lhe também a determinação e a energia para não se deixar abater pela amargura contra os abássidas que haviam destruído sua família para assumir o poder. Os abássidas haviam abandonado Damasco pouco depois dele: em 754 seu segundo califa, que se chamava al-Mansur, mudara-se para o Oriente, onde mandou construir uma cidade inteiramente nova para que pudesse apagar de vez a lembrança dos omíadas. Bagdá era de fato uma cidade maravilhosa e cheia de magia desde o início, uma cidade circular, perfeitamente concêntrica e absolutamente segura às margens do rio Tigre. Entretanto, Abd al-Rahman, cujos inimigos não lhe negavam o epíteto de "Falcão dos Quraysh" (os quraysh eram a tribo do próprio Profeta), havia sobrevivido para assegurar que, apesar da guinada histórica dos abássidas, a memória dos omíadas e de Damasco não se perderia. Durante trinta anos ele preparou as fundações de um estado omíada, novo e desafiador.

Na Ibéria as colônias visigodas conquistadas pelos muçulmanos estavam longe de ser bem governadas. Porém parte da tradição omíada, desenvolvida na Síria logo que eles lá chegaram, consistia em saber aproveitar o que já havia no lugar, principalmente quando se tratava do que havia sido deixado pelos romanos. O que podia ser aproveitado era reaproveitado e o que precisava ser criado era criado. Pontes e estradas eram consertadas ou construídas; a água era levada ao campo para que se testassem novos cultivos. Em muitos casos eram os frutos, tanto literais quanto metafóricos, da expansão islâmica em direção ao Oriente, para lugares como a Pérsia e a Índia, cujas inúmeras riquezas passavam a ser matéria-prima dos omíadas. Historiadores que vieram bem depois, abássidas e de outras origens, que tentaram explicar o fim daquele glorioso período da história islâmica, referiram-se, em tom de acusação, à maneira como os omíadas haviam absorvido e adaptado os espólios e adornos das civilizações que encontravam ao se espalharem pelo mundo. Para esses puristas, o sincretismo eclético e o coração aberto dos omíadas pareciam defeitos.

Como outros exilados e imigrantes de todas as gerações e de todas as culturas, Abd al-Rahman ansiava por pequenas recordações de seu antigo país — uma fruta predileta, uma casa parecida com a sua. Mas neste caso o homem que sentia saudades de sabores, sons e formas da terra natal para sempre perdida era um califa, em tudo e por tudo, menos no reconhecimento do título, com os meios para mandar buscar plantas no interior do norte da África e para mandar construir prédios que lhe recordassem a Síria. Porque ele foi não apenas um poderoso governante, mas também o fundador da dinastia dos omíadas de al-Andaluz, suas recordações e quase tudo que ele fez para satisfazer seus desejos acabaram assumindo um significado muito maior que as saudades de um homem para sempre exilado do seu país natal. Foram essas as pedras fundamentais, cobertas com a pátina da tradição e da legitimidade, por onde começou a construção de um novo império.

Os primeiros exércitos muçulmanos haviam-se aventurado até os limites setentrionais da Ibéria, para além das altas montanhas cobertas de neve que chamavam de al-Baranis, os Pireneus, chegando a um lugar chamado Gália. As incursões que foram mais longe ao norte tinham ocorrido alguns anos antes, quando Abd al-Rahman sequer sonhava com al-Andaluz, quando os omíadas ainda governavam tudo de Damasco. As tropas tinham chegado até o vale do Ródano, invadindo uma boa parte da Borgonha. Durante alguns anos parecia que os novos territórios muçulmanos na Europa incluiriam uma extensa faixa de terra ao norte daquelas montanhas acidentadas. Porém um adversário diferente e bem mais forte os aguardava. Quando, em 732, os exércitos da expansão muçulmana aventuraram-se até a cidade de Tours — a apenas 150 milhas de Paris —, o chefe dos francos viu-se desafiado a defender seus territórios. Nos arredores da atual cidade de Tours, na planície ao sul que leva a Poitiers, Charles Martel (Carlos Martelo) opôs-se às forças muçulmanas e a batalha que se seguiu tornou-se legendária para ambos os lados. Os francos desbarataram os muçulmanos, mataram o general que chefiava as tropas e tantos outros homens que os historiadores muçulmanos terminaram por chamar aquele campo de batalha de "a Planície dos Mártires". Para os historiadores europeus, a Batalha de Tours, às vezes chamada de Batalha de Poitiers, tornou-se para sempre o símbolo da interrupção da expansão muçulmana para o norte da Europa. Essa virada crucial que se deu na história européia provocou um interessante comentário de Edward Gibbon em seu livro *Declínio e queda do Império Romano*. Segundo ele, se o resultado da batalha tivesse sido outro, "talvez a interpretação do Alcorão estivesse agora sendo ensinada nas escolas de Oxford e nos seus púlpitos seriam demonstradas a um povo circuncidado a santidade e a veracidade da revelação de Maomé".

A derrota brutal obrigou os pretendentes a conquistadores a recuar para uma área que viria a se chamar Provença, onde permaneceram por um quarto de século. Mas os francos não eram como os visigodos e estavam determinados a reivindicar aquelas terras. Pepino, filho de Charles Martel e pai do ainda mais famoso Carlos Magno, lançou-se numa longa campanha, da qual terminou como vencedor, para conquistar as terras ao norte dos Pireneus, e em 758, poucos anos após a chegada de Abd al-Rahman a Córdoba, os exércitos muçulmanos haviam sido forçados a recuar para as terras ao sul dos Pireneus. Entretanto, isso não ocorreu facilmente, e as muitas batalhas e os longos períodos de cerco às cidades — o de Narbonne tornou-se o mais famoso — terminaram por fornecer muito material, em parte histórico e em parte legendário, para a literatura medieval francesa.

A Batalha de Tours e suas conseqüências determinaram a constituição lingüística e religiosa do norte da Europa, de fato limitando a expansão do islã à Península Ibérica, não permitindo que chegasse à região de Paris e do Reno. Foi porém uma outra batalha, bem menos decisiva em termos históricos e travada na geração seguinte, que ocupou o lugar de honra na tradição literária e mitológica da Europa moderna. Nenhum épico tem maior destaque nessa tradição que *A Canção de Rolando*, e a matéria-prima para essa *chanson de geste* ("canção de proezas", como eram chamados os épicos orais na França antiga) origina-se nos anos durante os quais o centro do palco esteve ocupado por dois grandes e ambiciosos governantes, determinados, ambos, a criar um grande estado unificado. O "quase-califa" omíada Abd al-Rahman e o rei dos francos (que acabou tornando-se Sagrado Imperador Romano) Carlos Magno eram vizinhos e seus territórios se tocavam, às vezes de maneira sedutora, às vezes de forma abrasiva, ao longo dos Pireneus. A Batalha de Roncesvalles, mais tarde imortalizada na tradição épica, foi motivada, em parte, pela ambição expansionista dos francos. O sucesso que haviam obtido sob o comando de Pepino contra os omíadas despertara-lhes o apetite pela conquista de novas terras e eles começaram a sonhar com as que ficavam ao sul dos Pireneus, assim como os sulistas haviam desejado conquistar as terras ao norte.

A possibilidade de conquista do sul surgiu, como era comum naqueles tempos, a partir de guerras civis e de traições. Desde o início de seu reinado, em 756, Abd al-Rahman mostrou-se decidido a evitar os erros de seus predecessores e, principalmente, a eliminar o caos que caracterizava a ainda curta história de al-Andaluz. Abd al-Rahman concluiu que a rivalidade entre berberes e sírios seria o grande entrave para a criação de um estado grande e próspero, portanto administrava al-Andaluz com firmeza e sem fazer concessões a qualquer dos lados. Recusou-se a fazer o jogo de disputas entre as tribos e ao longo do tempo essa decisão revelou-se não apenas bem-sucedida, como brilhante. Dela resultou (entre outras coisas) um estado próspero, forte e bem organizado que ele passou para seu sucessor, este para o seguinte e assim por diante, por um quarto de milênio. Mas nos primeiros anos, como era de se esperar, os líderes tribais e os das diferentes facções julgaram-se traídos por aquela nova maneira de fazer política sem conchavos.

No ano de 777, o vigésimo segundo do governo de Abd al-Rahman, um grupo de nababos muçulmanos descontentes foi pedir auxílio ao rei dos francos. Embora Carlos Magno estivesse profundamente envolvido em suas próprias lutas contra os saxões, passou o ano seguinte lutando ao lado de seus aliados muçulmanos nas terras ao sul dos Pireneus. Tentaram conquistar cidades como Barcelona, na costa do Mediterrâneo, e até outras como Pamplona, já próxima à costa do Atlântico. Essa acabou sendo uma aventura malsucedida. Foram poucos e raros os sucessos militares, e, já no verão de 778, o rei, então com 36 anos de idade, não conseguiu mais manter o cerco à cidade de Saragoça, às margens do rio Ebro. Carlos Magno pode ter sido forçado a voltar por causa de algum outro conflito com os saxões, ou talvez tenha simplesmente compreendido que Abd al-Rahman não tinha a intenção de se deixar vencer pelos rebeldes dentro de sua própria casa. Qualquer que tenha sido o motivo, Carlos Magno iniciou a longa retirada de suas tropas francas de Saragoça. Porém, quando seus homens derrotados e exaustos tentaram voltar para o norte, foram atacados novamente, dessa vez pelos bascos, um povo altamente cioso de seu território, cujas passagens montanhosas os francos estavam atravessando — e violando. Toda a retaguarda do exército que se retirava foi destruída, inclusive seu comandante, o conde Roland. Poucos sobreviveram ao massacre para contar a história que, aliás, veio a tornar-se a própria essência da mitologia francesa em seus primórdios no século XII. Transformado pela imaginação no mais respeitável dos épicos franceses medievais, o acontecimento acabou perdendo completamente qualquer relação com seu momento histórico: transformou-se numa luta entre cristãos e muçulmanos animada por motivos religiosos e levada a cabo com o fervor dos cruzados.

Não obstante esses e centenas de outros empreendimentos bem-sucedidos — militares, civis, políticos e artísticos — e apesar da estabilidade e da prosperidade que conseguiu em Córdoba desde o início, Abd al-Rahman esperou até quase o fim de sua vida para julgar-se preparado para iniciar seu maior projeto, aquele que proclamaria mais alto, no porvir, quem era ele e o que viera fazer no mundo. A venerável igreja de São Vicente era a maior de Córdoba e havia sido erguida sobre as ruínas de um antigo templo romano. As tradições cultivadas pelos historiadores de al-Andaluz relatam algo que não surpreenderia aqueles que conhecessem a história da construção da Grande Mesquita de Damasco pelos omíadas mais de um século antes, na década de 640. Como os muçulmanos sentiram necessidade de um lugar espaçoso para orar naquela cidade, os omíadas compraram metade da Catedral de Damasco, que assim se tornou um local de oração compartilhado. Os muçulmanos ali chegados havia pouco oravam em metade do prédio e a comunidade cristã orava na outra. Anos mais tarde, quando o califa sentiu-se capaz de construir uma mesquita digna de sua família e de sua herança, comprou também a outra metade, demoliu a velha estrutura e, no mesmo lugar, começou a construção de uma "mesquita das sextas-feiras" — como os muçulmanos chamam as mesquitas onde toda a comunidade reza às sextas-feiras — para a capital de seu califado, já então estável e florescente.

A repetição dessa história — de como os omíadas recém-chegados construíram sua primeira grande mesquita central na Síria helenizada e cristã e, então, de como o príncipe em exílio acabou construindo a primeira grande mesquita central em al-Andaluz — revela até que ponto todo o projeto de Córdoba e al-Andaluz era considerado uma continuação consciente do que havia sido destruído na Síria. Revela muito também do cuidado dos omíadas em não destruir um estado multiétnico e pluralista. A estética da nova mesquita de Córdoba, em glória à qual muçulmanos de todas as partes passariam a compor odes, definiu-se como tipicamente andaluza desde o início: em parte uma adaptação das formas lá predominantes e em parte uma homenagem à Síria omíada, a eterna fonte da legitimidade hereditária. Até mesmo a mais misteriosa idiossincrasia do prédio pode ser entendida como um profundo desejo de refazer na nova terra o que se havia perdido na antiga: a *qibla* da mesquita — a orientação que em todas as mesquitas aponta aos fiéis a direção de Meca para que nela façam suas preces — não está dirigida exatamente àquela cidade, porém um pouco mais ao sul, como teria sido se a mesquita de fato estivesse em Damasco.

A mesquita de Córdoba continuou a ser construída e acrescida nos duzentos anos que se seguiram, até quase o ano 1000, porém suas formas características permaneceram inalteradas, com seus arcos em feitio de ferradura parecendo sobrepor-se, estonteantes, em suas cores alternadas em vermelho e branco. É inútil tentar descrever a energia quase cinética de um monumento poderoso como esse; seria como tentar parafrasear um poema. De fato, a poesia visual da Grande Mesquita antecipou-se à poesia culturalmente híbrida que os andaluzes criaram aproximadamente à época da proclamação do califado, uns duzentos anos depois. Foram as "canções dos anéis", uma mistura do antigo e do novo, do clássico e do vernáculo. Grande parte da mesquita foi construída com o que já havia na nova terra; as colunas e os capitéis foram todos reaproveitados, tomados de empréstimo às ruínas das antigas culturas que estavam dando lugar a outra, fossem elas igrejas góticas ou prédios romanos. O resultado singular é também um eco, alto e claro, das formas mais antigas encontradas naquela terra, com seus estilos característicos: o arco em forma de ferradura, que acreditamos ser um protótipo da estética muçulmana, na verdade fazia parte da tradição arquitetônica das igrejas da Espanha pré-muçulmana. Os arcos duplos, com sua aparência singular e quase alucinatória em branco e vermelho, podem ser vistos em aquedutos romanos, um dos quais, imponente, encontra-se em Mérida, não muito distante de Córdoba. Como os cristãos ao norte, os muçulmanos da Hispânia reaproveitavam colunas e capitéis romanos e faziam novos, semelhantes àqueles. Continuaram a utilizar métodos de construção dos romanos alternando tijolos e pedras, e um dos mais magníficos exemplos disso é exatamente essa maravilhosa mesquita.

Essa abertura a novos estilos, a capacidade de olhar em volta, assimilar e dar novas formas ao já existente, foi uma das principais virtudes do estilo islâmico e veio para o Ocidente como uma importante contribuição da estética omíada. Ao garimpar aquelas terras estranhas em busca de materiais para erigir seus monumentos, e ao aproveitar-se livremente do que encontrava, quer sua estética fizesse parte da tradição dos cristãos ou da dos romanos, o príncipe omíada, com saudades de sua terra, sabia que estava dando continuidade à tradição de seus ancestrais sírios. A Grande Mesquita de Córdoba, com seus inequívocos acenos de respeito e nostalgia por territórios omíadas mais importantes no velho mundo, tornou-se um adorável exemplo de diálogo entre o presente e o passado, uma forma de dar nova vida ao passado, ou de reescrevê-lo para que se tornasse inteligível no presente.

Uma palmeira ergue-se no centro de Rusafa,
Nascida no poente, longe das terras das palmeiras.
Disse-lhe: Como somos parecidos, tão longe em nosso exílio,
Há tanto separados da família e dos amigos.
Você lança suas raízes num solo onde é estranha;
E eu, como você, estou tão longe de minha terra.

Já velho, sabendo que morreria longe de sua terra natal, Abd al-Rahman escreveu esse pequeno poema, uma delicada ode a uma palmeira. Ele havia sido um jovem de grande ousadia e um soberano poderoso, um homem que sobrevivera ao cruel massacre de sua família e passara três décadas transformando um lugar desolado, onde grassava a violência sanguinária, numa capital do mundo, próspera e civilizada. Havia triunfado como guerreiro e como pioneiro e no fim da vida sua grandeza como construtor ficava mais evidente a cada dia, à medida que se erguia em Córdoba, em branco e vermelho, uma mesquita que suplantaria todas as demais, do passado e do presente. Ao final de cada dia, Abd al-Rahman, como seus ancestrais, dedicava-se aos prazeres da poesia, de uma poesia máscula e afirmativa. Apesar de ele não ter sido um poeta brilhante, o legado de Abd al-Rahman é como um palácio habitado pela memória de seus antepassados mais remotos.

O islã havia surgido do deserto com sua convicção e sua determinação de criar uma sociedade totalmente nova. Mas surgiu também equipado com uma sofisticada bagagem poética árabe que continuaria a ser recitada e carinhosamente cultivada, não obstante seu teor e suas origens sensivelmente pagãs e pré-islâmicas. Talvez nada haja de mais central para a compreensão da complexidade inerente à cultura medieval que a relação básica entre o árabe, como uma língua que dispunha de pujante tradição poética pré-islâmica, e a ordem islâmica que brota da mesma fonte — e cuja escritura utiliza a mesma língua. É esse o momento no qual tem origem o gosto pela complexidade de identidade que distingue a cultura árabe e que lhe possibilita (ou, mais provavelmente, lhe estimula) as contradições. Já que essa história lança uma luz tão intensa à sua volta, vale a pena fazer uma pausa para contá-la.

Muito da história da poesia pré-islâmica perdeu-se nas areias do deserto, em um tempo ao qual os árabes se referem, numa definição meio poética e meio teológica, como *al-Jahiliya*, "a Era da Ignorância". Entretanto, ainda sobrevivem alguns trechos esparsos daquela refinada tradição poética oral. "Como sinais de um acampamento abandonado, nos falam do início da ode árabe pré-islâmica. Falam da perda de um ente amado, das chuvas da primavera e dos campos floridos de um passado idealizado. Dizem-nos de algo que se perdeu, incitando sua lembrança e fazendo com que se faça presente." Assim começa a apresentação de alguns dos trechos desse corpo poético que chegaram até nós por intermédio do tradutor mais proeminente de nossos tempos, Michael Sells. Esses poemas são geralmente chamados de odes — ou, mais especificamente, de odes "suspensas" ou "dependuradas", expressões curiosas que tiveram origem numa história a seu respeito.

Diz essa história que muitas tribos árabes participavam de um concurso anual de poesias quando se reuniam em Meca. Os poemas vencedores eram bordados em ouro em bandeiras que eram suspensas no antigo local sagrado chamado de "A Casa de Deus", onde se encontra a impenetrável rocha negra, que fica no coração da cidade. A *Kaaba*, como é chamada, acabou por transformar-se no coração simbólico da religião também: os muçulmanos oram voltados para ela e o ponto alto da peregrinação a Meca é a circundação da Kaaba. Quando Maomé saiu do deserto, foi para aquela cidade e lá tornou pública a Revelação que havia recebido de Deus. Ele era o Profeta a quem Deus havia ordenado "recitar". O Alcorão é o registro quase imediato das recitações de Maomé (*al-Quran* significa "a recitação"); uma das características singulares do islamismo é sua ligação com a língua árabe, tida como a língua do próprio Deus e, por isso, aquela em que Ele fez Suas revelações a Seu profeta.

A chegada de Maomé ao coração da Meca pagã para pregar, recitar seus versos, muitos dos quais poderosamente poéticos e até mesmo herméticos, era também parte inequívoca da tradição poética na qual penduravam-se poemas bordados em bandeiras nas praças públicas. Ainda que a mensagem do Profeta se afastasse do universo pagão daqueles poemas, optando pelo campo espiritual, jamais implicou um repúdio às virtudes da poesia, nem mesmo da poesia do mundo "da Ignorância". A reverência incomum que os árabes têm por sua língua pode ser explicada, e geralmente o é, pelo fato de ela ser para os muçulmanos, assim como o hebraico é para os judeus, uma língua sagrada, a língua em que o próprio Deus se expressou. Porém nada havia de hermético na reverência original pela língua da Revelação de Maomé, pois esta deveria ser espalhada por todo o mundo e prontamente compreendida por todos os homens — era uma revelação que não deveria ficar circunscrita a uma comunidade étnica.

O amor pela língua em si já fazia parte da cultura beduína pré-islâmica que recebeu a Revelação e deu forma à nova religião. Aqueles guerreiros do deserto eram também poetas e grandes amantes de uma poesia extraordinariamente delicada e sentimental. Como a história das "odes suspensas" ilustra, nada era mais valorizado que a linguagem poética; nada merecia mais que ela ser transformado em ouro e exposto no centro de Meca. O monoteísmo intransigente de Maomé retirou daquele lugar pagão todos os seus ídolos, porém, numa incongruência, talvez, permitiu que continuasse existindo aquele que era possivelmente o maior objeto de idolatria: a própria poesia. A poesia não apenas sobreviveu à chegada do islamismo, como floresceu ainda mais. Na verdade, as odes pré-islâmicas foram coletadas pela primeira geração de intelectuais do islã e canonizadas como a única chave para a interpretação do Alcorão realmente capaz de tornar acessíveis os tesouros lingüísticos daquele seu único livro inimitável. Portanto, não surpreende em absoluto o fato de, um século e meio após a fundação do islã, Abd al-Rahman, guerreiro e chefe religioso de uma comunidade, escrever uma ode a uma palmeira.

O árabe tornou-se a língua do islã, única na qual é possível se ser muçulmano. Isso significa que, em termos históricos, o árabe se espalhou tão rapidamente e foi tão longe quanto o Império Islâmico. Tornou-se a língua da religião e, com muita freqüência, a segunda ou a terceira língua para os convertidos de dezenas de culturas as mais distintas, muitas das quais antigas e letradas, desde os Pireneus até as fronteiras da China. A língua da religião nunca silenciou inteiramente os poetas seculares árabes que a antecederam e que continuaram a recitar seus poemas de amor e de desejo profundamente seculares, bem como de heróis e de batalhas. Durante muito tempo prevaleceu a idéia de que o árabe devesse também ser a língua da literatura profana do império. Com a expansão do Império Islâmico, muitos foram os que a ele aderiram, não como muçulmanos, mas como cidadãos de um estado islâmico. Cristãos, judeus e zoroastristas desenvolveram profundo apego às muitas vantagens e seduções do idioma secular árabe.

Dentre os palácios construídos em homenagem a sua terra natal pelo príncipe omíada em al-Andaluz, nenhum teve uma conotação tão pessoal e afetiva como um chamado Rusafa. Na Síria, ao sul do Eufrates, já bem no meio das estepes sírias, existia uma cidade antiga e misteriosa, toda cercada por muralhas. Os omíadas haviam-na transformado no lugar de retiro da família. Era o local predileto do califa Hisham, avô de Abd al-Rahman e último dos omíadas sírios. Foi lá que a família foi encontrada e assassinada pelos abássidas; bem próximo a Córdoba, Abd al-Rahman erigiu sua nova Rusafa, um retiro para si e para sua família, e também um jardim botânico onde colecionava e cultivava as plantas que tanta beleza e prazer lhe haviam proporcionado na Síria. Com as técnicas de irrigação altamente sofisticadas que trouxera de seu país, podia cultivar qualquer tipo de planta. Dentre as que Abd al-Rahman mais gostava e que faziam parte das paisagens de sua infância — e que fariam também parte das recordações de seus filhos e dos filhos de seus filhos — estavam as palmeiras de sua terra natal.

Com o correr dos anos, Abd al-Rahman passou a ficar cada vez mais tempo naquele jardim cheio de palmeiras. Acabou deixando a cidade de Córdoba propriamente dita e seus descendentes o acompanharam, justamente quando aquela capital se tornava mais maravilhosa. A nova Rusafa havia-se tornado a sede muito amada da família dos omíadas andaluzes. Foi lá que Abd al-Rahman morreu em 788, entre suas queridas palmeiras.

Línguas Maternas

Córdoba, 855

Os cristãos adoram ler os poemas e os romances árabes; estudam os teólogos e os filósofos árabes, não para refutá-los, mas para aperfeiçoar com elegância seu domínio do idioma. Onde está o leigo que lê comentários em latim sobre as Santas Escrituras ou que estuda o Evangelho, os profetas ou os apóstolos? Ah! Todos os jovens cristãos talentosos estudam os livros árabes com entusiasmo; acumulam para si imensas bibliotecas e com elas gastam fortunas; desprezam a literatura cristã por considerarem-na indigna de sua atenção. Esqueceram sua própria língua. Para cada pessoa capaz de escrever uma carta em latim a um amigo, há mil que sabem se expressar em árabe com elegância, e alguns escrevem melhores poemas nessa língua que os próprios árabes.

QUEM DISSE ISSO FOI PABLO ALVARUS, UM LUMINAR CRISTÃO DE CÓRDOBA muito respeitado em meados do século IX. Fazia quase exatamente cem anos da chegada de Abd al-Rahman àquela cidade visigoda ora tão transformada, visual e socialmente. Córdoba era toda animação, uma cidade em plena efervescência, com novas construções de vários tipos surgindo por todo lado, onde se viam vários povos, culturas e idiomas mesclando-se numa paisagem também mutante. Talvez a melhor testemunha daquela época de mudanças fosse mesmo Alvarus, decididamente parcial, cujo livro famoso e polêmico, *O sinal inequívoco*, já citado, nos dá um retrato instantâneo das guerras culturais de então. Embora fosse laico, Alvarus compartilhava com um pequeno grupo de cristãos conservadores o horror diante do espetáculo de um mundo em transformação.

As transfigurações que a geração de Alvarus observava com crescente pessimismo não eram algo simples. Para começar, havia a espantosa expansão da comunidade muçulmana. Parte dessa expansão dava-se graças a novos imigrantes; um grande número deles era de cristãos que já haviam dominado o território e que então se convertiam às centenas. Dia após dia, levas de convertidos deixavam a Igreja e moviam-se em direção à nova religião daqueles que tinham absoluto controle do poder. Entre as perdas contabilizadas pelos cristãos estavam as crianças nascidas dos inúmeros casamentos mistos. Mesmo quando as noivas cristãs continuavam cristãs ou pelo menos não pareciam haver-se convertido, e mesmo quando criavam seus filhos falando a língua materna — a língua local dos cristãos já não era mais o latim, porém ainda não tinha um nome próprio —, as crianças eram quase que invariavelmente criadas como muçulmanas, pois, pelas leis islâmicas, deveriam sê-lo. O exemplo fora dado pelo próprio califa. Desde que chegaram à velha Hispânia, os omíadas haviam mesclado seu sangue com o de mulheres das antigas famílias cristãs da Ibéria ou de terras além da fronteira ao norte. Os muçulmanos mais poderosos e respeitados, os príncipes omíadas, descendentes de califas da Arábia e da Síria, tinham traços inequívocos de suas mães, freqüentemente mulheres de cabelos claros como seus ancestrais ibéricos.

O número de mesquitas ultrapassou em muito o de igrejas, e a mesquita central, transbordante de fiéis às sextas-feiras, estava sendo ampliada novamente. Entretanto, Alvarus — cujos aliados na resistência à nova religião eram, em sua maioria, representantes da Igreja que procuravam resistir — sabia que a religião era apenas a metade do problema. A outra metade, claramente expressa naquela citação de *O sinal inequívoco*, era o enorme campo da cultura intimamente ligada à fé, porém independente dela. Os muçulmanos haviam levado para a Hispânia algo que aquela província visigoda em decadência mal se lembrava de já haver possuído: uma língua que falava com força e elegância das enormes necessidades humanas não relacionadas a uma religião. As palavras de Alvarus deixam isso bem claro: o latim que os jovens estavam abandonando tão completamente era a tradição das exegeses, ou comentários, das Escrituras. Porém o árabe que eles adotaram não era apenas o das orações; era a língua que havia possibilitado a Abd al-Rahman escrever sua ode a uma palmeira para expressar sua profunda solidão no exílio e que desde então passara a ser o idioma de um século de poesia amorosa — canções cantadas tanto em Bagdá quanto em Córdoba.

"Eles esqueceram sua própria língua", lamenta Alvarus, porque os cristãos de Córdoba, como os judeus de Córdoba, haviam encontrado na língua árabe — não no islamismo — um idioma que claramente atendia às suas necessidades. O latim, língua dos cristãos, era insatisfatório. O árabe acenava com seu vigoroso amor por todas as coisas que as pessoas precisam dizer, escrever e ler, coisas que não se restringem à fé e que podem até contradizê-la — desde a filosofia até a poesia amorosa erótica, passando por uma centena de outras coisas. O romance da próspera e influente comunidade judaica com o idioma árabe não provocou reações como a de Alvarus, posto que os judeus já viviam em exílio havia tanto tempo que estavam acostumados a falar a língua dos outros, mantendo intacta sua fé. Além disso, um século de governo omíada havia melhorado de maneira espetacular a vida dos judeus e seu *status* social: uma comunidade que até pouco tempo antes vivera em escravidão e penúria teve uma rápida ascensão social e não estava longe o dia em que um judeu chegaria a grão-vizir de um califa omíada.

Com os cristãos a situação era outra. Tinham não apenas o inconformado Alvarus, mas também um núcleo de radicais que rejeitavam e abominavam aquele misto de conversões religiosas e culturais que viam como desastrosas para sua comunidade e seu futuro. A ironia da situação, porém, estava no fato de a maior parte dos cristãos de Córdoba certamente sentir como os judeus, isto é, que a adoção de uma nova língua não implicava traição a sua fé. Com o tempo, a liturgia cristã, seus Evangelhos e as palavras de seus profetas e apóstolos, todos os textos que Alvarus pensava só existirem em latim, passaram a existir também em árabe. A assimilação — "arabização" — já se fazia, e da maneira mais sofisticada. O livro de Alvarus contém inúmeros ataques aos "traidores" de dentro do próprio clero, dirigidos até mesmo à hierarquia da Igreja que trabalhava com as autoridades muçulmanas e acreditava nas possibilidades de acomodação e de coexistência. Tratava-se de homens cujo uso do árabe era um caso ainda mais grave que as simples brincadeiras com poesia. Uma pessoa como Alvarus provavelmente não poderia imaginar que algum dia o ritual litúrgico dos cristãos "arabizados" de Córdoba seria o mais resistente a qualquer tipo de reforma do cristianismo ocidental.

Ainda mais surpreendente e doloroso para Alvarus e seu grupo seria saber que o nome pelo qual ficariam para sempre conhecidos os cristãos do reino omíada seria "mozárabe", que na língua dos muçulmanos significava "tornado árabe ou arabizado". Essa palavra provavelmente teria sido usada por Alvarus como um insulto àqueles jovens tão encantados com a elegância e as potencialidades poéticas da língua árabe. Certamente tratava-se de um epíteto depreciativo usado primeiramente pelos cristãos que achavam que a língua dos muçulmanos jamais poderia ou deveria ser usada por um cristão e que acreditavam ser uma resistência pública, violenta e dramática a única reação aceitável ao domínio que os muçulmanos exerciam sobre suas vidas. Entretanto o nome pegou, e *mozárabe* acabou tornando-se a palavra para designar *todos* os cristãos do Estado Islâmico. Além disso, aqueles cristãos "arabizados" vieram a ser, juntamente com seu nome, o próprio símbolo da permanência do cristianismo lado a lado com o islã. Aquela visão de um cristianismo puramente latino era, mesmo nos tempos de Alvarus, o sonho de uma minoria: "Para cada pessoa capaz de escrever uma carta em latim a um amigo, há mil que sabem se expressar em árabe com elegância."

Em 855, um pequeno número de oponentes mais radicais à conversão do seu mundo cristão e latino optou abertamente pela via do martírio. Um a um, passaram a se expor publicamente, declarando que o islamismo era cheio de mentiras e acusando o Profeta de perfídias. Apesar de o islamismo ser bem flexível em questões de doutrina, principalmente quando se tratava de cristãos, sua tolerância era nenhuma quando eram feitas ofensas a seu Profeta.* Os pretendentes a mártir sabiam perfeitamente o que estavam fazendo ao forçar as autoridades locais a agir quando se puseram a

*Até mesmo um relato desse martírio feito com evidente parcialidade por uma representante do cristianismo, como é o caso daquele feito por Hroswitha, deixa bem claro que aquela religião era tolerada em Córdoba e que a única ofensa intolerável era a blasfêmia contra o Profeta, a quem ela se refere como "o ídolo de ouro": "[O governante muçulmano] fez um pronunciamento... / Que aquele que desejasse / servir ao eterno Rei / E desejasse honrar os costumes de seus antepassados / Poderia fazê-lo sem temer / qualquer retaliação. / Uma única condição / ele exigia que fosse observada, / Qual seja, que nenhum habitante / da referida cidade / Ousasse blasfemar / contra o nome do ídolo de ouro / Que o príncipe adorava."

ofender Maomé. Líderes de ambos os lados fizeram o possível para impedir aquele comportamento radical e suas conseqüências fatais — mas foi em vão. Os virulentos ataques públicos prosseguiram e os cristãos ofensores foram decapitados em praça pública. Quando cerca de cinqüenta dessas terríveis execuções haviam sido levadas a cabo, num espetáculo horripilante para os habitantes de Córdoba, qualquer que fosse sua religião, as ofensas a Maomé cessaram. As paixões momentâneas passaram e a vida seguiu como antes naquela cidade onde florescia a coexistência religiosa. A agitação civil generalizada, temida igualmente por lideranças muçulmanas e cristãs durante o desenrolar daqueles acontecimentos violentos, não chegou a ocorrer.

Entretanto, os rapazes e moças que haviam possibilitado aquele espetáculo de auto-imolação não seriam esquecidos: com o passar do tempo tornar-se-iam espinhos a incomodar uma Igreja que lutava por adaptar-se e por encontrar um *modus vivendi* naquele mundo complexo e em transformação. Passaram a ser conhecidos como "os mártires mozárabes". Aqueles cinqüenta e poucos cristãos que ficaram lembrados, irônica e inadequadamente, pelo nome de seus adversários, acabaram por se tornar símbolos quase santificados de uma causa que serviu aos propósitos dos cronistas e historiadores cristãos de épocas posteriores. Tornaram-se marcos da resistência cristã à conversão feita "na ponta da espada" que a história convencional nos diz ter sido a maneira de o islã se expandir e que os levou a morrer por seu heroísmo.

Essa modificação da história não chegou a ser tão fabulosa quanto aquela que transformou a destruição da retaguarda da tropa de Carlos Magno pelos bascos em uma guerra santa entre cristãos e muçulmanos. Mas não deixa de ser uma interpretação equivocada, já que tudo indica que tais mártires voluntários, em sua maioria adolescentes, eram vistos como radicais enlouquecidos pelos outros habitantes de Córdoba, tanto cristãos quanto muçulmanos. Em meados do século IX a Igreja já convivia bem com o Estado Islâmico no qual vivia. De fato, é bem possível que muitos daqueles homens da Igreja ainda lessem Isidoro de Sevilha, que em seu livro *Em louvor à Espanha* se esforçara por pintar com cores favoráveis a presença dos visigodos que, apesar de todo seu cristianismo, não se haviam integrado à Península. Entretanto, os mártires mozárabes foram conquistando prestígio com o passar do tempo: eram seguidores de Alvarus, que escreveu um livro lamentando a perda da autonomia cristã, obra essa apreciada por puristas por não fazer concessões. Eram também seguidores de um monge (que depois tornou-se santo) chamado Eulogius, autor de um livro cujo título era *A recordação dos santos*. Tratava esse livro da destruição de igrejas pelos muçulmanos. Mais importante ainda para o culto daqueles cordobeses foi um outro livro de Eulogius, no qual ele inventou uma história, evidentemente parcial, rica em pormenores. Sua *Apologia dos mártires* tornou-se algo semelhante a um best seller, com descrições vívidas da morte de cada mártir, que ele explicitamente compara à morte heróica dos primeiros cristãos. Mas teriam sido eles como os primeiros cristãos, que morreram por reafirmarem sua fé, pondo sua vida em risco? E teria sido o Estado Omíada, aquele califado liberal, realmente demolidor de igrejas, que fazia conversões forçadas e impossibilitava a prática do cristianismo?

Desde o início o islã reconheceu explicitamente sua relação especial com o judaísmo e o cristianismo. Maomé foi solicitado a fazer milagres como os profetas que o antecederam, porém recusou-se a isso. Para ele e seus seguidores, o Alcorão, livro das revelações de Deus, era o milagre absoluto e inegável. Ele compreendeu que era a existência daquele livro o que em termos de escrituras igualava os muçulmanos aos cristãos e aos judeus, que tinham também seus livros sagrados. De acordo com o Alcorão e, portanto, com uma parte fundamental da crença muçulmana, tanto Moisés como Jesus receberam também livros que se tornaram os alicerces de suas comunidades. Portanto, a expressão "Povos do Livro" passou a ser usada para designar judeus e cristãos, expressão essa que, por si só, já implica o reconhecimento explícito da natureza genuína daquelas revelações anteriores. De fato, enquanto os pagãos eram tratados sem misericórdia pelos muçulmanos, que os forçavam a se converterem à nova fé, os judeus e os cristãos recebiam tratamento especial, de acordo com uma *dhimma*, que era um "pacto" ou "acordo" entre os governantes muçulmanos e as outras comunidades do livro que viviam em seu território e sob sua autoridade.

Aos *dhimmi*, como eram chamados os povos do pacto, era assegurada a liberdade religiosa, portanto não lhes era imposta a conversão ao islamismo. Podiam continuar a ser judeus e cristãos e terminaram por participar da nova vida social e econômica dos muçulmanos. Em retribuição por essa liberdade que tinham, os Povos do Livro (os pagãos não tinham esses privilégios) tinham que pagar um imposto especial (os muçulmanos não pagavam impostos) e respeitar certas regras restritivas: cristãos e judeus eram impedidos de fazer proselitismo com muçulmanos, de construir novos templos, de exibir crucifixos e de tocar sinos. Em suma, era-lhes proibida a ostentação pública de seus rituais religiosos.

Não é de surpreender, pois, que em diferentes momentos históricos essas condições bastante abstratas da dhimma se materializassem de maneira verdadeiramente tolerante e até bem liberal, em um extremo, ou em uma política culturalmente repressiva na qual a liberdade religiosa era uma formalidade apenas. Os omíadas, cuja ética e estética constituíram a própria fonte da cultura andaluza, foram, na maior parte do tempo, extraordinariamente liberais em sua interpretação da dhimma, e suas políticas sociais eram plenamente coerentes com sua visão estética, cujas atitudes generosas e abertas em relação ao passado e a outras culturas tornaram possível a construção da Grande Mesquita de Damasco — e a de Córdoba. Além de adotarem essa política em relação aos Povos do Livro, os muçulmanos transformaram a paisagem cultural, tornando-a inclusiva e, em quase todos os sentidos, imensamente melhor que as terras semi-arruinadas que haviam encontrado. Diferentemente dos visigodos que os haviam precedido e demonstrado ser um povo hostil, os muçulmanos não se isolaram da população dominada. Ao contrário, sua abertura cultural e suas relações igualitárias com outras etnias eram componentes vitais de um *ethos* político e social em cujo âmbito foi possível aos dhimmi florescer. Com o passar do tempo, tornou-se mais evidente a necessidade de deixar bem visível e distinto o estilo omíada, com seu ecletismo cultural, de vivenciar o islã, posto que os abássidas e, mais tarde, outros grupos rivais, na disputa pela liderança na Casa do Islã, estabeleceram suas próprias visões políticas e culturais do mundo.

As conseqüências positivas da liberdade religiosa e da abertura cultural recém-encontradas pela comunidade judaica diferem do efeito que essas mesmas condições tiveram sobre os cristãos. À medida que a situação cívica e política melhorava radicalmente para os judeus no Estado Islâmico, a dos cristãos entrava em declínio. Da condição de maioria no poder, os cristãos passaram a ser uma maioria governada por uma minoria muçulmana; a partir de então (e, sem dúvida alguma, na época de Alvarus), seu *status* foi piorando sempre, até o ponto em que passaram a ser uma minoria cada vez mais reduzida. Enquanto os rituais judaicos eram praticados discretamente há muito tempo, os cristãos já haviam saído das catacumbas e dos altares domésticos, passando ao domínio público — e tinham, aliás, a expectativa de ir bem além da liberdade de consciência. Não é de surpreender, portanto, que, dadas essas diferenças, a restrição relativa a manifestações públicas de religiosidade, que teve pouco impacto para os judeus, tivesse conseqüências aparentemente catastróficas para os cristãos.

A maior dificuldade para os cristãos residia na questão mais subjetiva das conversões, que certamente ocorreram no interior da comunidade judaica, porém em número bem menor que entre os cristãos, e não afetaram negativamente o tamanho e o bem-estar da comunidade. Na época de Alvarus, um século depois da criação do Estado Omíada, tinha-se a impressão de que os cristãos estavam abandonando a Igreja por todo lado. A comunidade muçulmana majoritária estava em pleno crescimento graças, principalmente, ao alto índice de conversão. A maioria dos que permaneciam cristãos gostaria de ser arabizada — e daí o lamento de Alvarus. Não apenas seu rebanho se reduzia rapidamente, como também as poucas ovelhas que permaneceram leais ao cristianismo estavam tão enamoradas do lobo que desejavam vestir-se com seus trajes.

Alvarus não ousava dizer em voz alta algo que ele sabia ser verdadeiro: como era tênue a linha que separava a sedução de uma cultura secular e cheia de vida, de uma língua tão poderosa que nela se podia falar com Deus e com a pessoa amada, da religião à qual essa língua e essa cultura estavam tão intimamente ligadas. "Eles estudam os teólogos e os filósofos árabes", escreveu Alvarus, "não para refutá-los, mas para aperfeiçoar com elegância seu domínio do idioma." Mas ele sabia muito bem que dominar o idioma árabe de maneira correta e elegante era uma tentação bem maior do que a verdade de qualquer teólogo. Na Hispânia, a língua árabe foi a que primeiro enfeitiçou e corrompeu os povos dominados pelos muçulmanos, e muitas conversões de fé foram inextrincavelmente relacionadas às conversões culturais que as precederam. Mas o que dava ao idioma árabe tal poder de fascínio? Por que até mesmo os cristãos mais fiéis amavam a língua de seus adversários religiosos a tal ponto que desejaram recriar nela sua liturgia tão antiga? Que atrativos, enfim, possuía o árabe que o latim não possuía?

Parte da resposta já temos, dada pelo próprio Alvarus: "Eles acumulam para si imensas bibliotecas e com elas gastam fortunas; desprezam a literatura cristã por considerarem-na indigna de sua atenção." Durante muito tempo os textos cristãos eram praticamente os únicos que havia para serem lidos, estudados e transmitidos aos jovens como sua herança cultural. Porém a língua árabe trouxe consigo muitos tesouros que pouco tinham a ver com religião. Embora intimamente vinculada ao islã, era também o meio de acesso a um extraordinário conjunto de obras que, da poesia à filosofia, podiam saciar a fome intelectual e estética de uma Hispânia mal alimentada durante séculos. Por volta de 850, quando Alvarus descrevia o que, a seu ver, era um cenário de desolação cultural, as "imensas bibliotecas" que atraíam (como as chamas atraem as mariposas) os jovens cristãos estavam começando a ser criadas. Quando os omíadas finalmente oficializaram o califado, pouco menos de cem anos depois, tanto em tamanho quanto em qualidade as bibliotecas de Córdoba haviam-se expandido surpreendentemente. Os jovens talentosos dessa nova geração, fossem eles muçulmanos, judeus ou cristãos, dominavam, todos eles, o árabe, e os cristãos mais proeminentes o dominavam tão bem que o bispo mozárabe de Elvira daquela geração integrava o escalão mais elevado do corpo diplomático e serviu como representante do califa na corte germânica. Todos podiam ler os semideuses do mundo antigo — Platão e Aristóteles, entre outros —, autores esses com os quais alguém como Isidoro de Sevilha só poderia ter sonhado e pelos quais muito provavelmente aquele santo homem teria estudado ansiosamente o idioma árabe.

Mas não se tratava apenas da pujança do árabe. O latim, naquela ocasião, estava perdendo sua força por todo lado. A língua de Roma, na verdade, já havia entrado em processo de desintegração havia algumas centenas de anos, depois do desmembramento de seu império. Ninguém em Córdoba teria como saber disso nos tempos de Alvarus, porém em 842, na longínqua Estrasburgo, o latim sofreu um golpe no mínimo tão devastador quanto o que estava sofrendo nas mãos dos habitantes de Córdoba, que o abandonavam pelo árabe. Naquela cidade dos francos, um documento oficial foi redigido no qual se registraram as falas de origem dos vários netos de Carlos Magno. O Pacto de Estrasburgo, como ficou conhecido aquele pequeno porém importante registro, foi a versão escrita de um juramento público de reconciliação e aliança entre irmãos que disputavam entre si a herança de Carlos Magno. Tratava-se de um reino que não incluía parte alguma da Andaluzia, como Carlos Magno havia sonhado ser possível, mas ainda assim era um reino extenso. As circunstâncias daquele pacto são descritas em um latim rústico. Em seguida o documento passa a transcrever fielmente o que cada um disse e jurou em voz alta — e essa parte não foi registrada em latim, mas sim nas línguas faladas pelos irmãos rivais, uma germânica e a outra românica.

De uma forma carinhosa, referimo-nos à língua na qual aprendemos a falar como "língua materna", já que não a aprendemos em livros ou nas escolas, mas na convivência com as mulheres que nos criam. Às vezes essas línguas são as mesmas que aquelas utilizadas no mundo institucional mais amplo de nossos pais, e às vezes, não. As mudanças radicais que ocorreram no campo da lingüística em meados do século IX em Córdoba — que línguas eram faladas e por quem, e a que conversões, culturais e religiosas, elas levaram —, não se sabe com precisão. Sabe-se entretanto que elas revelavam as rupturas sísmicas que ocorreram por toda a Europa, rupturas essas que surgiram quando começou a ficar claro que o latim se tornara um estranho dentro de casa, que já não era mais a língua das canções que as mulheres cantavam para seus filhos à noite. Por todo canto onde tinha existido um império unificado em termos lingüísticos pelo latim, diferenças locais, algumas antigas e outras mais recentes, começaram a ganhar força. Enquanto as diferenças cada vez maiores e mais marcantes se faziam notar apenas na maneira como as pessoas falavam, enquanto o que elas liam e escreviam era ainda no velho e imutável latim, ninguém se preocupava em lhes dar outros nomes. Entretanto, o "latim" falado comumente em Paris era quase tão diferente do falado em Florença quanto o francês do italiano de hoje. E essas línguas maternas ainda sem nome que já eram línguas "românicas", as línguas dos descendentes dos romanos, diferiam cada vez mais não apenas entre si, mas também do imutável latim, que se havia transformado mais em memória, deixando de ser algo vivo.

Quanto a Alvarus, este escrevia e falava em latim em todas as ocasiões formais e públicas. Como língua da liturgia cristã, o latim, como se sabe, não era a única e nem sequer a primeira — Jesus falava aramaico e o Novo Testamento foi escrito em grego —, porém em Córdoba em 850 o latim representava a antiga religião e seus costumes. E lá o latim, a exemplo do que ocorrera nas antigas províncias ocidentais do Império Romano, se fossilizara bastante. O instrumento outrora vigoroso que havia servido a grandes poetas, historiadores e oradores de Roma parecia ter-se congelado. Aquelas línguas maternas, por outro lado, línguas que as pessoas vinham falando havia séculos, modificavam-se de maneira inexorável, embora não houvesse muita consciência disso. Na verdade, pouca diferença fazia que o processo fosse consciente. O fato era que diferiam substancialmente do idioma escrito por todos desde os tempos dos grandes autores romanos até os secretários papais do século VII.

Mesmo depois da chegada do árabe, a população de Córdoba — cristãos; muçulmanos filhos de mulheres cristãs; e muitos judeus — não abriu mão da língua materna de sua comunidade. A língua vernácula, que era a filha do latim naquela parte do mundo e prima-irmã das línguas faladas em Paris e em Florença, cresceu, portanto, ao lado do árabe a partir do século VIII. Atualmente, por vezes referimo-nos a ela como "românico andaluz", o que revela seu parentesco com as demais línguas românicas, bem como seu lar ancestral, al-Andaluz. Entretanto, seu nome mais conhecido é, por mais irônico que pareça, "mozárabe". Isso porque ela era, de fato, a outra língua dos cristãos arabizados que viviam sob governo islâmico. Enquanto o latim ia desaparecendo até mesmo entre os cristãos, seu filho e herdeiro, o mozárabe, florescia como a língua que as crianças falavam desde pequenas e que era passada de geração a geração pelas mães que nela falavam com seus filhos, fossem eles muçulmanos ou cristãos. O mozárabe, a língua neolatina dos cristãos de al-Andaluz, convivia com o povo da Casa do Islã, ombro a ombro com o árabe, com o qual trocava palavras constantemente. O árabe propriamente dito passou a ocupar o papel que o latim desempenhara havia muito tempo, como língua da literatura que não se distanciava muito da que se falava nas ruas, apesar de seus laços com o imutável Alcorão e com todas as camadas de exegese que vinham envolvendo o livro há séculos. A língua das canções cantadas em árabe pelas mães para ninar seus filhos, bem como aquelas que as crianças cantavam ao brincar, não diferia muito daquela em que se escreviam e liam poemas na corte. Era uma língua familiar aos rapazes que estavam aprendendo a escrever cartas e a ler exegeses — e a escrever canções de amor.

Um Grande Vizir, uma Grande Cidade

Córdoba, 949

Seja de vosso conhecimento, senhor,
que nossa terra é chamada Sefarad
na Língua Sagrada, ao passo que
os cidadãos ismaelitas chamam-na de al-Andaluz,
e o reino chama-se Córdoba.

UM DOS CORDOBESES MAIS PROEMINENTES DE MEADOS DO SÉCULO X FEZ ESSA declaração, cheio de orgulho, em uma carta que escreveu a um soberano talvez místico de uma terra muito, muito longínqua. À guisa de apresentação, ele se identificara como "Hasdai, o filho de Isaac, filho de Ezra, um dos filhos exilados de Jerusalém que agora vive em Sefarad". Porém Hasdai era muito mais do que revelava naquela identificação de família e de tribo: ele era o *nasi*, o "príncipe" de sua comunidade religiosa. Além disso, era um vizir, o braço-direito do governante dos "cidadãos ismaelitas", o califa Abd al-Rahman III. Esse Abd al-Rahman, que ocupou o poder com grande sucesso entre 912 e 961, era descendente de seu homônimo fundador daquela pátria que, como Hasdai informou, chamava-se *Sefarad* em hebraico e *al-Andaluz* em árabe. A extraordinária prosperidade de espírito, de intelecto e de poder que esses homens compartilharam um com o outro reluz em cada página do comunicado de Hasdai. Ninguém a teria expressado melhor, pois uma das mais apreciadas qualidades de Hasdai era sua eloqüência em árabe.

O califa havia promovido Hasdai a cargos cada vez mais elevados ao longo de sua vida, em grande parte porque o vizir possuía profundo conhecimento de tudo que concernia à cultura e à política islâmica e andaluza que o califa precisava saber para governar. Foi assim que o Príncipe dos Judeus Andaluzes tornou-se o famoso e poderoso ministro do califa. E não se tratava de um califa qualquer perdido nos tempos: na época em que viveram Abd al-Rahman III e Hasdai, o califado omíada de Córdoba reivindicou, de maneira ousada e plausível, a absoluta primazia na Casa do Islã. Embora possa nos parecer incrível que uma das pessoas mais influentes daquele Estado Islâmico, no auge de seu poder e de suas realizações, fosse um devoto intelectual judeu que também se dedicava a apoiar outras comunidades judaicas espalhadas em exílio pelo mundo, tal abertura era algo natural naquele lugar e naquele tempo.

O pujante panorama de Córdoba foi criticamente alterado num belo dia de janeiro de 929, uma sexta-feira, dia de reunião observado nas mesquitas de todo o islã. Hasdai ibn Shaprut estava então no início de sua vida de rapaz, com cerca de 14 anos, e portanto já participava intensamente das atividades intelectuais e de ativismo religioso de seu pai, Isaac, cuja fortuna pessoal financiava estudiosos, bem como a sinagoga daquela cidade. Os judeus certamente ouviram a portentosa declaração pública pouco depois de ela ter sido feita do púlpito de todas as mesquitas da cidade: Abd al-Rahman III havia assumido oficialmente o título de Comandante dos Fiéis, Califa do Mundo Islâmico e Sucessor do Profeta, passando a chefiar toda a comunidade muçulmana.

Desde 756 os omíadas, em seu novo lar em al-Andaluz, haviam acatado a liderança do califado de Bagdá em suas orações das sextas-feiras nas mesquitas. E, embora técnica e formalmente não passasse de uma "província" — o emirado de al-Andaluz, cujos governantes eram apenas emires, ou "governadores", subservientes ao califado de Bagdá —, durante 173 anos Córdoba havia sido, de fato, um Estado independente e claramente omíada. A proclamação pública de Abd al-Rahman em 929 foi simplesmente a explicitação do que todos já sabiam: que os omíadas de Córdoba não se submetiam aos abássidas de Bagdá, que não eram meros governadores e que a Casa do Islã já não funcionava verdadeiramente sob um único comando desde o instante em que Abd al-Rahman I proclamara sua legitimidade no exílio.

Havia outros emires poderosos no islã — o governador do Egito, por exemplo —, porém a voz que se fez ouvir naquela sexta-feira em Córdoba não precisou usar de força ou arrogância. Abd al-Rahman I havia levado sua legitimidade no próprio sangue, de Damasco para Córdoba, onde ela foi passada de uma geração a outra, discretamente porém de maneira cuidadosa. Abd al-Rahman III proclamou-a para que todos soubessem. Seu pronunciamento deixou claro que o chefe da Casa do Islã em al-Andaluz exigia bem mais do que se situava dentro das fronteiras daquele Estado. São muitas as perguntas que surgem aqui: por que só então foi feita aquela provocadora declaração de independência e de superioridade? Abd al-Rahman acreditava realmente que era chegada a hora de fazer reconhecida a força política e a autoridade moral que fariam dele, de fato, o califa de todo o mundo muçulmano — um líder que vivia nos confins ocidentais de um império que se estendia até a fronteira de Sinkiang e o início das terras dos hindus? O que teria um habitante de Córdoba pensado naquela noite quando ecoou, de uma extremidade a outra, o inesperado comunicado de sexta-feira? E o jovem Hasdai, tão magnificamente educado, proficiente em todas as línguas de sua cidade natal (o latim, o mozárabe, o árabe e o hebraico), um judeu piedoso, médico e filósofo em início de carreira, teria ele imaginado o que aquilo significaria para sua vida?

Os abássidas haviam criado uma brilhante civilização em Bagdá. Talvez não tivessem mesmo controle político direto sobre os andaluzes, mas isso certamente tinha pouca importância para o império político e cultural que se sabia sem rivais em riquezas e realizações por todo o mundo. Enquanto Carlos Magno, com seu latim titubeante e parco, estava sendo coroado Sagrado Imperador Romano no ano 800, os califas abássidas já estavam bem adiantados em seu projeto monumental de tradução da tradição filosófica e científica grega para o árabe. O comércio contínuo entre Córdoba e Bagdá possibilitava aos andaluzes um rápido acesso às mesmas fontes do saber e manterem-se atualizados com as mais recentes inovações e modas, com os produtos recém-descobertos. Com o passar do tempo, tornaram-se capazes de enviar para o Oriente suas próprias contribuições. Apesar de seu jeito por vezes estranho de ser — estranho pelos padrões abássidas —, os andaluzes sentiam-se profundamente gratos e valorizavam imensamente a produção material, intelectual e artística originária daquela luminosa capital do Oriente. Portanto, o primeiro século dos omíadas em al-Andaluz foi marcado por um saudável respeito pelos abássidas assassinos e usurpadores, por suas proezas políticas e sua estabilidade, bem como por sua liderança cultural.

Em anos mais recentes as coisas estavam começando a dar errado em Bagdá. Em de 909, o centro do poder militar e político havia perdido o controle da situação a tal ponto que o que era quase inimaginável aconteceu. Na virada do século X os xiitas, um outro grupo muçulmano que reivindicava legitimidade, conseguiu assumir o controle das províncias do norte da África, que antes faziam parte do império abássida. Os xiitas apoiavam os descendentes de Ali — xiita significa "o partido de Ali", o genro assassinado do Profeta — como sendo aqueles designados por Deus e, portanto, os herdeiros legítimos da Casa do Islã. Em Túnis, que em árabe é *Ifriqiyya*, ou "África", aqueles pretendentes à liderança muçulmana, então chefiados por um imã que se dizia descendente direto de Fátima (filha do Profeta e esposa de Ali), desafiaram abertamente a reivindicação dos abássidas de serem os sucessores legítimos. Não satisfeitos, proclamaram-se um Estado independente. Se os imãs daquele recente e presunçoso Estado muçulmano diziam-se representantes do que um Estado islâmico deveria ser, e de ter não apenas autoridade política como religiosa sobre todos os muçulmanos, por quanto tempo mais os andaluzes — que em questão de legitimidade representavam uma ameaça bem maior — continuariam a reconhecer publicamente o poder central dos remotos abássidas?

Na época em que esses dramáticos acontecimentos ocorriam no norte da África, Abd al-Rahman, o bem-amado neto e herdeiro designado do governante omíada Abdullah ibn Muhammad, tinha 18 anos. Quando o avô morreu, três anos depois, em 912, o jovem Abd al-Rahman III assumiu o governo com todos os poderes. Passou então os primeiros dezoito anos de seu governo reunificando um reino que em épocas recentes havia sofrido lutas internas e disputas de todo tipo que quase resultaram em guerra civil. Ele também fortaleceu suas fronteiras ao norte, estendendo-as às terras de Leão e Navarra, ocasião em que, numa batalha que se tornou famosa, conquistou e saqueou a cidade de Pamplona. Tendo colocado a casa em ordem e mais próspera que nunca, com as fronteiras ao norte sob controle, Abd al-Rahman finalmente estava pronto, em 929, para fazer sua reivindicação de legitimidade em oposição à dos fatímidas. Ouviu-se então a voz dos omíadas, que lançavam seu desafio contido por tanto tempo contra os abássidas, assassinos e usurpadores.

Parece pouco provável que Abd al-Rahman imaginasse que poderia estabelecer o tipo de unidade política em todo o universo islâmico que seus ancestrais sírios haviam tido e da qual, embora de forma mais limitada, os abássidas haviam desfrutado durante algum tempo. A Casa do Islã encontrava-se, naquela ocasião, dividida em muitos Estados que rivalizavam entre si, cada um em sua própria região, com características próprias e seus próprios exércitos. Porém é fácil compreender que a disputa pela liderança simbólica que o título de califa conferia estivesse em jogo aberto. O Comandante dos Fiéis era o árbitro, em um sentido bem fundamental, da maneira correta como o islã deveria ser vivenciado. E o andaluz Abd al-Rahman certamente acreditava que a maneira correta era a dos omíadas.

"É uma terra de abundâncias, cheia de rios, nascentes e poços feitos em pedra", escreveu Hasdai em sua carta ao rei dos khazares. Hasdai ouvira relatos fabulosos acerca de um reino inteiramente judaico, a Khazaria, que, dizia-se, ficava a 15 dias de viagem de Constantinopla, a nordeste do mar Negro. Ao apresentar-se a um destinatário que ele apenas esperava existir, Hasdai descreveu-lhe sua terra andaluza, aludindo modestamente a seu próprio cargo lá:

> É uma terra de grãos, videiras e dos mais puros óleos, rica em plantas, um paraíso com todo tipo de delícias. E com jardins e pomares onde florescem árvores frutíferas de toda espécie, bem como as que têm bichos-da-seda em suas folhas... Nossa terra possui fontes próprias de prata e ouro, e de suas montanhas extraímos cobre e ferro, zinco e chumbo, *kohl* e mármore e cristal... O rei que governa a terra tem acumulado prata e ouro e outros tesouros e dispõe de um exército

> cuja organização jamais se viu igual... Quando outros reis ouvem falar do poder e da glória do nosso soberano, trazem-lhe presentes... Eu recebo essas oferendas e as retribuo.

Hasdai ibn Shaprut nasceu em Córdoba no ano de 915 em um mundo que se iluminava todo para os judeus. Nos cento e cinqüenta anos de governo omíada, os judeus de al-Andaluz haviam prosperado visivelmente — materialmente, sem dúvida alguma, e mais ainda no campo cultural. Dizer que eram perfeitamente integrados à cultura árabe é reconhecer que fizeram bem mais que simplesmente aprender a falar a língua de seus governantes, algo que sem dúvida fizeram nas primeiras gerações, juntamente com os muçulmanos berberes, com os eslavos e os visigodos, todos também aculturados. De acordo com a dhimma instaurada pelos muçulmanos, os judeus, que na Hispânia dos visigodos correspondiam à camada mais baixa do espectro político, foram automaticamente elevados ao *status* de Povo do Livro (juntamente com os cristãos, para os quais tal reconhecimento era considerado uma ofensa). Isso lhes assegurava liberdade religiosa e, portanto, a possibilidade de participar plenamente de todos os aspectos da vida cívica.

Tal participação significava oportunidades praticamente ilimitadas em um ambiente comercial em expansão. Subitamente, aquela península quase moribunda passou a ter uma atividade frenética: fazendo comércio por todo o Mediterrâneo e importando produtos do Extremo Oriente, ela também modificou radicalmente sua base agrícola, lançou-se em dezenas de grandes projetos de construção e muitas coisas mais. A elevação de *status* dos judeus possibilitou-lhes também integrar-se às classes mais cultas, o que fizeram com grande alegria e, como a vida e a carreira de Hasdai comprovam, com enorme sucesso. E, naturalmente, na raiz da prosperidade da comunidade judaica havia uma atitude de entusiasmo em relação à cultura árabe que resultou em plena assimilação cultural.

O relacionamento quase sempre afetuoso dos judeus com a cultura árabe contrastou, desde o início, com a atitude das lideranças cristãs, cuja resistência ao que consideravam uma opressão cultural insuportável chegou ao ponto de gerar a crise dos mártires mozárabes. Havia razões óbvias e fundamentais para aquela diferença crítica de atitude: os cristãos estavam ajustando-se à perda de *status* de governantes, e quando ocorreu a conversão em massa, pouco depois daquele famoso texto de Alvarus, passaram a ser uma minoria cada vez mais reduzida em al-Andaluz. Já a situação dos judeus sob o governo muçulmano era, em todos os aspectos, de ascensão, pois passaram de uma minoria perseguida a uma minoria protegida. As conseqüências dessas atitudes opostas devem ter contribuído bastante para a situação paradoxal em termos sociais e culturais que pôde ser observada na virada do século X. Havia uma comunidade cristã que sobrevivera, porém era ainda menor e mais discreta do que nos tempos de Alvarus. Era um grupo severo de mozárabes que acreditavam ser possível usar o idioma árabe e continuar a ser cristãos devotos, e, de fato, àquela altura seus textos sagrados e seus rituais eram todos em árabe. Entretanto, a outrora majoritária comunidade cristã havia sido dizimada, devido, em parte, a atitudes radicais como a de Alvarus. Tal atitudes parecem ter empurrado as pessoas para um extremo ou para o outro: a conversão ao islã, por um lado (o da maioria), ou o exílio voluntário, opção dos que se isolaram em um punhado de enclaves cristãos no extremo noroeste da península.

Os judeus andaluzes optaram por uma terceira alternativa: deixaram-se assimilar pela cultura islâmico-árabe dos omíadas e continuaram a ser uma comunidade religiosa devota e praticante, mantendo intacta a língua de sua religião. Hasdai, de uma família próspera e culta, recebeu uma excelente educação em duas esferas distintas porém complementares: a de um judeu praticante, conhecedor do hebraico e de suas tradições bíblicas e exegéticas, o que lhe possibilitava sentir-se à vontade na companhia de rabinos; e a de um intelectual capaz de conviver, também à vontade, com os mais cultos intelectuais da sociedade islâmica. Hasdai pertencia a uma classe de intelectuais judeus tão bem integrados à brilhante cultura andaluza dos omíadas que a ela passaram a fazer importantes contribuições. Eram homens de grande visibilidade e participação significativa no florescente campo da literatura. Quando Abd al-Rahman III era califa e Hasdai seu vizir, Córdoba passou a disputar com Bagdá, talvez em condições mais favoráveis, o título de lugar mais civilizado do mundo.

Os judeus se consideravam andaluzes e cidadãos de Córdoba, tanto quanto os judeus alemães do final do século XIX — dentre os quais Marx e Freud se destacaram — consideravam-se alemães, ou os judeus americanos da segunda metade do século XX, que tiveram papel decisivo na importante produção cultural e literária de sua época, que não tinham dúvida alguma quanto ao fato de serem americanos. Entretanto, diferentemente de muitos europeus e judeus americanos, os judeus andaluzes não se sentiram pressionados a abandonar sua ortodoxia para se tornarem parte verdadeiramente integrante do organismo político e da cultura em que viviam. Os judeus de al-Andaluz foram capazes de manter abertamente e até mesmo enriquecer sua herança judaica e hebraica e ao mesmo tempo participar integralmente da cena cultural e política a seu redor. Puderam ser os Cardoza, os Trillin e os Salk de sua época porque eram cidadãos de uma organização religiosa — ou melhor, daquela específica organização religiosa. Os omíadas, da mesma forma que os abássidas, que dedicaram grandes recursos e talentos à tradução dos textos filosóficos e científicos gregos, haviam criado um universo muçulmano onde o sentimento e a observância religiosos não eram vistos como algo que se opunha à vida intelectual ou a uma sociedade secular.

Foi dessa maneira que, no variado universo intelectual e cultural de fala árabe que era a Casa do Islã nos séculos IX e X, criaram-se as condições para o sonho dos omíadas. A cena andaluza, onde um homem como Hasdai podia ocupar o centro do palco, era acessível à comunidade judaica em aspectos que extrapolavam o campo técnico e lingüístico; na verdade, a comunidade judaica era uma parte essencial da identidade andaluza e de maneira nenhuma representava um corpo estranho. Os judeus participavam do processo cultural no seu sentido mais amplo, fazendo importantes aportes à florescente bibliografia árabe em áreas que iam da ciência à filosofia, passando pela poesia e pela filologia, esta última a rainha das ciências na tradição árabe de amor por seu idioma. Essa assimilação genuína teve inúmeras conseqüências importantes e duradouras, mesmo depois que o califado omíada deixou de existir. Mas essas histórias viriam depois.

No ano de 949, Hasdai ibn Shaprut chefiava a delegação que representava o califado de Córdoba em delicadas negociações de política externa. O califa, que havia rompido com Bagdá 20 anos antes, tinha interesse em uma aliança estratégica com o imperador bizantino de Constantinopla.

Os cristãos orientais de fala grega e os muçulmanos andaluzes de fala árabe tinham nos abássidas de Bagdá um inimigo comum que representava uma ameaça a ambos.* O encontro histórico e pitoresco entre os líderes daquelas duas nações que se situavam em extremidades opostas do Mediterrâneo teve lugar no mais luxuoso ambiente andaluz, a nova cidade palatina de Madinat al-Zahra. "A Cidade de Zahra" era constituída por uma série de palácios e jardins e parecia cenário de um conto de fadas. Abd al-Rahman havia iniciado sua construção nos arredores de Córdoba 12 anos antes. Numa homenagem ostensiva a uma de suas amadas concubinas, a cidade recebeu seu nome. O lugar veio a se tornar um dos mais imponentes e duradouros monumentos do califado, perdendo o primeiro lugar apenas para a Grande Mesquita como ícone daquela civilização. Para os entendimentos que precisavam ser feitos com cuidado por serem potencialmente da maior importância, nenhum outro homem possuía mais qualificações que Hasdai, que tinha então 34 anos de idade. Ele havia feito uma subida meteórica nos meios intelectual e político, tendo iniciado como médico talentoso cuja valiosa especialidade eram os antídotos para venenos. Não levou muito tempo para ocupar uma posição central no corpo diplomático do califa.

Como havia também cristãos proeminentes naqueles círculos de política externa do califa, é provável que Hasdai tenha trabalhado em comum acordo com o bispo mozárabe de Elvira, Racemundo, que em 949 era uma importante figura da representação diplomática do califa na corte de Constantinopla. Uns seis anos depois, em 955, o bispo, que em árabe era chamado *Rabi ibn Zayd*, acabaria sendo o enviado do califa à corte de Oto I. Foi lá que veio a conhecer a freira Hroswitha, a quem deu as informações para sua obra sobre a vida de Pelágio, mártir mozárabe, além dos documentos que lhe possibilitaram fazer sua duradoura descrição das maravilhas de Córdoba. Entre os presentes que Rabi ibn Zayd trouxe consigo de Constantinopla estava o chafariz de ônix verde enfeitado com figuras humanas que foi parar na recém-construída cidade de Madinat al-Zahra.

*Tinham também inimigos comuns entre os cristãos, dado esse que ficaria bem claro no tempo das Cruzadas, quando cidades bizantinas — dentre as quais destacou-se Constantinopla, em 1204 — foram tomadas e saqueadas pelos cruzados. Os quatro famosos cavalos de bronze que enfeitam e parecem mesmo ser o elemento definidor da Piazza San Marco em Veneza foram levados do hipódromo da capital oriental do mundo cristão.

Um dos outros presentes dos bizantinos oferecidos ao califa por Constantino VII — cujo título oficial, *Autokrator Romaion* (Autocrata dos Romanos), contradizia sua complicada herança política — era uma obra fundamental da medicina grega até então conhecida apenas através de uma tradução de má qualidade para o árabe, que, por sua vez, baseava-se em um texto original grego mal escrito. Ali estava um verdadeiro tesouro e, para Hasdai, uma oportunidade: era o texto original em grego, anterior ao outro, de uma obra de valor inestimável. Tratava-se do texto completo de *Da medicina*, de Dioscórides, fartamente ilustrado. Esse presente revelou os interesses intelectuais e culturais dos quais compartilhavam os dois possíveis aliados. Mas também deixou claro, de imediato, e ironicamente, o quanto os andaluzes haviam dependido dos próprios abássidas contra os quais estavam conspirando. Córdoba se beneficiara do enorme empreendimento de tradução levado a cabo por Bagdá, através do qual as grandes obras gregas tinham sido traduzidas e depois divulgadas em todo o mundo de fala árabe. E os cordobeses haviam sido leitores interessados e até mesmo vorazes daqueles textos, como as impressionantes bibliotecas de Córdoba podiam atestar. Entretanto Córdoba mesma, como o resto da Europa, não tinha leitores do grego, portanto não poderia fazer uso imediato daquele presente extremamente valioso.

Novamente Hasdai, sem qualquer esforço aparente, deu um outro rumo à sua vida, substituindo as negociações políticas por uma tarefa ainda mais relevante, que foi a de tornar aquela enciclopédia médica mais acessível às respeitáveis bibliotecas de Córdoba. Pôs-se a trabalhar dirigindo um grupo de especialistas que organizou para tal fim, grupo esse que incluía um monge mandado vir de Constantinopla, tão logo ficou claro que seria necessário contar com ajuda externa para a tradução do grego para o árabe — embora conste que tivesse sido de Hasdai pessoalmente a forma da versão em árabe (depois de o mesmo texto ter passado por vários tradutores), pois ele era não apenas médico, como também um requintado estilista. A tarefa foi realizada com êxito, permitindo aos andaluzes proclamar simbolicamente mais uma vez sua independência dos abássidas. Aquele triunfo num campo que os andaluzes tanto prezavam — a aquisição de preeminência técnica e científica no mundo — deixou em evidência, mais que nunca, o brilhantismo de Hasdai na arena pública de Córdoba em seus níveis mais elevados.

O sucesso de Hasdai na sociedade como um todo, no centro do recém-proclamado califado, em nada diminuiu sua importância no interior da comunidade judaica. Ele continuou a ser seu nasi, seu príncipe, com poder e prestígio sempre crescentes. Como o pai, tornou-se um importante patrono dos estudos religiosos do hebraico. Foi também criador de novas iniciativas naquela era de prosperidade sem precedentes para os judeus andaluzes. Como seus vizinhos muçulmanos, eles tinham grande orgulho do papel que desempenhavam no mundo e, como o califa para o qual trabalhava, o nasi sentiu necessidade de redefinir as relações de sua comunidade com o resto do mundo. O centro da autoridade judaica naquela época ficava, como também o antigo califado, em Bagdá. Era lá que o *gaon*, chefe de toda a comunidade judaica, exercia sua autoridade e era dele a prerrogativa (dentre outras) de estabelecer o calendário dos judeus. Hasdai decidiu que dali por diante não seria mais assim e fez uma declaração de independência que repetiu aquela feita por Abd al-Rahman poucos anos antes. A partir daquele instante, proclamou o nasi, a comunidade judaica andaluza estabelecia suas próprias datas de mudanças de luas e de dias sagrados. E foi assim que, na exata metade do último século do primeiro milênio da Era Comum, em sua grandiosa cidade de Córdoba, muçulmanos e judeus tornaram-se igualmente independentes.

Os Jardins da Memória

Madinat al-Zahra,
sul de Córdoba, 1009

SERIA NECESSÁRIO ADIVINHAR QUAL DAS MUITAS FANTASIAS TORNADAS REALIDADE na cidade palatina de Madinat al-Zahra teria deixado mais estupefatos os soldados que arrebentaram suas muralhas para lá chegar num certo dia de 1009. Teria sido o salão de recepções com seu teto em ouro e prata de cujo centro pendia a pérola gigantesca? Ou a piscina de mercúrio onde os raios de sol refletiam, cintilantes, em todas as direções? Ou seria o jardim zoológico, com suas feras exóticas cercadas por um fosso? Ou as centenas de outras piscinas e tanques de todo tipo em todos os pátios? Talvez a fonte com o leão de âmbar negro e pérolas ao centro? Ou os jardins povoados de estátuas, algumas das quais ainda remanescentes de tempos bárbaros, outras recém-entalhadas, em forma de animais e humanos (provas, sem dúvida, da pouca religiosidade dos omíadas)? Todos aqueles palácios devem ter-se parecido com algum cenário maravilhoso dos contos das *Mil e uma noites*, porém eram verdadeiros e lá estavam como símbolos do que os soldados ali haviam sido enviados para destruir.

Era lá que viviam os califas omíadas, afastados dos cidadãos da grande capital que, nos últimos tempos, se tornara um lugar caótico. Para aqueles soldados mercenários berberes, forasteiros vindos do norte da África, o esplendor que encontravam em al-Andaluz representava a ordem antiga que precisava ser extinta. Os mercenários berberes enviados para atacar aquela praça forte haviam sido contratados por um dos muitos pretendentes ao califado de então. Porém a violência com que foi destruído tal monumento da civilização andaluza excedeu o que se poderia esperar de meros soldados de aluguel. A destruição foi também movida pelos profundos ressentimentos que aqueles soldados muçulmanos estrangeiros haviam armazenado contra os omíadas e contra tudo que eles representavam. Quando deram por terminado seu trabalho, toda a cidade de palácios, fontes e maravilhas estava reduzida a escombros. Jamais foi restaurada ou habitada novamente, e nem foi sequer totalmente escavada. Como ruína, permanece ao longo dos séculos um símbolo romântico e complexo, imagem de um outrora glorioso passado omíada.

Abd al-Rahman III havia construído Madinat al-Zahra como parte de sua declaração de califado e a cidade foi, de certa forma, a maneira mais ostensiva de fazê-lo. O primeiro califa andaluz sabia perfeitamente que, mais do que vitórias políticas e militares e muito mais que declarações nas mesquitas às sextas-feiras, o que fazia um lugar, e não outro, ser o centro do universo era a ostentação de suas realizações e de suas conquistas culturais. Na última etapa de um reinado longo e estável ele dedicou suas energias e sua vasta fortuna (sutilmente descrita por Hasdai em sua missiva exploratória aos khazares) à exibição intelectual, material e estética das realizações de seu reinado. O cenário no qual Hasdai e seu círculo de diplomatas receberam a delegação de Constantinopla precisava, para dar uma demonstração de poder e impressionar a todos, ser uma representação da cultura andaluza.

A construção de Madinat al-Zahra havia começado em 936, pouco depois da declaração oficial do califado em 929, e foi, a partir de então, a obsessão pessoal do califa até o fim de sua vida. Relatos ainda existentes desse projeto descrevem o envolvimento de Abd al-Rahman III como sendo tão profundo a ponto de torná-lo objeto de censura pública por um importante jurista de Córdoba, quando o califa deixou de comparecer às orações na Grande Mesquita por várias sextas-feiras consecutivas. Essa história talvez apócrifa deixa antever outras preocupações quanto ao deslocamento dos interesses do califa para fora da capital política. Na verdade, esse foi o calcanhar-de-Aquiles de todo o empreendimento de al-Andaluz.

Mas apenas os historiadores que vieram bem mais tarde poderiam saber que uma catastrófica mudança de curso estaria na estrada logo adiante. Durante aqueles anos de meados do século X, aquela exuberância arquitetônica em vários níveis, com seus muitos jardins, era fonte de reverência e prazer. Madinat al-Zahra, como o próprio califa andaluz, olhava orgulhosa para o mundo a seu redor, proclamando-se absoluta em todo o então rico vale de Córdoba e para além dele. Mais ainda, voltava-se para o interior de si mesma, para dentro de cada pátio e de cada jardim sofisticado, a fim de se deixar encantar com sua própria beleza. Em 961, o reinado de meio século do homem que não apenas proclamou mas que acreditava firmemente ter feito de Córdoba o verdadeiro coração da Casa do Islã chegou ao fim. Seu filho e sucessor, al-Hakam II, herdou, juntamente com o título de califa, as realizações e os sonhos de grandeza do pai, assumindo as últimas etapas da extensa obra de construção de Madinat al-Zahra. Foi sob sua direção que ela recebeu os últimos toques de grandiosidade. Al-Hakam também elaborou, ele mesmo, um projeto de construção diferente porém muito ambicioso que anunciou logo que se tornou califa: a ampliação da Grande Mesquita de Córdoba.

Ainda no governo do pai, um minarete de altura fora do comum havia sido erguido. Foi provavelmente o primeiro minarete de verdade daquela mesquita e já não mais pode ser visto como era; apenas sua base lá está sob a torre do sino. A linguagem dos minaretes no mundo islâmico fraturado e em constante competição do século X era simbólica do sectarismo e das divisões políticas da época (algo semelhante ocorreu com os diversos estilos de igrejas cristãs durante a Reforma no século XVII), e o novo minarete excepcionalmente alto erguido em meados do século X era uma mensagem inequívoca da ascendência da Casa dos Omíadas, como tudo mais que Abd al-Rahman III fez.

Al-Hakam tinha planos de fazer muito mais que o elevado minarete. Na verdade, planejava ir bem além de uma simples ampliação da mesquita, que havia ficado pequena demais para comportar a sempre crescente população de Córdoba. Aquela mesquita se tornara o centro de uma comunidade muçulmana distinta e sua transformação seria fundamental para o papel de liderança que desempenhava. O legado de al-Hakam — as melhorias que realizou em toda a área, deixando a marca da ascendência omíada — colocou a Grande Mesquita numa outra ordem de grandeza.

Ele não se contentou em aumentar seu tamanho, como outros já haviam feito tantas vezes. Sua visão de como levar aquela mesquita já deslumbrante a um patamar ainda mais alto de beleza, um patamar que faria jus às reivindicações de primazia do jovem califado, associou criação e tradição, bem ao estilo omíada. A comovente simplicidade das fileiras de colunas que se repetiam, típica das mesquitas do século VIII, foi acentuada: a floresta de colunas foi coroada por arcos em listras vermelhas e brancas que se seguem, umas após outras, reiterando formas e cores, vãos após vãos, fileiras após fileiras, numa aparente infinidade de arcos em ferradura apoiando-se em colunas romanas remanescentes e capitéis — e, a partir de então, em imitações recém-construídas de colunas e capitéis romanos.

A grandiosidade adicional, porém, foi dada por algo mais que aquela ampliação que aumentou de aproximadamente um terço o tamanho da mesquita. Mantendo a unidade visual da antiga construção, a mesquita ampliada revestiu-se de uma grandiosidade sem precedente. As áreas reservadas para as orações reais receberam uma decoração de luxo jamais vista. Arcos entrelaçados de efeito estonteante — todos em vermelho e branco, todos em forma de ferradura — foram colocados para criar uma *maksura* (espaço real fechado) cuja beleza era de tirar o fôlego, bem em frente ao *mihrab* (nicho tradicional de orações). O mihrab, reorientado da maneira heterodoxa no sentido da mesquita do século VIII de Abd al-Rahman I, foi transformado em um cômodo separado, com sua própria abóbada — a abóbada, todo o cômodo e até mesmo a parede frontal de entrada desse lindíssimo espaço foram recobertos com mosaicos cintilantes.

À primeira vista, poder-se-ia pensar que, ao deixar de dar prioridade aos distantes esplendores de Madinat al-Zahra e voltar-se para seu projeto de expansão da Grande Mesquita, de maior valor cívico, al-Hakam estivesse voltando-se para a comunidade de Córdoba em si. Entretanto, a natureza das intervenções revelava uma história diferente que acabou tendo um fim triste. Os novos espaços suntuosamente decorados para as orações do califa foram percebidos (corretamente, aliás) como uma expressão do distanciamento entre o califa e a comunidade. Aquele mihrab era um cômodo separado, isolado ainda mais pela maksura, uma clara indicação das extraordinárias alturas em que se colocaram aqueles que faziam suas preces separados pelos arcos mais lindos. Como acontecia com a cidade palatina recém-acabada, que ficava a pouca distância de Córdoba, todo o orgulho que a população pudesse sentir por aquela demonstração de beleza e suntuosidade tinha um travo de mágoa. Os cordobeses não achavam correta aquela distância que estava sendo criada entre a comunidade e o califa.

De fato, os omíadas sírios já haviam sido criticados não apenas pela adoção eclética das múltiplas formas culturais, mas também por sua tendência a adotar estilos de governo mais característicos de "reinos". Os enormes gastos com a mesquita aparentemente geraram uma onda de protestos — e a criação de um espaço "mais elevado" dentro da mesquita foi percebida como uma violação do preceito fundamental de igualdade diante de Deus que é representado pelos espaços abertos característicos das mesquitas. Essa não foi a primeira nem a última vez na história em que governantes, embriagados pelo sucesso, lançaram as sementes de seu próprio fim. Aquela corte que tão orgulhosamente exibia as riquezas de sua comunidade começou a ser vista como narcisista e auto-indulgente, incapaz de cuidar dos interesses da comunidade, ou simplesmente indiferente a eles.

Tampouco foi a primeira ou a última vez na história em que a falta de um sucessor viável ou de um herdeiro convincente teve tristes conseqüências. A era dos longos reinados dos omíadas andaluzes chegava ao fim: al-Hakam, que já tinha 45 anos de idade quando herdou o califado ao término do longo reinado do pai em 961, morreu 15 anos depois, deixando apenas um filho de 11 anos, o novo califa Hisham II, para sucedê-lo. Em uma história que já se repetiu várias vezes na vida real e na ficção em quase todos os seus pormenores, o poder foi arrebatado por um ministro que a princípio fez-se de regente, mas que foi-se revelando um tirano com o passar do tempo, até que o jovem governante de direito acabou prisioneiro em seu próprio palácio. O califado foi ferido de morte por essa reviravolta inesperada e pelo caos que foi criado naquele quarto de século pelo pretenso regente, Ibn Abi Amir, que entrou para a história como o abjeto al-Mansur, "o Vitorioso".

Houve ainda alguns outros califas sem importância e outros pretendentes à sucessão dos omíadas, bem como sucessores do próprio al-Mansur que ostentaram seu título dinástico (os amiríadas), tornando a regência hereditária. A extinção oficial do califado só foi proclamada em 1031, quase 20 anos depois da morte de al-Mansur em uma de suas muitas campanhas militares, e 22 anos depois do saque violento e historicamente simbólico de Madinat al-Zahra pelas tropas berberes que al-Mansur havia levado para al-Andaluz. Porém, desde o início do reinado usurpado de al-Mansur, que se estendeu de 976 a 1002, o Estado omíada independente e unificado chamado de al-Andaluz por seu fundador Abd al-Rahman em 756 já havia, de fato, terminado.

Entretanto, aqueles últimos anos, principalmente os tumultuados anos do reinado de al-Mansur, foram cheios de acontecimentos desastrosos e de importantes conseqüências no futuro. Os exércitos de mercenários que al-Mansur levou do norte da África para al-Andaluz assumiram cada vez mais, com o passar do tempo, o papel de polícia estrangeira. Eles pouco compreendiam os andaluzes e os amavam menos ainda. Estrangeiros numa terra para eles estranha, os berberes passaram a ser a cada dia mais odiados pelos cordobeses. Porém para al-Mansur eles eram necessários para suas incessantes e exaustivas campanhas militares contra os cristãos nos territórios ao norte, campanhas essas que, sob sua liderança, apresentavam uma natureza fanática e ideológica jamais vista até então. Al-Mansur chegou a concordar em fazer um expurgo na biblioteca de al-Hakam II, e dizia-se que ele levava sempre consigo em suas campanhas um Alcorão que ele mesmo havia copiado a mão.

Em 997, al-Mansur chefiou um ataque terrivelmente destruidor a Santiago de Compostela, lugar de tradicional culto ao apóstolo Tiago, cujos ossos, dizia-se, haviam sido encontrados lá no século IX. O cruel incêndio da cidade e o saque de todos os sinos das igrejas, levados para Córdoba a fim de serem transformados em lâmpadas para a mesquita, ajudaram a levar subitamente Santiago da condição de cidadezinha pouco importante para a de local de importância quase mitológica no século seguinte. A cidade tornou-se o próprio símbolo do cristianismo na península e o local legendário de peregrinações de proporções internacionais que continua a ser até hoje. Com isso, Tiago acabou por passar de simples apóstolo de Jesus a santo padroeiro do que viria a ser chamado de "Reconquista", e a seu nome foi agregado o epíteto de *Matamoros*. Os sinos pelos quais foi pago um preço tão alto — e cuja pilhagem desnecessária como troféus religiosos foi percebida corretamente como manobra de expansionismo territorial — foram levados para a

Grande Mesquita que al-Mansur havia ampliado novamente, poucos anos depois da ampliação levada a cabo por al-Hakam. Essas novas ampliações de proporções assombrosas foram feitas, em parte, pelo menos, para acomodar a nova população de fiéis constituída pelos berberes que al-Mansur havia importado para Córdoba. Porém havia um outro motivo para aquele empreendimento: o primeiro não-califa a governar al-Andaluz queria deixar sua marca, uma marca que representasse a ruptura de toda aquela simetria e aquela continuidade cuidadosamente mantida pelos califas omíadas cuja continuidade política ele havia também rompido de maneira brusca e permanente. E dentre os palácios perdidos daqueles tempos, nenhum teve papel mais dramático que os da palatina "Cidade das Flores", construída por al-Mansur para rivalizar com Madinat al-Zahra. Erguida no outro lado da cidade, oposto ao dos palácios dos omíadas, a cidade de al-Mansur, Madinat al-Zahira (nome bem semelhante ao da outra), nunca mais foi encontrada.

Ao morrer, al-Mansur era ainda um velho cheio de energia que participava de campanhas militares. Sua carreira e sua vida terminaram em 1002 em uma cidadezinha chamada Medinaceli, a meio caminho de duas cidades bem maiores, Toledo e Saragoça. Medinaceli veio a ser também uma cidade legendária: tornou-se famosa e é lembrada até hoje como a terra natal do guerreiro legendário chamado El Cid, que nasceu cerca de quarenta anos após a morte de al-Mansur. Diferentemente dos últimos califas legítimos, al-Mansur não morreu sem deixar herdeiros ambiciosos e bem preparados. Dois de seus filhos julgavam que podiam e deveriam suceder o pai no anômalo papel que ele havia criado para si — nominalmente, o de primeiro-ministro do califa, mas, de fato, de governante, com mão pesada, do Estado Andaluz. Na verdade, al-Mansur se casara com duas princesas cristãs, ambas filhas de monarcas cristãos que haviam dado as mãos das princesas como parte de tratados que haviam feito. Uma delas, Teresa, era do reino de Leão; a outra, cujo nome depois da conversão ao islamismo passou a ser Abda, era filha de Sancho, príncipe de Navarra, cuja sede do trono ficava em Pamplona. Foi esta que deu a al-Mansur o filho que viria a ser seu último sucessor: chamava-se Sanchuelo, "Pequeno Sancho", em homenagem ao avô materno.

Foi Sanchuelo que detonou o caos derradeiro ao enviar as tropas berberes para Madinat al-Zahra em 1009. Seu irmão mais velho havia sido o primeiro sucessor de al-Mansur e por cerca de seis anos dera mostras de ser um sucessor à altura do pai, sempre à frente de exércitos poderosos e vitoriosos, até que morreu subitamente em 1008, aparentemente de causa natural. Sanchuelo, cujo nome árabe era (por incrível que pareça) Abd al-Rahman, sucedeu o irmão e foi então que cometeu seu erro fatídico: tornar o que era simbólico em realidade. Forçou o califa, que era o soberano nominal, herdeiro omíada de uma linhagem que retrocedia até Damasco, a designá-lo — um filho do usurpador — o verdadeiro herdeiro do califado omíada. Essa foi uma provocação extraordinária e praticamente o último fiapo de palha que quebrou as costas do proverbial camelo. Os cordobeses, porém, ainda se sentiam profundamente ligados à sua herança omíada e tudo que ela havia representado, e naquele momento de crise provaram estar mais prontos a defender a honra da dinastia omíada que o próprio herdeiro, moral e politicamente debilitado, que abriu mão até mesmo do seu poder simbólico.

Sem uma liderança segura que preenchesse os muitos vácuos criados em mais de um quarto de século de desmandos, com a cidade e o campo sendo palcos de constantes antagonismos causados pelo afluxo de berberes hostis à antiga ordem omíada, não havia qualquer possibilidade de se restaurar a legitimidade do governo que tantos desejavam. Ao invés disso, em 1009 explodiram os conflitos que vinham se acumulando e instalou-se o caos naquela parte do mundo. Enquanto algumas tropas partiram para lutar contra Sanchuelo — que, seguindo a tradição do pai e do irmão, havia partido para guerrear no norte —, outras tropas saíram ao encalço do covarde califa nominal Hisham II, que àquela altura já abrira mão do que seria seu por direito de nascença. Ele estava escondido nos palácios de Madinat al-Zahra, certamente em estado de pânico. Como não conseguiram encontrá-lo, as tropas, que mais pareciam uma multidão enraivecida, voltaram-se contra os palácios em si, como representantes dos omíadas que queriam apagar da história. Hisham abdicou em favor do primeiro de uma série de primos rivais e outros pretendentes e desapareceu da história, embora sua morte só tenha sido anunciada alguns anos depois, quando ainda persistia o caos que se instalara em 1009.

Para todos os efeitos, a Dinastia Omíada e seu Estado chegaram ao fim na noite em que as tropas puseram abaixo as muralhas de Madinat al-Zahra, sem deixar pedra sobre pedra. Ainda por algumas décadas houve vários pretendentes ao título de califa, enquanto pairavam as sombras do que o califado havia sido. Talvez houvesse mesmo a esperança, nos corações mais sentimentais e otimistas, de que a velha ordem pudesse ser restaurada por algum príncipe saído do deserto para arrebatar uma vitória implausível. Mas isso não viria a acontecer. Havia chegado ao fim aquela dinastia islâmica que se lançara do deserto da Arábia para o mundo. Os omíadas haviam escapado da destruição uma vez em Damasco, desafiando todas as possibilidades de sucesso, e haviam criado para si uma nova vida numa nova terra que passaria a ser sua por nove gerações. Entretanto, a velha ordem andaluza, com toda sua unidade política e grandiosidade cultural, explodiu como uma estrela. Seguiram-se ainda vários anos de guerras civis, chamadas por alguns historiadores de Guerras Berberes, mas às vezes chamadas apenas pelo nome comovente de *fitna*, que é o "tempo da discórdia". A própria cidade de Córdoba foi saqueada pelos berberes em 1013, sendo praticamente destruída. De Madinat al-Zahra restaram algumas ruínas fantasmagóricas a nos lembrar, para sempre, da natureza efêmera da glória. São também os ícones da vida e da morte de um momento único na história do islã, quando seu califado se situava nos confins do Ocidente.

Vitória no Exílio

O Campo de Batalha em Argona, entre Córdoba e Granada, 1041

O OFICIAL COMANDANTE DA TROPA, QUE ERA TAMBÉM O GRÃO-VIZIR DE BADIS, rei de Granada, agradeceu a Deus por mais aquela vitória. Nos quatro anos em que chefiava seu exército e sua cidade-estado, ele já se tornara um prodigioso vencedor. Apenas dois anos antes, em 1039, Deus o havia abençoado com uma maravilhosa vitória sobre Sevilha, a mais resistente dentre as rivais de Granada, apesar de o exército inimigo haver surpreendido os granadenses no campo de batalha com uma força bem maior que a esperada. Um ano antes, em Alfuente, pouco depois de se tornar vizir, o novo líder das forças militares havia lutado sua primeira batalha contra o rei de Almeria — Almeria, aquela taifa tão cheia de orgulho que ficava na costa, com sua suntuosa fortaleza antiga construída junto ao mar um século antes pelo próprio Abd al-Rahman III. E Almeria ainda era um porto próspero que tentava impor-se ao novo Estado de Granada, porém Deus lhe sorrira naquele dia: o rei Zuhair foi morto durante a batalha e seu poderoso vizir Ibn Abbas foi feito prisioneiro. Sob a liderança de seu comandante, Granada foi-se tornando a cada dia mais poderosa. E naquele dia em 1041, ele havia vencido sua terceira batalha, a mais crucial delas, sufocando a rebelião liderada pelo traiçoeiro Yadir, primo do próprio rei.

Novamente, como havia feito após as vitórias anteriores, o vizir voltou-se para sua poesia, para seus salmos, a fim de dar graças a Deus e de relatar sua grandiosa vitória. Ele sempre escrevera muito bem — por isso mesmo fora feito vizir —, porém aqueles poemas eram diferentes. Era uma aventura escrevê-los em uma nova espécie de linguagem. Aquele terceiro poema, para louvar a terceira vitória, havia fluído mais facilmente que os anteriores e custou-lhe menos esforço falar de exército, de homens e de Deus. Ao final de seu cântico, depois de descrever os perigos e os altos e baixos da batalha e a caçada a Yadir, a quem havia "perseguido até poder levá-lo como um presente, ou tributo, a meu rei naquele estio", o general-vizir teve certeza de haver encontrado definitivamente sua voz de poeta:

Amigo, para livrar-me dos apuros
  a Rocha se ergueu,
portanto ofereço este poema
  em louvor a Deus:
Ele viu o medo de Yadir em meu coração
  e o apagou.
Àquele que me curou, canto esta canção:
  meus inimigos, Ele os cobriu de dor e a mim aliviou.
Alguém contestou:
  Quem és *tu* para prestares homenagem?

Eu sou, respondi, o Davi dos meus tempos!

O fim do califado foi um desastre político e uma tragédia pessoal para muitos. Mas, assim como havia começado com uma tragédia pessoal e política da dinastia omíada, seu final foi também um hino às virtudes do exílio. O Davi de seus tempos, como ele audaciosamente se chamava, foi apenas mais uma, embora das primeiras, das muitas figuras andaluzas daqueles tempos. A vida cultural extraordinariamente inovadora, da qual ele era parte, e que foi o marco distintivo dos anos seguintes à fragmentação do califado, deveu-se, em grande parte, às muitas variedades de exílio criadas pela fitna, aquele tempo de discórdia. O governo centralizado foi substituído por organizações políticas radicalmente diferentes: as taifas, como eram chamadas as cidades-estados que sucederam o califado de Córdoba. Apesar dos infindáveis tumultos políticos e das contínuas disputas entre as dezenas de novos Estados independentes que se formaram dos fragmentos do poder, a vida cultural não apenas manteve-se pujante, como deu reviravoltas inesperadas. Parecia ter tomado um novo ímpeto, liberada pelas circunstâncias em um mundo menos seguro e menos previsível — e infinitamente mais variado e surpreendente — do que o antigo. Dentre as rebeliões que se insurgiram contra a velha ordem, nenhuma gerou transformações mais permanentes que aquela do vernáculo da qual participou o Davi de seus tempos.

Mas, afinal, quem era ele? E o que fazia aquele poeta num campo de batalha, sobre um dos fogosos cavalos árabes levados à Europa, a al-Andaluz, pelos ancestrais dos soldados que ele comandava? Seu nome era Samuel — *Ishmael*, em árabe, sua língua materna; em hebraico era *Shmuel*, e era nessa língua que ele se dirigia a Deus. Seu sobrenome em hebraico era *Halevi*, porém em árabe, língua de sua família havia séculos, era conhecido como *Ibn Nagrila*. Samuel nasceu em 993, já no ocaso do califado; em 1013, poucos anos depois que Madinat al-Zahra foi transformada em lugar que só existia na memória, a família de Ibn Nagrila, como muitas outras, participou do grande êxodo causado pela crescente violência que tomou conta de Córdoba.

A família de Ibn Nagrila era rica e, como de praxe, também muito culta. Fazia parte da comunidade judaica que integrava os escalões mais elevados do governo e do saber em Córdoba. Para aquela família, como para inúmeras outras (não apenas judias, como também e principalmente muçulmanas e até mesmo mozárabes e cristãs), aquele deslocamento era aterrorizante, aparentemente o fim da vida boa que haviam levado e o início de uma existência imprevisível em lugares desconhecidos. Certamente tais lugares seriam bem menos civilizados que sua amada Córdoba, com suas belas ruas e imensas bibliotecas. Durante muitos anos, a única alternativa era partir, e a família de Ibn Nagrila partiu. Como sua riqueza advinha provavelmente do comércio de especiarias, a família se estabeleceu na cidade portuária de Málaga, onde o comércio continuava a prosperar e ela poderia retomar suas atividades novamente. O jovem Samuel, o prodígio, não permaneceu por muito tempo naquela cidade à beira-mar. Mudou-se para uma outra no interior que acabava de ser construída às margens do rio

Darro. Era um lugar agraciado com uma vista sempre clara de uma serra com os cumes eternamente cobertos de neve, a Sierra Nevada. Há um magnífico relato hagiográfico da transformação que se deu: a história de como Samuel ibn Nagrila deixou de ser um próspero comerciante de Málaga para transformar-se no poderoso vizir da taifa de Granada. O jovem rapaz de cultura e eloqüência incomuns trabalhou durante algum tempo como escriba anônimo do vizir da nova taifa de Granada, escrevendo cartas elegantes e cultas que o vizir, como seria de se supor, fazia passar por suas. Até que um dia o rei descobriu o ardil e levou o talentoso jovem para sua corte. Lá Ibn Nagrila revelou seu talento. Ali estava um cordobês culto e cosmopolita, profundo conhecedor da poesia e da filosofia árabes, com um enorme saber na ponta da língua e na ponta da pena. Era uma dádiva para aquela cidade tão remota, recém-nascida e provinciana.

O sucesso de Ibn Nagrila em seu novo lar foi imediato. A exemplo do que ocorrera com Hasdai ibn Shaprut nos idos gloriosos do antigo califado, seu sucesso em uma corte e um governo islâmicos por seu domínio da língua e da literatura árabes foi recompensado não apenas com postos cada vez mais elevados na corte, como também com posições de liderança em sua própria comunidade religiosa. Ao completar 34 anos de idade, Samuel foi nomeado nagid, o chefe da veneranda comunidade judaica de Granada, cidade às vezes chamada em árabe *Gharnatat al-Yahud*, "Granada dos judeus". Os judeus estabeleceram-se havia algum tempo principalmente em uma encosta da montanha de onde se tinha uma vista incrivelmente bela do vale por onde passava o rio. A encosta erguia-se em um impressionante paredão que parecia uma fortaleza natural no topo do qual havia um antigo castelo. Esse castelo se distinguia da paisagem pela cor vermelha da argila utilizada em sua construção e era conhecido como *Hisn al-Hamra*, "o Forte Vermelho", e também como *al-Qala al-Hamra*, "o Castelo Vermelho". Foi a palavra *hamra*, "vermelho", que permaneceu e o lugar acabou sendo conhecido — e nunca mais esquecido — pelo nome de Alhambra.

O Nagid (como passou a ser chamado depois de sua nomeação) quase que de imediato pôs-se a reconstruir o castelo e a cidade no alto daquela colina de argila vermelha e brilhante, e as construções que erigiu eram, em parte, fortificações e em parte, também, uma demonstração de pujança cultural. Lá naquela fortaleza natural a visão estética de Samuel, sua idéia de como deveria ser aquela cidade com seus prédios, nada tinha de provinciana. Tão sofisticado quanto seus escritos, que deixavam perplexa a gente de lá, o gosto refinado do cordobês certamente formou-se em sua juventude na velha capital do califado. Joseph, filho de Samuel, sucedeu o pai como Nagid e foi também o editor de seus poemas; ele coletou todos os poemas do pai, copiou-os cuidadosamente e escreveu introduções para eles. Entretanto, Joseph fez mais do que organizar esses *diwans*, ou antologias de poesia: acredita-se que foi ele quem primeiro projetou os sofisticados jardins que deram início à longa tradição de jardins palacianos no topo daquela colina. Os primeiros jardins construídos naquela colina vermelha pelos exilados de Córdoba eram, como a palmeira de Abd al-Rahman, os ecos e as lembranças reconstruídas de uma terra natal que deixara saudades. As lembranças no exílio dos nobres e antigos jardins de Córdoba, transplantados para Granada quando esta era ainda uma cidade jovem e Córdoba já se havia acabado, assombram o alto daquela colina até os dias de hoje.

Os jardins da memória e os palácios construídos pelo vizir judeu de Granada encontram-se agora soterrados sob muitas camadas de outros palácios e jardins construídos ao longo do tempo. Entretanto, a poesia inaugural que o Davi do seu tempo escreveu tornou-se e permanece sendo até hoje o marco mais visível de um capítulo crucial da poesia hebraica considerada por muitos como a Idade de Ouro. Aquele cordobês em permanente exílio foi o primeiro poeta e fundador da nova poesia hebraica. Com seu estilo inegavelmente andaluz, ele não apenas reescreveu a história da poesia hebraica, revolucionando-a completamente, como também fez parte de um momento da história da cultura quando começaram a surgir por toda parte novas maneiras de se fazer poesia. Quando cavalgava de volta após suas vitórias, compondo em sua mente novos poemas que as relatavam, Samuel, o Nagid, integrava uma vanguarda florescente da cultura européia. Movimentos de todos os tipos, díspares porém de certa forma relacionados, começavam a redesenhar o mapa das nossas linguagens poéticas, abrindo caminho para o surgimento de novas e múltiplas línguas.

Tal revolução viria, com o passar do tempo, a afetar toda a Europa, porém iniciou-se de maneira inequívoca na Península Ibérica e já havia percorrido um bom caminho em meados do século XI. A nova poesia hebraica era apenas uma em uma variedade de novas poesias cristalizadas nos exílios que se seguiram ao colapso de Córdoba. Juntamente com a perda de muitas das antigas tradições omíadas — havia muito estruturadas e, portanto, cerceadoras do novo —, deu-se um completo embaralhamento das populações e, conseqüentemente, das línguas que falavam, de suas religiões e estilos de vida na península. Naquela barafunda de povos e cidades-estados constantemente em guerra com sabia-se lá que outras cidades-estados, a cada instante surgiam novos vizinhos inesperados por toda parte. A estonteante mistura de estilos foi-se tornando, cada vez mais, o marco distintivo que logo ficaria conhecido como o estilo daquele lugar. Era como se voassem fagulhas a cada novo encontro inesperado. Os antigos cristãos de Córdoba, forçados a exilar-se no norte, lá descobriram que seus correligionários eram-lhes bem mais estranhos que seus antigos vizinhos muçulmanos, e os artesãos islâmicos, muito procurados por seu talento, eram contratados para construir lindos prédios, inclusive igrejas, nas cidades recém-tornadas cristãs. Os cânticos em hebraico eram ouvidos com inequívocos sotaques árabes. A rivalidade constante entre as taifas também inspirava poemas e várias outras formas de expressão — rivalidade essa que, pelo menos implicitamente, mantinha-se em função da sucessão de Córdoba. Quem saberia dizer quantos dos reis das taifas supunham-se, de fato, suficientemente equipados, política e militarmente, para reunificar a península? Mas quase todos sonhavam que suas cidades poderiam suceder Córdoba como centro cultural daquele mundo, portanto abarrotavam suas cortes e suas cidades fortificados com filósofos, arquitetos, músicos e, acima de tudo, com poetas que poderiam fazer com que elas brilhassem mais do que as outras estrelas andaluzas. E se algum desses poetas fosse também um brilhante estrategista militar e um grande general, tanto melhor.

Samuel, o Nagid, não foi o primeiro judeu "arabizado" da Espanha islâmica a escrever esse tipo de poesia em hebraico que, a exemplo da poesia árabe que era também sua herança cultural, falava de amantes, de batalhas e de outras coisas mundanas, tanto quanto de Deus e do mundo espiritual. Um século antes, quando Hasdai ibn Shaprut também desempenhava um papel importante na corte — a corte do califado de Córdoba —, um imigrante chamado Dunash ben Labrat, que chegou àquela cidade vindo do Oriente, havia preparado o caminho para as mudanças radicais que estavam por vir. Dunash viera de Bagdá, capital do califado rival dos abássidas no Oriente. Certamente teria levado consigo muitos dos preconceitos que os judeus e os muçulmanos do Oriente, julgando-se superiores, costumavam levar ao partirem para al-Andaluz, o que tornava ainda maior sua perplexidade ao verem aquela capital do Ocidente. Nos anos que passou em Córdoba, Dunash foi quem primeiro sugeriu que a poesia hebraica fosse escrita como a poesia árabe, mantendo-se porém o uso das técnicas formais que os judeus já dominavam tão bem. O hebraico, língua litúrgica dos judeus, não era usado como língua poética viva havia muito tempo; desde tempos imemoriais, aquela era apenas a língua das orações, língua de uma religião e de uma liturgia. O que mais chamou a atenção de Dunash — talvez mais do que aos outros que moravam lá, posto que ele vinha de fora — foi a vitalidade da elite intelectual judaica de Córdoba e o contraste entre os estreitos limites do hebraico e o amplo universo em que transitava o idioma árabe. Para Dunash, a maneira de começar a fazer do hebraico uma língua que pudesse ser usada fora da sinagoga seria vesti-lo com a prosódia árabe. E foi exatamente isso que ele se propôs a fazer, criando uma pequena revolução.

Os judeus de Córdoba já se davam por bastante satisfeitos com o que podiam fazer com o idioma árabe — tanto na vida pública quanto em suas ambições literárias — e não se transformaram em revolucionários entusiasmados da língua hebraica. Apesar do inusitado dos versos de Dunash, que foram recebidos com algum interesse, a comunidade de judeus social e intelectualmente prósperos continuou satisfeita com o sucesso que fazia no espaçoso mundo das letras árabes enquanto o califado durou. Foi somente no exílio, nas taifas, naquele mundo menos estável e mais aventureiro que o desafio do idioma árabe ao hebraico começou a ser finalmente levado a sério.

A resposta a esse desafio, porém, não era apenas uma questão de fazer com que os versos em hebraico parecessem aos judeus que falavam árabe tão elegantes e sofisticados em suas estruturas rítmicas quanto os inúmeros poemas que eles já conheciam de cor em árabe. No centro da questão estava a pergunta fundamental relativa à própria *razão de ser* da poesia, e a revolução que se deu no hebraico baseou-se precisamente na profunda apreciação dos judeus andaluzes pela tolerância e pela largueza do universo da poesia árabe. Um judeu, ainda que fiel observador de sua fé, não via problema algum em recitar uma ode pré-islâmica ou um poema homoerótico, posto que um muçulmano também religioso o fazia; em outras palavras, fé e poesia, para eles, não podiam ser confundidas. Em sua maneira de ver, resultante do uso do árabe como uma língua de poesia tanto religiosa quanto secular — e pelo reconhecimento da necessidade que tem uma língua verdadeiramente poética de abrigar e nutrir valores contraditórios entre si —, uma nova poesia hebraica nasceu no século XI. Foi necessário haver homens como Samuel, o Nagid, naquele momento ímpar de exílio na própria Andaluzia, quando já não podiam desfrutar de maneira complacente de sua aculturação árabe em Córdoba. Só então lançaram-se à tarefa de abraçar o princípio de valores contraditórios incorporando-o à sua própria linguagem religiosa. Nesse abraço revolucionário dado com amor por um homem poderoso e confiante, o hebraico foi redefinido e cultivado como uma língua capaz de transcender os usos litúrgicos e teológicos aos quais estava restrita havia muito.

Pela primeira vez em mil anos, o hebraico foi retirado das sinagogas onde estava confinado e transformado em um idioma tão versátil quanto o árabe, que era a língua falada pela comunidade judaica andaluza. Como que por milagre, o hebraico passou a ser usado novamente como a língua de uma poesia secular e cheia de vida, porque os judeus, que haviam atingido um enorme desenvolvimento intelectual no universo árabe do califado onde viviam satisfeitos, viram-se de súbito em um mundo totalmente diferente. Exilados do califado de Córdoba, eles descobriram aspectos de sua própria herança que estavam ocultos havia séculos. Passaram a crer que a língua de seu próprio Deus, assim como a dos muçulmanos, que eles usaram por tanto tempo e continuavam a usar, seria capaz de transcender a simples oração. Deu-se uma situação interessante: como os judeus devotos haviam aprendido a amar a heterodoxa poesia amorosa árabe que os muçulmanos amavam recitar, foi-lhes possível, no século XI, ler novamente um texto bíblico como o Cântico dos Cânticos com toda sua forte dose de erotismo. E não apenas isso, como também puderam ver que as características do hebraico, que haviam feito dele uma grande língua no passado, permitiam que ele fosse usado na criação de poesia que não apenas se destinasse à sinagoga, como também que pudesse contradizer seus ensinamentos. Quando Samuel, o Nagid, proclamou-se o Davi do seu tempo, sabia perfeitamente o que estava dizendo e o que estava fazendo: ele cavalgava à frente de um exército (um exército, aliás, muçulmano), era o herói de sua taifa e podia ir para casa escrever poemas sobre isso tudo. Escrevia também sobre outros temas, inclusive sobre o amor erótico, na língua do Davi original.

"E embora alguns [de seus versos] falassem de desejo, ele escreveu com a mais profunda fé", observou Joseph, filho de Samuel e seu primeiro editor, acerca da coleção de poemas do pai. Certamente referia-se a poemas como o que se segue:

> Daria tudo que tenho por aquele fauno
>   que me traiu —
> meu amor por ele está trancado em meu coração.
>   Ele disse à lua que subia ao céu:
> "Está vendo como eu brilho
>   e ouso ser visto?"
> E o círculo ficou parado no céu
> como uma pérola na mão de uma jovem morena.

É impossível saber a quem o cuidadoso filho Joseph se dirigia no prefácio que escreveu para a coletânea de poemas do pai à qual deu o título de *Ben Tihillim* ("Após os Salmos", ou talvez, numa tradução mais sugestiva, "Salmos, Parte 2"). Quando ele insiste no significado alegórico dos poemas eróticos da coletânea, estaria se dirigindo aos judeus de Granada, menos cultos que os de sua família e sua classe? Ou estaria falando para a posteridade, para as gerações futuras de leitores que, como os judeus dos últimos mil anos, pudessem se esquecer novamente de que o hebraico era uma língua poética viva — e que poderiam deixar cair no esquecimento os muitos amores de Davi e seus muitos tipos de poemas? Estaria falando para outros judeus de seu próprio tempo que ele sabia viver longe de al-Andaluz, bem distante do universo poético árabe? Eles estavam ouvindo canções de amor como aquelas pela primeira vez em hebraico. Na poesia de Samuel, bem como na que ele tornou possível que outros depois dele escrevessem, o amor se faz onipresente, multifacetado e, por vezes, perturbadoramente ambíguo em suas obsessões, na fonte de sua devoção.

O Nagid era um líder carismático das tropas e passou a ser líder dos poetas. Entretanto, a revolução poética em hebraico instigada por aquele vizir da taifa de Granada estava longe de ser um fato isolado e o Nagid estava longe de ser um poeta isolado no mundo das taifas do século XI. Na verdade, o Davi do seu tempo fazia parte da vanguarda de um então moderno movimento poético, quando os poemas começaram a ser escritos nas línguas faladas no local, no que chamamos de vernáculos. Seu mundo era um mundo em ebulição, onde espocavam insurreições de todo tipo. As batalhas como aquelas que Samuel relatava em seus poemas sucediam-se umas às outras por toda a península entre as dezenas de cidades que competiam entre si. Como que no espírito das constantes escaramuças entre as taifas rivais e entre estas e as cidades cristãs ao norte, os vernáculos (também poeticamente chamados de "fala comum") começaram a se rebelar contra os grilhões que a tradição havia imposto à literatura — à poesia — por tanto tempo.

O hebraico foi praticamente transformado em vernáculo ao ser cantado e recitado com a musicalidade dos andaluzes, cuja língua materna era o árabe. Os poemas em hebraico soavam como se fossem em árabe, entoados que eram nos ritmos daquela língua e pronunciados com seu sotaque. Nessa mesma ocasião, o árabe clássico já não mais estava sozinho na arena poética. A seu lado começou a ser ouvido um outro árabe, mesclado e modificado pela versão falada do latim que chamamos de romance, assim como o hebraico foi modificado pelo árabe. O mozárabe, língua materna dos antigos cristãos de Córdoba, bem como de muitos outros cidadãos do califado, muçulmanos e judeus, começou a ser ouvido ao lado do árabe em canções. E bem mais ao norte, onde soldados como Samuel, o Nagid, tinham que lutar não contra cidades muçulmanas, mas contra cidades cristãs, outras línguas eram ouvidas. Eram línguas maternas descendentes do latim que no passado se ouvia por toda parte — línguas que, por sua vez, já estavam a ponto de se juntar às fileiras daquele pequeno exército de novas línguas poéticas para proclamarem, cada uma à sua maneira, que seu tempo havia chegado.

O Amor e Seus Cânticos

Niebla, logo a oeste de Sevilha,
na estrada para Huelva, agosto de 1064

O Amor, Deus seja louvado, é uma enfermidade
cujo tratamento deve ser de acordo com a aflição.
Deliciosa doença, maravilhoso mal bem-vindo.
Quem dele não sofre não quer ser-lhe imune,
e quem dele sofre não quer vê-lo findo.

Minha doença, os médicos não curam.
Inexorável, arrasta-me à destruição.
Consinto em fazer dela um sacrifício
e, impaciente, bebo o vinho e o veneno.
Minhas noites de amor foram sem pejo.
Minh'alma as amou, porém, acima das paixões.

Ibn Hazm, em *O colar da pomba*

NIEBLA ERA UM LUGAR TERRÍVEL PARA SE MORRER. VISTA DE LONGE É TÃO linda que parece uma figura de um livro de histórias, uma cidadezinha medieval com suas muralhas rosadas e suas torres, à margem do Guadalquivir, a meio caminho entre Sevilha e o mar. Mas, para um homem que ainda guardava nítidas na memória as imagens dos jardins de Madinat al-Zahra no auge de seu esplendor, um homem cuja cidade natal era a metrópole de Córdoba, capital do califado e centro do mundo civilizado quando ele ainda era menino, cidade cujas portentosas bibliotecas ele conhecia tão bem — para um homem assim, Niebla era o fim do mundo. Foi naquelas remotas paragens que, no verão de 1064, Ibn Hazm, o famoso ancião das letras andaluzas, morreu em solitário e amargurado exílio. Ele pertencia à mesma geração do vizir de Granada, Samuel, o Nagid, e de fato os dois homens, que nasceram com poucos meses de diferença um do outro, conheceram-se e certa ocasião, quando jovens, haviam até participado de um debate público, num de seus últimos anos em Córdoba. Forçados, já adultos, a deixar sua querida terra natal, construíram novas vidas em exílios que não poderiam ter sido mais diferentes.

Uma década antes da morte de Ibn Hazm em Niebla, após passar a vida lutando inutilmente pela causa dos omíadas, seu conterrâneo, o Nagid, havia morrido como próspero e respeitado vizir de sua taifa e líder muito amado da comunidade judaica. O homem que Ibn Hazm havia conhecido como Ishmael ibn Nagrila deixara Córdoba e partira para o mundo novo e aventureiro das taifas do século XI, ainda tão otimista quanto ao futuro a ponto de tornar-se o principal inovador de ousadas linguagens poéticas. Ibn Hazm, muito ao contrário, ficou amargando as tristezas e nunca foi capaz de superar o passado. Entretanto, a carga de emoção que levava dentro de si e sua determinação de não permitir que as glórias da civilização omíada simplesmente deixassem de existir ou fossem vulgarizadas pelos bárbaros também fizeram dele uma das mentes mais brilhantes que o califado já produziu. Seus escritos prodigiosos sobre quase tudo que se possa imaginar fizeram dele um dos intelectuais mais brilhantes da história andaluza, embora grande parte de seus últimos trabalhos fosse prejudicada pela virulência de seus ataques aos inimigos, reais e imaginários, inclusive a Samuel, o Nagid. O rancor com que polemizava, lançado contra todo tipo de pessoas e causas, levou os muçulmanos, com o passar do tempo, a não o tomarem muito a sério ou até mesmo a não o levarem absolutamente em consideração — entretanto, historiadores espanhóis do século XX e escritores que estudaram Ibn Hazm parecem ter-se impressionado mais com seu lado de homem triste e associam-no à figura de um Dom Quixote. Ele foi, de qualquer modo, um intelectual assombroso. Sua vida foi um tributo ao califado que ele sempre amou e sua morte, triste e nobre, bem simboliza o fim daquela civilização. Foi, até o fim, um amante inconformado com a perda do ente amado. Enquanto ele viveu, não se podia dizer que o califado se perdera para sempre, sem alguém que mantivesse viva a memória de sua beleza. Ibn Hazm morreu 55 anos depois do saque de Madinat al-Zahra.

Ibn Hazm adquiriu sua tenacidade de espírito ao longo de uma vida honesta e de provações. Seu pai havia sido um leal servidor dos omíadas — al-Mansur e seus filhos —, que governavam o califado quando de sua derrocada. Quando aquele jovem sensível tinha apenas 15 anos, Sanchuelo, o último dos amiríadas, foi destituído e assassinado, eventos esses que antecederam o saque a Madinat al-Zahra em 1009. E o pai de Ibn Hazm veio a morrer na prisão, aonde tinha sido levado por razões políticas. Porém Ibn Hazm, que fora criado em um harém (e, como seria de se supor, veio a escrever bastante sobre essa sua experiência), tornou-se um idealista ainda mais exacerbado, ainda mais quixotesco, que o pai: abraçou a causa omíada depois de 1009, após a morte do pai na prisão, e permaneceu fiel a ela mesmo depois do devastador saque de Córdoba em 1013. Ele passou a maior parte de sua juventude em uma série de lutas perigosas para restaurar o califado omíada de alguma forma viável. Foram anos de intrigas políticas, de exílio, de deslocamentos de um lado para outro, bem como de batalhas das quais participou. Ibn Hazm tinha em comum com Samuel, o Nagid, a coragem física de arriscar a vida em campos de batalha por suas convicções políticas. Foram também anos de prisão, quando a maré da política se voltava contra ele, como aconteceu repetidas vezes. Foram anos, também, de grandes perdas pessoais: o amor da vida de Ibn Hazm morreu justamente quando Córdoba estava sendo saqueada. Nos relatos que fez, muitos anos depois, de sua incapacidade de se conformar com a morte daquela jovem, uma escrava, pode-se perceber também um eco de seu desalento pela morte de Córdoba: "Não fui capaz de encontrar consolo por sua perda até hoje. (...) Sua lembrança estará para sempre comigo."

Por um tempo bem curto, Ibn Hazm havia sido vizir também, embora sem a mesma facilidade do vizir de Granada, posto que serviu ao último califa omíada, Abd al-Rahman V, que já não detinha o poder. Após a destituição e o assassinato, em 1023, desse jovem incompetente que foi califa *pro forma* por apenas sete semanas, Ibn Hazm foi parar na prisão novamente. Foi somente depois desse desastre que ele reconheceu a impossibilidade da situação e abandonou a participação ativa na política. Por volta de 1024, ele partiu sozinho, não exatamente em direção ao horizonte, mas sem uma direção certa: era um viajante soturno e irritadiço e um intelectual peripatético. Ibn Hazm jamais encontrou outro lar. O coração do islã em forma de ornamento que ele havia conhecido quando jovem deixara de existir e em seu lugar haviam surgido centenas de pequenas cidades, algumas do tamanho de Niebla. Cada taifa existia apenas para si mesma, para sua própria causa e seu próprio partido. Como Ibn Hazm escreveu sobre seu outro amor, "meu amor por ela apagou tudo que veio antes e transformou em anátema tudo que veio depois".

Não obstante, naqueles tempos tão intoleravelmente diferentes da época de sua infância, e em meio à nova cultura que era, a seu ver, insuportavelmente inferior àquela outra, esse intelectual prolífico continuou escrevendo, como se pretendesse, sozinho, manter as bibliotecas bem supridas: produziu cerca de quatrocentos livros, dos quais apenas alguns ainda existem. Ibn Hazm escreveu sobre uma grande variedade de assuntos, como direito, filosofia, religião comparada e meditações hermenêuticas, como a obra intitulada "Da Divisão das Ciências". Entretanto, a obra que mais arrebatou a imaginação da posteridade e fez dele o mais famoso escritor andaluz versava sobre um tema básico e cativante: o amor.

Parece irônico que *O colar no pescoço da pomba*, como seu pequeno livro passou a ser conhecido, se tenha tornado tão famoso quando o tempo assentou sua poeira sobre as revoluções dos vernáculos em uma era que Ibn Hazm tanto desprezava. É curioso notar também que isso se deve, em grande medida, à poesia amorosa que foi a bandeira mesma daquelas revoluções. As modificações fundamentais da ordem cultural vigente que começavam então a se manifestar eram vistas com horror por aquele defensor ferrenho dos antigos valores. Porém o triunfo das poesias amorosas nos novos vernáculos irradiou para o mundo a maneira de cantar o amor que havia sido cultivada, imaginada e infinitamente proclamada na tradição árabe clássica. O pequeno tratado de amor de Ibn Hazm tornou-se a explicação por excelência de todo o fenômeno, uma espécie de manual que permitia fácil acesso aos elaborados códigos de amor de sua cultura, a seus complexos conceitos de tortura e êxtase que dele resultam. Ibn Hazm certamente teria ficado profundamente decepcionado se pudesse ter sabido que, de toda sua imponente obra — que inclui dezenas de tratados neoplatônicos e de textos de discussão de jurisprudência —, seria aquele pequeno livro romântico escrito na juventude, *O colar no pescoço da pomba*, que o tornaria famoso na posteridade.

Essa meditação sobre o amor propriamente dito, sua natureza e seus problemas, suas armadilhas e recompensas, consiste em 30 capítulos curtos, cada um deles abordando algum problema ou tema: "Daqueles que se Apaixonam à Primeira Vista", "Dos Sinais Enviados pelos Olhos", "Da Traição". Cada assunto é tratado primeiramente em prosa e, a seguir, ilustrado com um poema, à guisa de exemplo. De maneira quase que enciclopédica, Ibn Hazm traça os contornos do amor apaixonado da maneira como ele era compreendido na refinada sociedade da corte da qual o autor era originário, contornos esses que haviam sido minuciosamente perscrutados em um vasto *corpus* de poesia amorosa: as diferentes maneiras de se acender a chama do amor, sem obstáculos, suas diferentes maneiras de terminar, e, talvez principalmente, suas muitas formas de tornar-se uma doença sem cura que consome a própria vida do amante, rouba-lhe o sono, o apetite, a paz de espírito — e cujo resultado final é um êxtase incomparável que é a própria fonte da verdadeira poesia. Esta síntese de complexos conceitos, bem como parte da poesia que os exemplificava, foram produto de uma profunda nostalgia e de recordações tanto pessoais quanto comunitárias. Escrito naqueles primeiros anos tumultuados que se seguiram à destruição de Madinat al-Zahra e à morte de seu pai — e ao saque de Córdoba, que coincidiu com a terrível morte do seu amor de adolescente —, *O colar* foi um tributo a um mundo de amor cortês que Ibn Hazm acabara de ver obliterado e que, a cada dia, parecia mais destinado a desaparecer por completo.

Entretanto, a popularidade duradoura d'*O colar* deveu-se precisamente às maneiras como o mundo das taifas — um mundo que Ibn Hazm via como um sinal inequívoco do fim da civilização que ele conheceu e amou — transformou aquelas noções altamente refinadas de amor bastante acessível a todos. Foi o mundo das taifas que retirou esses conceitos dos lugares cercados de muralhas onde antes se escondiam, como Madinat al-Zahra, expondo-os aos olhos do público. Na verdade, nada daquilo se perdeu na destruição do califado, mas, em vez disso, foram todas aquelas idéias espalhadas aos quatro ventos em poemas cantados em um verdadeiro exército de vernáculos que se proclamavam capazes, eles também, de cantar o amor. Parte da permanência do livro de Ibn Hazm deve-se à maneira por vezes fantástica mas quase sempre clara como ele pensava e escrevia, antecipando-se à idéias sobre o amor que logo passariam a dominar a sensibilidade européia.

Niebla, onde Ibn Hazm morreu, fica na província de Sevilha, a pouca distância do porto de Palos, de onde Colombo um dia partiria. Ele morreu velho e cheio de rancor, sem se relacionar praticamente com pessoa alguma, tendo escrito com ódio sobre dezenas de seus contemporâneos. Morreu também acreditando que a cultura que ele havia amado e defendido estava morta, transformada em escombros como Madinat al-Zahra. Aquela cultura, porém, não havia morrido; estava apenas iniciando uma segunda vida, uma vida que em suas formas metamorfoseadas, em línguas saindo de seus casulos, resistiria e se multiplicaria. Bem mais ao norte de Niebla, em uma outra cidadezinha, local de mercado movimentado e belas vistas dos elevados Pireneus, já se cantavam canções de amor que indiscutivelmente pertenciam ao universo de Hazm — mas que também indiscutivelmente pertenciam ao nosso. Pouco depois, seriam levadas para lugares ainda mais distantes.

Barbastro,
nos contrafortes dos Pireneus,
na estrada para Saragoça,
agosto de 1064

No mesmo verão em que Ibn Hazm morreu no extremo sul da península, surgiu no extremo norte um exército de normandos — aventureiros da costa bretã —, juntamente com uma pequena escolta de vizinhos aquitanos (a Aquitânia era um Estado independente que ficava ao norte dos Pireneus, estendendo-se para o leste até o Ródano). Eles tinham um propósito ao atravessarem os Pireneus, chegando a uma região chamada Aragão, logo ao sul da cadeia de montanhas. Como quase todo o resto da península, aqueles territórios que chegavam até as passagens nas montanhas haviam-se transformado em um mosaico de reinos taifas em constante transformação e competição entre si. No norte — diferentemente do sul, onde somente taifas muçulmanas competiam entre si — havia também cidades cristãs semelhantes a taifas que participavam das disputas. Havia também estrangeiros que lá chegavam de tempos em tempos através das difíceis passagens pelas montanhas e que, na verdade, para lá se dirigiam desde tempos imemoriais, por vezes em menor número mas sem jamais deixar de chegar por lá, onde começa a península.

As tropas que surgiram no verão de 1064 sitiaram Barbastro, uma próspera cidade de comércio muito ativo situada no caminho de Saragoça, esta uma taifa grande e poderosa que dominava a área. Entre os soldados havia francos, que eram já bem conhecidos ali. Vinham das áreas catalãs do nordeste, por exemplo, onde os reinos se espalhavam pelos Pireneus. Outros vinham de cidades da outra extremidade das montanhas, mas tampouco eram desconhecidos daquelas comunidades de mercadores da Ibéria, que viajavam muito. Mas com eles chegaram também outros soldados, aparentemente comandando as tropas, que não eram francos — ou, pelo menos, não eram como os francos que a população de Barbastro conhecia.

Não demorou muito para que os cidadãos de Barbastro viessem a conhecer aqueles novos personagens do complicado drama político e militar que se desenrolava. O cerco de Barbastro pelas tropas do norte estendeu-se pelo verão, mas em agosto, passados uns quarenta dias, a cidade capitulou e escancarou seus portões para as tropas que lá entraram empunhando suas bandeiras cristãs. Vários cronistas, de diferentes credos políticos, descreveram aquele cerco e a ocupação que se seguiu; os acontecimentos deixaram empolgados muitos dos que vieram a escrever as histórias daquela época. Quase todos relatam que os tais estrangeiros que chegaram com as tropas, o contingente oriundo dos territórios mais ao norte dos francos, os normandos, mal chegaram à primeira cidade andaluza que conheciam e imediatamente já pareciam nativos do lugar. Com alegria e sem qualquer dificuldade, adotaram o estilo de vida e os inesperados prazeres daquela cultura até então sua desconhecida. Apaixonaram-se pelas lindas roupas, pelas ruas limpas, pela comida de novos e surpreendentes sabores, e praticamente tudo mais naquele lugar tão próximo e tão maravilhosamente diferente — inclusive por um bom número das mulheres. Os cidadãos de Barbastro logo perceberam o que cidadãos de outras terras tão distantes quanto a Inglaterra e a Sicília viriam a descobrir acerca dos normandos: o quão rapidamente se adaptavam aos lugares onde chegavam e com que facilidade pareciam fazê-lo.

Os normandos cristãos, assim como os árabes muçulmanos, consideravam o minúsculo pedacinho do mundo a eles destinado como um ponto de partida. Em 1064, quando aquele exército vitorioso de normandos entrou em Barbastro, estava tendo início o processo de conquista que os levaria a quase toda a Europa. Nesse processo de expansão, foram deixando sua marca por todo lado. Os povos de cultura anglófona sabem muito bem o que resultou do que chamam de "Invasão Normanda". Em 1066, passados apenas dois anos da chegada de seus soldados à pequena Barbastro, onde logo se sentiram em casa, tropas normandas em número bem maior atravessaram o Canal da Mancha e puseram-se decididamente em casa lá também, naquela ilha situada a 31 quilômetros de sua própria costa. É sabido que essa "camada" de cultura normanda afetou profundamente o reino insular que os normandos fizeram de seu por tanto tempo. A língua dos conquistadores modificou o inglês ali falado então de maneira tão decisiva que o inglês falado hoje em dia ainda exibe claras características daquele latim esfarrapado e afrancesado que os normandos falavam.

Porém em outros casos, principalmente quando os normandos enfrentaram militarmente centros islâmicos na Europa e os dominaram, os resultados da aculturação se fizeram ao inverso, ou seja, foram os conquistadores que aderiram à cultura dos conquistados. Foi o que se deu naquele pedacinho da antiga al-Andaluz. Quando os normandos passavam a controlar politicamente os lugares cuja cultura local os seduzia, era neles que as maiores transformações se davam com manifestações de entusiasmo. Uma das histórias mais interessantes relatadas por historiadores acerca de Barbastro foi a de um mercador judeu, amigo de um cidadão muçulmano que havia sido forçado a fugir quando a cidade foi tomada. O muçulmano pediu ao amigo que entrasse na cidade controlada pelos normandos (os normandos haviam permanecido, enquanto os aquitanos haviam partido com o produto do saque) para resgatar sua filha, que estava cativa dos cristãos. A história, certamente enriquecida com detalhes dramáticos, conta que o homem enviado para salvar a jovem muçulmana ficou boquiaberto diante da cena que encontrou na casa do amigo em Barbastro. O cristão que se assenhoreara da propriedade se assenhoreara também de tudo que ela continha. Encontrava-se sentado no chão, todo paramentado como um árabe, fazendo uma refeição de pratos locais, esforçando-se por conversar em árabe com o pessoal da casa que havia ficado, inclusive com a filha de seu amigo, com a qual, ao que tudo indicava, se casara. Depois do jantar, todos se deliciaram com o entretenimento predileto do lugar: canções cantadas por meninas chamadas *qiyan*.

Ainda que suspeitemos ser essa história um pouco exagerada, o que ocorreu, de um modo geral, naquele lugar confirma o que ela presume dizer. Os normandos, extremamente móveis e abertos à absorção de novas culturas, desempenharam um papel crucial, ainda que sem se dar conta disso, na familiarização da cristandade latina com a Europa islâmica. Eles iam, viam e venciam — e nesse processo aprendiam, adotavam e espalhavam, por onde fossem, a cultura árabe. O caso mais típico em que isso se deu foi na Sicília. Em 1072, ao fim de 34 anos de tentativas tendo à frente dois irmãos, Robert e Roger Guiscard, Palermo (capital da Sicília islâmica) foi conquistada e tornou-se o centro do reino normando da Sicília. A Sicília sempre havia sido uma encruzilhada por onde passavam diferentes povos, um lugar onde tanto o latim como o grego sobreviveram e coexistiram. A partir do século VIII, a ilha havia sido colonizada por muçulmanos do norte da África, como parte da onda de expansão que os levou para a Ibéria.

Entretanto, a Sicília islâmica subordinou-se sempre a Córdoba em questões políticas e culturais, até a derrocada final daquele centro extraordinário. Pouco depois, em 1038, passados apenas sete anos do término oficial do califado, os normandos já tentavam conquistá-la. A Sicília muçulmana, porém, seria muito mais difícil de conquistar que a pequena Barbastro; mais difícil ainda que aquela outra ilha que eles ambicionavam, a Inglaterra saxã. Quando finalmente os Guiscard assumiram o controle político total de sua ilha no Mediterrâneo, em 1072, seus compatriotas já governavam a Inglaterra havia seis anos. Em uma história que parecia uma nova encenação da história de Barbastro em proporções bem maiores, os dirigentes normandos da Sicília no século e meio que se seguiu "arabizaram-se" de tal maneira, e tão proeminente foi seu papel como patronos da cultura árabe, que a Sicília viveu sua época de ouro como centro de uma cultura semelhante à andaluza, *depois* que o controle político da ilha passou dos muçulmanos para os cristãos normandos. Os "reis de turbante" — era como os muçulmanos se referiam aos governantes de sua ilha, descendentes dos irmãos Guiscard. E a eles foram dedicados importantes livros em árabe, inclusive a principal obra de geografia da Idade Média.

Aquele amor pelas coisas árabes não foi um capricho passageiro e tampouco uma moda cultural momentânea. Quase duzentos anos depois da conquista da Sicília pelos normandos, seu governante semigermânico, descendente dos normandos pelo lado materno, escrevia em árabe para filósofos muçulmanos do norte da África, com os quais mantinha correspondência sobre uma ampla variedade de questões intelectuais. Frederico II, o último dos governantes normandos "arabizados" da Sicília que lá estavam desde meados do século XI, foi um homem excepcional, reconhecido como tal em seu próprio tempo, quando já era conhecido como *Stupor Mundi*, ou "Maravilha do Mundo". Mas ele era também produto das complexas atitudes dos normandos em relação às diferenças entre política (que para muitos era sinônimo, em última análise, de religião) e cultura. Foi essa a diferença que o mercador judeu viu tão maravilhosamente ilustrada naquele dia em 1064 ao entrar na casa de seu amigo e encontrar o normando fascinado, comovido, ouvindo as canções de amor cantadas pelas jovens de Barbastro.

Nem todos os cristãos que participaram da tomada de Barbastro lá ficaram. Os aquitanos, que formavam uma parte significativa das tropas conquistadoras, partiram quase que imediatamente, talvez por serem vizinhos mais próximos e não se terem surpreendido tanto com o que encontraram lá, ou talvez porque preferissem partir com o produto material do saque a assumir as responsabilidades da ocupação. Mas, qualquer que tenha sido o motivo, historiadores cristãos e muçulmanos, sem distinção, registraram que, tendo à frente Guilherme VIII da Aquitânia, eles voltaram para casa carregados de espólios de todo tipo, levando praticamente tudo que conseguiam carregar. Enquanto os normandos se deleitavam com o que viam e gozavam lá mesmo do que encontravam em suas novas casas, os aquitanos preferiram carregar tudo consigo. O principal troféu que levaram consigo na travessia de volta dos Pireneus foi uma grande quantidade de *qiyans* — jovens como as que cantavam para o normando maravilhado de que fala a história. Eram moças cuja profissão era cantar, belas e atraentes meninas muito apreciadas nas cortes andaluzas. Os números variam muito de acordo com as fontes — seriam quinhentos, mil e quinhentos, cinco mil mulheres levadas como troféus da batalha de Barbastro pelos aquitanos —, porém todas as fontes estão de acordo com o fato de terem sido muitas. Nesse seqüestro, e sem dúvida alguma em outros, as cantoras andaluzas eram os espólios mais valiosos levados para as cortes cristãs do outro lado dos Pireneus, que se estendiam desde a costa do Mediterrâneo, a leste, até o Golfo de Biscaia, a oeste.

As cortes aristocráticas que ficavam ao norte e ao nordeste daqueles territórios ainda islâmicos, a terra à qual nos referimos de maneira vaga (e freqüentemente inexata) como Provença, estavam começando então a tomar gosto por algumas das boas coisas da vida, tais como seda, instrumentos musicais finamente trabalhados, caixas de jóias de marfim. Tais coisas vinham de seus vizinhos do sul, que não eram exatamente vizinhos recentes, porém eram, de certa forma, recentemente descobertos. O número e os tipos de afinidades culturais, materiais e lingüísticas e as dependências entre cidades de cada lado das diáfanas e sempre mutantes fronteiras de ideologias religiosas e lealdades políticas aumentaram sobremaneira nos séculos seguintes. O fato de não existir então a separação lingüística que temos hoje foi de crucial importância. As maneiras como o latim era falado em todos aqueles territórios — um só vernáculo com mais de uma dezena de variações de um lugar para outro, sem que tivessem ainda identidade própria ou nomes — tinham todavia mais semelhanças que diferenças em lugares como Barcelona, Montpellier e Toulouse. As línguas se encontravam ao longo de uma faixa de terra em forma de crescente ao longo do Mediterrâneo, onde as montanhas descem em encostas suaves em direção ao mar. Os povos dessa faixa de terra não conheciam as modernas divisões em nações e consideravam as cordilheiras como fatores de união, em vez de divisão. Esse lugar era designado pelo inspirado nome de Languedoc — o nome da terra originou-se de sua língua, *langue d'oc*, ou seja, a língua que diz *oc*, ou "sim" (diferente do *si* da península itálica e do *oïl* das terras do norte da França).

O intercâmbio cultural de Barbastro marcou de forma dramática o início do fim de um longo período durante o qual os vizinhos — de um lado al-Andaluz e, do outro lado dos Pireneus, os reinos cristãos — entreviamse apenas raramente, sem maiores conseqüências. Essas novas relações de vizinhança às vezes resultavam de impulsos relativamente amistosos, mas com muito maior freqüência decorriam de hostilidade ideológica e agressões militares. Na verdade não fazia muita diferença. Como aconteceu no caso do cerco e da tomada de Barbastro, ou no exemplo de porte e visibilidade bem maiores da Sicília, era bem provável que uma bela canção de amor cativasse os homens que haviam chegado para conquistar o lugar. Barbastro ficou como um marco daquela nova era de expansão que teve início em meados do século XI, quando os muros entre os vizinhos começaram a ser derrubados e de uma hora para outra eles passaram a ver o que havia no quintal ao lado e mais além. Os portões se abriram para todo tipo de contato, desde os numerosos casamentos reais e aristocráticos que uniam cortes entre si, até o tráfico cada vez mais intenso ao longo das rotas de peregrinação como a de Santiago de Compostela e a expansão da área de influência do centro monástico de Cluny alcançando dezenas de instituições religiosas em ambas as vertentes das montanhas. Como os aquitanos e os normandos que conquistaram Barbastro descobriram, às vezes o som que se ouvia vindo da casa do vizinho era de uma beleza excepcional. A arte do canto e, em especial, a arte do canto amoroso faziam enorme sucesso entre os andaluzes. E depois da tomada de Barbastro, esse tipo de música passou a ser cantado pelas qiyans nos dois lados dos Pireneus — qiyans cuja língua materna era muito provavelmente o mozárabe e para quem a língua do *oc* se apresentava com certa familiaridade, por ser também uma língua românica.

É interessante notar que o homem cuja poesia foi preservada e canonizada como "a primeira" em uma língua européia moderna era o filho do tal Guilherme VIII que liderou os aquitanos na conquista de Barbastro, o mesmo que havia retornado à Provença com um tesouro humano que era o tal pequeno exército de cantoras. Guilherme IX, o jovem futuro trovador, foi criado em cortes aquitanas onde o canto daquelas mulheres era parte do patrimônio cultural da aristocracia. O jovem Guilherme, como muitos outros daquela primeira geração de trovadores, cresceu em cidades e cortes que não se sentiam distantes, em termos de espaço, língua e cultura, de muitas das cidades e cortes situadas ao sul dos Pireneus. Eram cidades e cortes que, como Barbastro, pertenciam à órbita cultural árabe, quer estivessem sendo controladas por muçulmanos, quer por cristãos. Um grande número de mercadores, de cantores e de soldados atravessavam as montanhas todos os dias em ambos os sentidos, sem grandes problemas para se comunicarem numa língua românica ou em árabe. Tanto quando criança quanto como adulto, Guilherme, que contou dentre suas várias esposas com algumas de cidades ao sul dos Pireneus, pertenceu a uma classe privilegiada de cristãos do mundo latino que pôde ouvir seus vizinhos cantarem. Pertenceu também à geração de vanguarda que se rebelou vigorosamente contra as limitações de um latim que já não era mais a língua materna e que começou a escrever canções nos novos vernáculos de seu tempo. Não eram ainda os idiomas nacionais modernos que conhecemos — o francês, o espanhol, o português, o italiano —, e sim outros como o mozárabe, o provençal, o siciliano, o galego, que foram a primeira geração da família românica. E, dentre essas, nenhuma seria um ícone melhor da revolução que se deu, da invenção mesma da sensibilidade européia moderna, que a língua musical de Guilherme, a língua do Oc.*

Que circule entre nós a taça de vinho! Nela as tristezas serão esquecidas.
Que a festa comece! Que se rompam as amarras do amor.

Faze do amor tua fé, tua lei,
Amigo! Enquanto viveres
Afasta teus ouvidos
Dos que falam de culpas.

Teu dever já o sabes e o vinho
Te espera. Apressa-te!

Nosso companheiro de taça nos deixa. Cantemos para ele uma canção,
Mostremos a ele uma taça de vinho! Quiçá ele volte a ser um dos nossos!

*O moderno culto dos trovadores e de sua revolução lingüística e poética resulta da obra de uma série de filósofos e poetas influentes como Nietzsche (que atribui aos trovadores o feito de "nos ter inventado" e cujo livro *A gaia ciência* é uma referência ao nome dado em provençal aos manuais de poesia), bem como Ezra Pound, que foi um prodigioso tradutor daquela poesia.

Entoar canções era uma arte cultivada com ardor e por toda parte pelos andaluzes, que, apesar de toda a reverência que tinham por seus ancestrais, julgavam ter levado um passo à frente o culto à poesia pré-islâmica que tanto apreciavam. Eles inventaram algo a que chamaram de canções dos anéis, cujos versos eram bem diferentes daqueles das odes de sua querida tradição pré-islâmica e dos poemas clássicos que haviam atingido no Oriente a quase perfeição nos vários séculos anteriores. Nos tempos passados, aqueles que o livro de poemas de Ibn Hazm havia tão bem captado, os refinados poetas da corte, recitavam seus próprios poemas de maneira bastante formal, mesmo quando eram acompanhados por música. Mas aquelas recém-inventadas canções dos anéis que haviam ficado tão em voga desde a queda do califado, nos cerca de cinqüenta anos que precederam Barbastro, tinham por objetivo apenas o prazer: deveriam ser cantadas por todos, até mesmo dançadas, em vez de ser simplesmente ouvidas e admiradas por quem fosse capaz de compreendê-las. A essência de sua popularidade residia em seu gesto mais revolucionário: elas traziam a língua do dia-a-dia dos andaluzes para compartilhar o palco com a poesia árabe clássica, uma poesia e uma língua que jamais haviam dividido lugar no palco com outras.

Essas canções refletiam explicitamente a identidade complexa e híbrida que era a marca registrada dos andaluzes desde os tempos de Abd al-Rahman I, e eles tinham consciência disso. A canção dos anéis (em árabe é chamada *muwashshaha*, que significa "faixa ou fita usada na cintura") rompeu com todas as regras da poesia árabe clássica que viera do deserto e que havia sido amorosamente cultivada e cultuada em Bagdá e por toda parte onde havia povos de língua árabe. Enquanto os poemas do mundo antigo tinham uma única rima unindo todos os versos, fossem eles cinco ou quinhentos, a canção dos anéis era bem diferente. Como o nome sugere, esse tipo de canto usava a rima como um meio para ir unindo os versos, repetindo esquemas de rimas cuja complexidade por vezes tinha efeitos estonteantes, com rimas internas além das tradicionais ligando uma estrofe a outra.

As estrofes, em si, eram uma novidade, parte também da insurreição dos vernáculos de então. As apresentações, nas cortes, dos poemas árabes tradicionais dispensava o emprego de estrofes para passar de uma idéia para a seguinte. Ao contrário, a estética específica daquela poesia requeria um único fluxo ininterrupto de expressão lírica que resultava, em parte, da rima única e, em parte, da ausência de interrupções regulares. A nova forma de canção que surgia era diferente: era como música de dança que tivesse saído das ruas e entrado nos salões. A canção era dividida em estrofes que eram então "ligadas" de maneira absolutamente surpreendente: por meio de um pequeno refrão que se repetiria ao final de cada estrofe, algo semelhante ao que temos em nossas canções hoje em dia. Esse simples pormenor provocou uma reviravolta total na tradição poética árabe, posto que nada tinha de clássico. As estrofes principais da canção continuavam a ser em árabe clássico, mas seus ritmos e rimas eram comandados pelo próprio refrão. Ocorre que a voz do refrão era sempre a de uma mulher e ela cantava em vernáculo. Além do mais, o refrão dizia coisas que quase sempre revertiam as expectativas e as intenções do resto da canção: enquanto a voz clássica falava do amor por meio das elaboradas metáforas e alusões de costume, a voz do refrão dizia, em vernáculo, algo conciso e direto como "cala a boca e me beija". Naquelas novas canções, a língua falada nas ruas literalmente "anelava" os poetas clássicos e sua língua refinada. Fosse no árabe falado na cozinha ou naquele latim esfarrapado que os mozárabes falavam e que tinha com a língua d'oc parentesco próximo, os pequenos refrãos foram a chave da proclamação da ascendência cultural e da maneira única de ser dos andaluzes, tão característicos quanto os arcos em ferradura da Grande Mesquita.

Assim como a maravilhosa síntese visual que era a Grande Mesquita, com suas alternâncias ritmadas de tijolo e pedra, do velho e do novo, do espólio romano e das novas construções, assim também eram as canções dos anéis a voz dos omíadas, poderosa e original, naquelas estrofes que ao mesmo tempo discutiam e faziam amor com o refrão das mulheres — refrão esse em mozárabe que era, ironicamente, a língua das mulheres cristãs de Córdoba. Com o passar do tempo, foram surgindo canções dos anéis cujos refrãos eram em outros vernáculos, de acordo com o lugar e a época em que eram cantadas, inclusive em árabe vernáculo. Sua principal característica era exatamente o uso da língua vernácula no refrão que contrastava com todo o resto formal da canção. Era uma combinação artística e inspirada do mundo de Ibn Hazm — o universo refinado das cortes, com sua ultra-refinada tradição poética — com o mundo fora dos portões dos palácios. Este outro era o mundo das cantoras populares que se faziam acompanhar ao ritmo excitante de vários instrumentos que logo passariam a integrar o panorama musical da Europa: guitarras, tambores e tamborins. Como que transformado, ele também, em um novo instrumento, o vernáculo, antídoto e rival das línguas clássicas, foi levado para dentro das cortes.

A tradição das canções populares em al-Andaluz, como em qualquer outro lugar, remonta a tempos que a história não alcança com clareza. Sabe-se com certeza que já se cantavam canções em árabe vulgar e até parcialmente romanizado, como também em línguas românicas arabizadas nas ruas de Córdoba e em outras partes do califado, pelo menos desde os tempos dos mártires mozárabes, em meados do século IX, quando as guerras das línguas pela hegemonia já era intensa. Porém, como no caso da transformação do hebraico em uma língua em que se pudessem cantar canções de amor, foi somente depois do colapso do califado omíada que surgiu um outro tipo de canção. E foi justamente com a revigorante mescla de culturas que caracterizou as taifas que aquelas novas formas híbridas e andaluzas de cantar espalharam-se por toda parte, cativando os próprios poetas das cortes que as cantavam — ou as escreviam para serem cantadas pelas qiyans.

Todos os historiadores e cronistas da cultura árabe registraram o impacto do advento dessa maneira tipicamente andaluza de cantar, principalmente de cantar o amor. A nova geração de poetas em hebraico que seguiu as pegadas de Samuel, o Nagid, apaixonou-se também por aquela forma de cantar o que resultou num novo tipo de poesia hebraica. Tudo isso gerou um movimento poderoso que marcou sua época e definiu uma estética andaluza de canções de amor que sobrevive até os nossos dias em todo o mundo de fala árabe, conhecida por gente que pouco ouviu falar de al-Andaluz.

Esse legado andaluz à tradição lírica teve o dom de tecer, de maneira lúcida, comovente e em forma de simples canção de amor, os diferentes fios que compuseram a cultura islâmica desde o tempo dos omíadas. A própria forma e as línguas daquele tipo de canção fazem com que cantem juntos os protagonistas do drama: os reverenciados poetas ancestrais portadores da memória, da maneira como os poemas eram outrora recitados no centro de Meca, diante da Kaaba; e as mulheres que eles cortejavam e com as quais se casavam — mulheres de uma grande variedade de povos que eles encontraram ao deixarem a Península Arábica e se espalharem pelo mundo. Como uma forma poética que continuaria a existir por muito tempo ainda depois do desaparecimento dos andaluzes, a canção dos anéis foi uma ode a essa pujante fusão de culturas que se pode ver na Grande Mesquita: o movimento de dois liames contraditórios que se atraem e se envolvem de maneira indissolúvel, com suas linguagens autônomas, cada um ocupando lugar próprio na espaçosa Casa do Islã e no ainda mais espaçoso mundo de fala árabe.

A Igreja no Alto do Monte

Toledo, 1085

LÁ ESTÁ ELA, TRANQÜILA, NO ALTO DO MONTE MAIS ELEVADO DE UMA CADEIA de montanhas escarpadas. Aquela construção pouco visitada é agora o Museu da Cultura Visigoda, mas foi originalmente a Igreja de San Roman, erigida após a Reconquista Cristã de Toledo em 1085. Toledo havia sido uma capital visigoda e naquele lugar certamente já teria havido uma igreja visigoda. Nos mais de 250 anos em que viveram na cidade, os muçulmanos nunca usaram aquele ponto mais elevado para lá erigirem uma mesquita, porém quando os castelhanos assumiram o controle da taifa muçulmana de Toledo, já no final do tumultuado século XI, deram-se conta do evidente valor simbólico daquele cume. Em algum momento do século seguinte ao da conquista daquela veneranda cidade que haviam tornado a capital do reino de Castela, os conquistadores cristãos decidiram construir uma igreja totalmente nova para comemorar sua vitória no local exato onde os visigodos, já quase mitológicos, erigiram seu templo e de onde supervisionavam seus antigos domínios (isto é, toda a península), antes de os perderem para os omíadas no século VIII.

A primeira coisa que os fiéis piedosos viam quando entravam em sua nova igreja era uma vívida referência aos omíadas. A parede da frente tem uma série de arcos em ferradura com volutas alternando o branco e o vermelho, ecos inconfundíveis das que se viam na Grande Mesquita; cercando todos esses arcos vêem-se inscrições em latim, enquanto na parte interna estão pintadas figuras de aparência bizantina, presumivelmente santos. Por fim, o aspecto mais surpreendente: acima dos arcos vê-se uma série de adoráveis janelas interiores, de incrível delicadeza, também decoradas com inscrições de palavras — só que essas são em escrita árabe e, como as inscrições em latim, situam-se num contexto artístico. Os complexos usos da escrita, uma forma de ornamentação visual maravilhosamente alusiva, eram (assim como as volutas vermelhas e brancas acima dos arcos em ferradura) a marca inconfundível de uma religião que, ao contrário do cristianismo medieval, desprezava ícones.*

Mas o que estariam fazendo ali aqueles ecos da cultura muçulmana, numa igreja erigida como marco do triunfo dos cristãos sobre o domínio islâmico? Quem entrasse naquele santuário poderia ter a impressão de que o Deus dos cristãos na Toledo do século XII era o mesmo Deus dos muçulmanos. Entretanto, apenas uma pequena concessão poderia ser feita a essa idéia ousada: a escrita árabe ali encontrada era impossível de ser decifrada. Uma inspeção cuidadosa revela que não se trata apenas de uma escrita de difícil leitura, mas também de um árabe hermético, numa evocação simbólica da língua do outro Deus. Ainda assim, por que motivo, no interior daquela igreja que (diferentemente de outras) nunca foi uma mesquita, encontramos inequívocas emulações a características típicas das mesquitas, principalmente às da Grande Mesquita que era o centro espiritual do califado omíada? O que teria levado os conquistadores a mesclar sua própria herança cultural com os aspectos mais marcantes da herança cultural dos conquistados? Os arcos romanos não se encontram em capelas diferentes em outra parte da igreja; eles cercam os arcos em forma de ferradura e as inscrições em latim alternam-se com as inscrições em "árabe", criando um efeito visual no qual umas dependem das outras.

Naquele lugar sagrado, os cristãos do século XII — que supostamente estariam engajados em incessante luta armada contra os muçulmanos — pagaram um tributo inquestionável à cultura do inimigo e criaram um espaço de oração cercado de exemplos da notável intimidade de suas culturas. Tratava-se de uma igreja construída pelos arrogantes castelhanos,

*O princípio islâmico de oposição a ícones é observado de maneira bem menos rígida do que em geral se imagina: a tradição persa de ilustração de manuscritos, importante e imponente, é um exemplo conhecido, mas não o único, de uma forma de arte islâmica que viola esse princípio. Como em outros casos, trata-se, provavelmente, de uma das primeiras acomodações do islã a tradições locais.

que se arvoravam em substitutos dos omíadas, ou melhor, que queriam dominar o que ainda restava das dezenas de taifas que brigavam entre si no século XI. Por que motivo desejaram que seu lugar de oração cristã falasse a linguagem daquele outro Deus tão eloqüentemente? Que espécie de cidade seria aquela Toledo que eles haviam feito sua capital, a primeira de um reino que então aspirava ser um império cristão?

Toledo foi, desde o início, uma cidade destinada a ser capital. No período pós-romano, aquela cidade escarpada, protegida naturalmente pelo rio *Tagus* (atualmente, Tejo) que a cercava e já um centro urbano de certa importância, tornou-se a capital do primeiro reino visigodo independente. Após a união formal dos visigodos com a Igreja Católica em 589 — os visigodos haviam chegado à Ibéria no início do século VI como adpetos do arianismo, uma versão condenada do cristianismo que não aceitava a divindade total de Cristo e considerava que o Filho, Jesus, era subordinado ao Pai —, Toledo passou a ser um centro religioso, a sede dos chamados "concílios de Toledo". Os concílios dos bispos ibéricos tornaram-se cada vez mais poderosos nos últimos anos caóticos do reino visigodo. A partir de 711, porém, e principalmente depois de 756, o que a Igreja dizia ou onde se reunia deixou de ser tão importante. Na nova ordem do mundo omíada, Toledo eclipsou-se como capital, porém esteve longe de ser esquecida. Algo do prestígio e da importância do passado jamais se perdeu e Toledo continuou a ser uma das cidades proeminentes de al-Andaluz no auge daquela civilização. Quando o califado se desintegrou, pouco depois da virada do século XI, e a península mergulhou naquele período de rivalidade política e cultural entre as taifas, Toledo emergiu como a cidade mais luminosa e poderosa dentre as cidades-estados independentes.

Desde o início a taifa de Toledo mostrou-se ambiciosa e orgulhosa; seus governantes e líderes tornaram-se famosos pelo luxo de sua corte e pela ousadia de suas pretensões militares. Em 1043, quando as tropas de Granada ainda estavam sendo conduzidas por Samuel, o Nagid, a liderança da rival Toledo coube a um homem carismático e culto chamado al-Mamun. Seu longo reinado, durante o qual ele encheu a cidade com luminares intelectuais e artísticos da época, fez cintilar ainda mais a já brilhante vida cultural e a reputação de Toledo. Al-Mamun parecia estar preparando a cidade para, de alguma forma, assumir a liderança da Península Ibérica. A maior rival de Toledo era a enorme taifa de Sevilha, governada por uma sucessão de poderosos líderes não menos cultos que eram chamados *abádidas*, em homenagem ao fundador da dinastia, Muhammad ibn Abbad. Como no caso da Toledo de al-Mamun, as ambições culturais e militares dos abádidas mesclavam-se e sua Sevilha tornou-se o novo local privilegiado da poesia em al-Andaluz. A academia de poetas patrocinada pelos abádidas desempenhou importantes papéis na história da poesia, atraindo poetas da península e de fora dela (inclusive o mais famoso de todos os sicilianos, que se chamava Ibn Hamdis) e deixando para a posteridade um importante *diwan*, ou antologia, da poesia daquele período. O último dos governantes militares abádidas foi al-Mutamid, poeta que se situa entre os melhores de todo o cânon andaluz.

As incessantes guerras que as cidades muçulmanas travavam entre si, principalmente a feroz disputa entre a Toledo de al-Mamun e a Sevilha dos abádidas, marcou a atividade política ao longo de várias décadas. Outras taifas, assim como as cidades cristãs cada vez mais importantes e os pequenos reinos do norte, envolveram-se em alianças instáveis e por vezes imprevisíveis no longo período que se seguiu ao colapso da autoridade central de Córdoba. Parecia que cada uma daquelas cidades queria criar sua própria versão da glória de Córdoba. Eram um terreno fértil para aventureiros e políticos ambiciosos que por toda parte envolviam-se em complexas disputas semelhantes a jogos de xadrez. As alianças e rivalidades desconsideravam as fronteiras religiosas todo o tempo. Cidades cristãs cujos aliados muçulmanos as ajudavam a derrotar rivais cristãs eram tão comuns quanto taifas muçulmanas que contavam com aliados cristãos em suas disputas com outras cidades muçulmanas.

O talentoso al-Mamun conduziu Toledo a uma série de importantes vitórias militares. Ele tomou Valência, cidade de grande importância estratégica, e por um breve período, curto porém muito prazeroso, dominou Córdoba, entre todos o mais ambicionado troféu. A velha capital era bem mais do que uma cidade meio fantasma à margem do Guadalquivir, apesar de grande parte dela ainda se encontrar em ruínas, conseqüência dos ataques brutais e dos saques que a haviam devastado no tempo dos berberes. Toledo e Sevilha, as duas taifas mais determinadas a se tornar a nova capital do que viesse a renascer das cinzas de al-Andaluz, sabiam bem que Córdoba era o grande repositório da poderosa memória andaluza. A vitória de al-Mamun ao conquistar Córdoba foi de doce sabor simbólico, mas de curta duração. Aliás, os triunfos e as alianças militares daquele período duravam mesmo pouco. Córdoba logo retornou à órbita dos ferrenhos rivais de al-Mamun, os abádidas de Sevilha.

No século XI, esses conflitos fratricidas entre os muçulmanos pareciam se perpetuar indefinidamente. Talvez isso não tivesse grande importância para as cortes, posto que em quase todas as cidades era cada vez mais conspícua sua prosperidade material e cultural enquanto reinava o caos militar. Mas a verdade era que aqueles pequenos centros não poderiam sustentar-se para sempre e as grandes conquistas culturais das taifas não puderam evitar o enorme preço a ser pago pela falta de estabilidade e de continuidade políticas. No alto da mais elevada colina de Toledo, na triunfal igreja cristã onde está inscrito seu amor pelas artes islâmicas, podemos ver, por um lado, a vitória estética das taifas andaluzas e, por outro, o preço político que elas tiveram que pagar, que foi a perda do poder.

Onde começa a estrada que conduz àquela igreja de Toledo? Dentre vários pontos possíveis da história, pode-se escolher o biênio 1065-1066 como um período que contém, como que num mesmo quadro, vários tipos de eventos que teriam resultado em San Roman. Em abril de 1065, Barbastro, que havia sido conquistada pelos normandos um ano antes, foi reconquistada pelo rei da taifa de Saragoça, muito provavelmente com o apoio militar de Fernando I, o poderoso soberano dos reinos unidos de Leão e Castela. Aquele monarca cristão considerava várias das taifas muçulmanas do norte como suas vassalas e aliadas, enquanto via os cristãos da Normandia e da Aquitânia como inimigos e intrusos.

Em 1066, irromperam em Granada violentas manifestações contra os judeus. Entre as muitas vítimas estava Joseph, filho do amado vizir da cidade. Era aquele Joseph, editor dos maravilhosos poemas do pai no novo hebraico de seu tempo, o mesmo que havia planejado os jardins no alto da colina fortificada, ao lado da antiga Fortaleza Vermelha. Como costuma acontecer, há várias versões contraditórias do que teria levado àquela hostilidade relativamente isolada dos muçulmanos contra uma comunidade judaica com a qual mantinham relações tão amistosas. As taifas eram famosas exatamente pelo tipo de relação amistosa dos muçulmanos com judeus e cristãos como Joseph e Fernando, o primeiro o poderoso e prestigioso herdeiro do pai e o outro um aliado próximo e confiável cujo auxílio possibilitou a reconquista de Barbastro dos normandos. Essas coisas pareciam normais aos andaluzes, que haviam herdado dos omíadas sua interpretação da dhimma e cujas circunstâncias históricas os haviam aproximado ainda mais das comunidades cristãs e judaicas do que nos tempos do califado. Entretanto, aquela maneira dos andaluzes, já tão antiga, de acomodar-se política e culturalmente com judeus e cristãos, era vista pelos muçulmanos berberes do norte da África como uma interpretação excessivamente frouxa e heterodoxa das leis islâmicas. Os berberes, muito mais puristas, já haviam feito uma devastação nos últimos dias do califado e estavam sempre acompanhando com atenção o que se passava do outro lado do Estreito de Gibraltar. Não passaria muito tempo — um tempo que também nos levaria à igreja de Toledo — até que as diferenças entre aquelas culturas se tornassem praticamente irreconciliáveis.

Antes disso, porém, entre 1065 e 1066, a cena política de toda a península foi fortemente abalada pela morte de Fernando I, que havia conseguido unificar dois dos mais belicosos reinos cristãos do noroeste da península. Fernando morreu em dezembro de 1065 e na virada do ano novo seu reino já estava novamente dividido, de acordo com seu testamento e em conseqüência da luta fratricida entre seus três filhos. Fernando deixou que seu reino se desmembrasse para que Sancho, seu filho mais velho, ficasse com Castela; Afonso, aparentemente seu predileto, ficou com o reino de Leão, um prêmio bem melhor; e o mais jovem, Garcia, recebeu o território mais pobre e afastado, a Galícia. Havia ainda um outro ator central naquela intriga quase shakespeariana entre irmãos que teve início em 1066 e continuou até os eventos de Toledo em 1085: um homem chamado Rodrigo Diaz, um dos mais destacados guerreiros e cortesãos a serviço de Sancho, o irmão mais velho. Rodrigo Diaz ficaria famoso na história como El Cid, enquanto os filhos de Fernando, que brigaram pelo reino de Castela, não passam de figuras obscuras, conhecidas apenas pelos estudiosos daquele período.

Os irmãos, à semelhança dos governantes das taifas muçulmanas suas vizinhas, às vezes eram aliados e às vezes inimigos, com ou contra muçulmanos ou outros cristãos. Às vezes chegavam quase a se matar e às vezes aliavam-se dois contra o terceiro. Pouco depois da morte do pai, Sancho, o primogênito, e Afonso, o predileto, aliaram-se por breve período de tempo para depor o irmão mais novo, Garcia, do trono da Galícia que lhe coube. Uma vez atingido seu objetivo, porém, Sancho voltou-se contra Afonso e, em 1071, derrotou-o em uma batalha e o fez prisioneiro. Pouco depois Afonso foi solto, em circunstâncias misteriosas, e partiu para o exílio como seu irmão Garcia havia feito. Garcia não se refugiara em uma das cortes cristãs da vizinhança, e sim na taifa abádida de Sevilha, lugar onde reinava também a poesia. Afonso, porém, dirigiu-se para uma taifa rival, a deslumbrante Toledo de al-Mamun, onde foi muito bem recebido por ser filho de Fernando, que havia sido grande protetor da cidade. Naquela taifa próspera e agitada, Afonso recuperava-se e certamente já planejava um novo ataque ao irmão quando algo aconteceu. No ano seguinte, numa drástica reviravolta dos acontecimentos, Sancho foi assassinado ao debelar uma rebelião numa cidade chamada Zamora, à margem do rio Douro, ao norte de Salamanca.

Logo se supôs, é claro, que Afonso tivesse provocado a rebelião e o assassinato, de lá mesmo onde estava, de seu confortável exílio na corte de al-Mamun. A provável aliada de Afonso no levante de Zamora — uma armadilha que possibilitou o assassinato — teria sido a princesa Urraca, irmã dos desafetos. Um outro participante famoso da batalha de Zamora foi Rodrigo Diaz, que, como principal líder militar do infeliz Sancho, portou-se com grande bravura. Rodrigo então retornou a Castela para os funerais do rei que havia sido seu patrono por tanto tempo, possibilitando-lhe uma brilhante carreira. Pouco depois, porém, ele passou a servir ao novo rei de Castela, Afonso VI, o principal beneficiário da morte prematura do irmão. O relacionamento entre o novo rei e o leal guerreiro do velho rei foi extremamente tenso desde o início. Nessas tensões e nas dezenas de outros acontecimentos políticos carregados de aventura e emoção nos anos que se seguiram foi encontrada a matéria-prima para o grande poema épico da Espanha cujo título é uma homenagem a Rodrigo. Seus seguidores chamavam-no de "El Cid", uma corruptela do árabe falado por seus soldados que lhe deram o apelido honorífico de *al-sayyid*, ou seja, "o chefe", ou "o senhor".

Sancho de Leão, o primogênito de Fernando I, não foi o único protagonista a morrer em decorrência de traição naquelas histórias tão entrelaçadas. Poucos anos haviam-se passado desde os acontecimentos dramáticos de Toledo e Zamora quando, em 1075, tão logo Afonso começava a consolidar seus territórios de Castela e Leão, o grande al-Mamun de Toledo, que até bem pouco tempo havia protegido Afonso de seu próprio irmão, foi vítima de traição política e assassinato. Al-Mamun governara Toledo durante 33 anos e fizera daquela cidade uma vitrine cultural da península. Quando foi assassinado, acabava de sair vitorioso de uma campanha militar que teria feito de Toledo uma das taifas de maior importância política; e talvez ele as tivesse unificado. Essa era, sem dúvida, a grande ambição de al-Mamun: depois de passar a vida tentando, ele havia conseguido conquistar a ambicionada Córdoba de seus arquiinimigos de Sevilha. Entretanto, sob a superficial semelhança dos assassinatos desses dois reis — o cristão do reino de Leão e o muçulmano da taifa de Toledo —, os resultados dessas mortes não poderiam ter sido mais diferentes. Enquanto a morte de Sancho levou os vários reinos, objeto de violência fratricida, a se unificarem sob o longo e próspero reinado de Afonso, a morte de al-Mamun, que com tanto sucesso elevara Toledo a uma invejável situação de estabilidade e prosperidade, resultou numa série de sucessores rivais catastroficamente fracos e num período de sangrenta instabilidade civil em Toledo. Perdeu-se ali a possibilidade de uma taifa vir a unificar as demais taifas de al-Andaluz.

Entre os protagonistas fracos e litigiosos que disputaram a sucessão de al-Mamun estava um neto seu chamado al-Qadir. Quando se viu acuado, al-Qadir tomou a decisão, provavelmente inevitável, de pedir proteção a Afonso, àquela altura já governando os reinos unidos de Castela e Leão. Era mais um a circular entre Toledo e Castela atrás de proteção. Fernando I, pai de Afonso, se aliara a Toledo por vários anos, protegendo essa cidade de seus inimigos muçulmanos, e mais tarde essa relação se inverteu. Nos tempos em que al-Mamun desfrutava de grande sucesso e independência, principalmente nos anos seguintes à morte de Fernando, em fins da década de 1060, quando Afonso teve que buscar refúgio do irmão Sancho, foi em Toledo que ele o encontrou. Em 1075, a roda girava novamente no sentido inverso e coube a Afonso dar a al-Qadir o apoio de que este precisava, já então tendo que pagar um preço muito elevado por isso. Uma Toledo em pleno litígio, objeto da ambição de outras taifas — principalmente da arquiinimiga Sevilha —, passou então à proteção de Afonso e assim permaneceu por dez anos.

Foi uma década plena de acontecimentos, durante a qual Afonso continuou a expandir seus territórios e a consolidar suas conquistas. Foram anos também durante os quais Rodrigo viu crescer sua fama de guerreiro e ganhou seu cognome honorífico "El Cid". As relações políticas entre as taifas continuaram a ser extremamente complicadas e imprevisíveis. O próprio Cid envolveu-se em grandes escaramuças a serviço do rei de Sevilha contra o rei de Granada, ambos poderosos monarcas muçulmanos, ambos contando com o apoio de grandes contingentes de cristãos em seu exército. Nos tempos em que esse guerreiro cristão com um nome árabe conduzia seus soldados às batalhas entre um rei muçulmano e outro, poucos cidadãos da península viviam imunes às várias línguas e diferentes religiões à sua volta. Tampouco tinham motivos para supor que o inimigo fosse alguém que professasse uma fé diferente da sua, ou que falasse uma língua diferente, já que, até onde sua memória pudesse alcançar, esse não tinha sido o caso — certamente não nos dez anos em que o rei cristão Afonso atuou como protetor da Toledo muçulmana.

Esses foram anos decisivos para Toledo, principalmente. Foram dez anos durante os quais suas várias facções internas continuaram a disputar o poder, fazendo dezenas de alianças traiçoeiras com outras taifas, sem, contudo, chegarem a uma solução. Al-Qadir, que havia buscado a proteção de Afonso, tornou-se, com o passar dos anos, um fantoche cada vez mais fraco nas mãos de seu poderoso protetor. Aquela proteção custou-lhe caro. Em 1084, o fantoche chegou à conclusão de que não conseguiria mais se sustentar no poder, pois as facções que se opunham a ele haviam ficado extremamente violentas. Ele então ofereceu o controle direto de Toledo a Afonso em troca de sua ajuda para que ele saísse da cidade e fugisse para o exílio em Valência. Essa era uma oferta que Afonso não tinha motivos para recusar, pois para ele implicava poucas dificuldades e despesas militares bem pequenas.

Foi necessário sitiar Toledo por algum tempo, posto que os inimigos de al-Qadir naquela cidade nada tinham a ganhar com tal transferência de poder. Porém o cerco não durou muito e, na primavera de 1085, sem que uma só gota de sangue fosse derramada, Afonso VI de Castela e Leão entrou na venerável Toledo, uma cidade que já conhecia e amava, uma cidade que al-Mamun levara trinta anos enfeitando para ser a sucessora de Córdoba. De muitas maneiras, foi isso exatamente o que aconteceu, porém com uma notável reviravolta pelo fato de Afonso e seus sucessores serem cristãos e não muçulmanos. Entretanto, foram esses os cristãos cujos descendentes, um século ou mais depois, viriam a construir a Igreja de San Roman, com seus arcos em forma de ferradura que são uma homenagem à própria Córdoba, e que souberam manter vivos outros aspectos de seu legado.

A Toledo que Afonso VI assumiu e logo transformou na nova capital do seu reino já era uma cidade cheia de vida, profundamente ciente de sua superioridade cultural. Muito pouco ela perdeu dessa sua convicção de que era a capital do mundo civilizado na transferência de poder que fez de Afonso VI um sucessor digno de al-Mamun. Mas, exatamente porque a portentosa liderança de Afonso era tão evidente para todos e porque havia o perigo de Toledo, como capital cristã, vir a reunificar rapidamente a península depois de quase cem anos de caos político, o que restava das taifas muçulmanas entrou praticamente em pânico.

Afonso deu início ao processo de expansão quase que imediatamente e em menos de um ano já havia colocado o pobre al-Qadir, que dera Toledo de presente, como seu fantoche em Valência; havia sitiado Saragoça, onde seu antigo vassalo Rodrigo Diaz encontrava-se provavelmente à frente do exército muçulmano inimigo; e, ainda por cima, tinha feito o que nem o ambicioso al-Mamun ousara fazer — exigir que sua maior rival, Sevilha, se rendesse a ele. Deve ter parecido bastante provável aquela reunificação que Afonso obviamente tanto desejava. Entretanto, ele se deparou com um curto-circuito de proporções extraordinárias quando uma força com a qual ele não contava surgiu em cena. Ela não apenas interrompeu os planos de Afonso como também modificou fundamentalmente o caráter das antigas tradições islâmicas da península.

Em outubro de 1086, as tropas de Afonso deixaram suas bases em Saragoça e partiram para o sul, onde enfrentariam tropas invasoras vindas do norte da África. Os almorávidas, uma poderosa dinastia berbere que dava uma interpretação extremamente fundamentalista ao islã, havia chegado à península a fim de dar apoio a seus irmãos muçulmanos. Enquanto alguns reinos cristãos que se assemelhavam a taifas haviam participado simplesmente do cenário caótico de uma Andaluzia fragmentada, tinha sido fácil aceitá-los. Não foi fácil, para as taifas muçulmanas, verem-se ameaçadas por uma iminente reunificação dos seus antigos domínios pelo poderoso Afonso. Ainda que temerosos, os andaluzes pediram apoio militar a seus correligionários do norte da África. E foi assim que, em um campo de batalha não muito longe de Badajoz, uma cidade cerca de duzentos quilômetros ao norte da costa mediterrânea e bem na fronteira atual com Portugal, as tropas almorávidas derrotaram fragorosamente o exército de Afonso, interrompendo bruscamente as ambições territoriais e políticas daquele soberano.

Os muçulmanos andaluzes das antigas taifas sentiram-se momentaneamente aliviados e voltaram às suas relações de constante disputa, mas não por muito tempo. Os almorávidas, tendo tido a oportunidade de ver de perto os andaluzes, encheram-se de desprezo por sua evidente falta de competência militar e sua política caótica. Ao mesmo tempo, pareceram ficar seduzidos por al-Andaluz, cheios de cobiça pelas maravilhas ainda lá existentes que tanto haviam encantado Afonso. Poucos anos depois de derrotarem Afonso e retornarem a suas terras do outro lado do estreito, os almorávidas retornaram com a clara intenção de ficar e fazer de al-Andaluz uma província, a jóia da coroa de um império que começava às margens do rio Senegal, na África. Àquela altura, os andaluzes já não queriam mais saber daqueles berberes incivilizados do outro lado dos montes Atlas, uns bárbaros segundo o padrão de al-Andaluz. A maioria dos reis das taifas chegara à conclusão de que Afonso teria sido um soberano com mais afinidade com eles do que aqueles muçulmanos presunçosos, metidos a donos da verdade e culturalmente atrasados. Al-Mutamid, o rei-poeta de Sevilha, e vários outros acabaram por pedir ajuda a Afonso. Queriam que ele os apoiasse no combate aos mesmos muçulmanos que eles haviam trazido para lutar contra ele. Mas já era tarde demais. Em poucos anos, os almorávidas transformaram o que ainda restava de al-Andaluz com suas taifas em colônia sua. Uma colônia infeliz, onde tentariam implantar uma reforma radical da cultura muçulmana na península.

Toledo, porém, que permanecera em mãos de Afonso, tornando-se sua capital e sua residência — como também veio a ser de seus sucessores por várias gerações —, havia florescido como nunca. Isso se devia, pelo menos em parte, à necessidade que Afonso sentiu de limitar suas ambições. Outro fator que, paradoxalmente, também, propiciou o florescimento de Toledo foi a severidade e a intolerância dos almorávidas. Afonso, que vivera em Toledo quando esta era ainda uma taifa, e que sempre vivera no mundo das taifas, nas quais as três religiões conviviam de maneira promíscua, com suas línguas e culturas misturadas, manteve Toledo como uma cidade aberta, do tipo que ele conhecia e amava, mesmo depois que muitas das antigas taifas se haviam fechado ou tornado hostis aos judeus e aos cristãos. Depois da importante reviravolta da história entre 1085 e 1086, Toledo passou a ser a cidade mais importante para muitos daqueles judeus e cristãos "arabizados". Os judeus "arabizados" e, mais recentemente, "re-hebraizados" eram herdeiros culturais de Hasdai ibn Shaprut, de Córdoba, e de Samuel, o Nagid, de Granada. Os cristãos que chegavam, com sua liturgia tradicional católica traduzida para o árabe, eram descendentes dos mozárabes de Córdoba.

As ruas estreitas e serpenteantes de Toledo, que já ostentavam elegantes construções e outras marcas do rico legado cultural islâmico da taifa de al-Mamun, passaram a receber comunidades cada vez maiores como aquelas que haviam tornado a Córdoba omíada um ambiente cultural tão complexo. Em 1088, justamente quando as taifas muçulmanas estavam sendo anexadas ao império almorávida, Afonso tratou de ampliar a importância de Toledo na esfera cristã, fazendo com que sua nova capital fosse declarada a principal sede episcopal da Igreja na Península Ibérica. Toledo passou, quase que da noite para o dia, de taifa muçulmana que poucos cristãos de fora de suas fronteiras teriam motivos para visitar, a um centro do arcebispado aonde, pelo contrário, poucos da hierarquia poderiam deixar de ir. À medida que a Igreja adquiria mobilidade, em contato mais íntimo com o resto do mundo cristão, Toledo passava a ser a porta aberta para os tesouros do Velho Mundo. E assim a antiga comunidade mozárabe, que havia produzido os mártires de Córdoba, acabou por descobrir-se, provavelmente surpresa, em oposição à comunidade cristã latina com a qual passou a compartilhar a antiga capital visigoda. Os mozárabes, alguns dos quais nativos de Toledo e outros que haviam emigrado de outras cidades andaluzas, viam-se como a velha guarda do cristianismo. E para eles aqueles novos cristãos que estavam indo morar na cidade, principalmente os que chegavam da remota Cluny, representavam uma ameaça às suas tradições, que datavam dos tempos dos visigodos. Os novos cristãos, que já chegavam ocupando os mais altos postos na hierarquia eclesiástica, eram uma comunidade cuja liturgia reformada parecia, aos olhos dos mozárabes, corrompida por idéias excessivamente modernas, enquanto seu próprio rito, mantido em sua pureza original na tradução para o árabe e, portanto, não modificado desde o século VIII, era, de longe, o mais verdadeiro.

Entretanto, Toledo não estava destinada (pelo menos não por muito tempo) a ser simplesmente um museu da cultura islâmica que dera formas à cidade por trezentos anos. A rica herança islâmica árabe que os latinos descobriram ao visitar Toledo era mantida — preservada como algo vivo, não como cultura fossilizada — não apenas pelos muçulmanos que lá permaneceram (muitos ficaram e Afonso manteve aberta a mesquita da cidade para que pudessem fazer suas orações), mas também pelos judeus e pelos cristãos que imigraram para lá. A visão generosa e integradora dos omíadas deixou uma herança viva para aqueles não-muçulmanos, e, ao que tudo indica, Afonso escrevia apenas em árabe. Os vários estilos artísticos adotados e criados por aquelas comunidades em exílio de seu hábitat islâmico são hoje chamados *mudéjar* e definidos, de forma um tanto vaga, como um estilo islâmico reinterpretado por cristãos e judeus. Essa se tornou a marca registrada de Toledo ao longo de várias gerações, observada em praticamente tudo, inclusive em sinagogas e em igrejas. A igreja no cume do monte mais alto, construída pelo menos cem anos — ou talvez duzentos — depois que Afonso fez de Toledo uma cidade cristã, foi parte daquela tradição viva que se declara aliada à estética e às tradições da Grande Mesquita de Córdoba. Esse estilo e essas tradições passaram a ser visíveis também pela cristandade latina.

O grande amor da vida de Afonso foi uma concubina muçulmana, Zaida, viúva do filho de seu antigo rival, al-Mutamid de Sevilha. Ela lhe deu seu único filho, que foi morto em uma batalha quando ainda jovem. Deu-lhe também uma filha, Teresa, que veio a ser rainha de Portugal. Mas Afonso teve também várias outras esposas por motivos políticos e contribuiu para a rápida internacionalização da cidade através de muitas outras alianças com princesas, todas de terras ao norte dos Pireneus. A primeira dessas, Inês, era filha de Guilherme VIII da Aquitânia, o duque que havia participado da captura normanda de Barbastro; portanto, era irmã de Guilherme IX, o primeiro dos trovadores provençais. A segunda esposa de Afonso era da Borgonha, chamava-se Constança e era sobrinha do abade de Cluny. Naquela ocasião Cluny tornava-se rapidamente a sede da mais poderosa das ordens monásticas cristãs em expansão. Por ofício de Afonso, Cluny acrescentou Toledo e suas redondezas à sua esfera de influência. Isso foi apenas o começo. As portas de Toledo abriram-se cada vez mais à medida que a cidade foi ganhando estatura no mundo cristão latino e ela passou a receber um número cada vez maior de cristãos vindos do norte, muitos dos quais, inclusive autoridades eclesiásticas, ficavam tão perplexos e apaixonados por ela quanto os normandos e aquitanos ao chegar a Barbastro.

Num longo período que se seguiu a 1085, no reinado dos Afonsos e de outros descendentes de Afonso VI, Toledo tornou-se a radiante capital intelectual da Europa. Era uma cidade cristã onde o árabe continuava a ser a língua da cultura e do saber. Uma cidade com enormes bibliotecas de livros em árabe, bibliotecas essas que haviam tido início muito antes, durante os gloriosos anos omíadas, e que foram sendo ampliadas pelo ambicioso al-Mamun, desejoso de refazer Córdoba em Toledo. Essas bibliotecas foram ampliadas pelos monarcas cristãos castelhanos e por prelados de todo tipo. Um desses, um certo Raimundo, arcebispo de Toledo de 1125 a 1151, deu às instituições que se criaram em torno dessas bibliotecas o título semioficial de Escola de Tradutores e o título pegou. Foi por intermédio de Toledo que o resto da Europa — a cristandade latina — finalmente teve completo acesso ao vasto corpo bibliográfico, filosófico e científico, traduzido do grego para o árabe na capital abássida de Bagdá muitos séculos antes. O fato de ter sido uma cidade cristã, e não islâmica, a que desempenhou esse papel na história pode nos parecer surpreendente e até mesmo irônico. Mas teria sido surpreendente para os cristãos que rezavam naquela igreja no ponto mais alto da cidade, sob arcos em forma de ferraduras que fazem lembrar a mesquita de Córdoba, e onde escritos em latim e em árabe adornam, juntos, as paredes?

Um Andaluz em Londres

Huesca, 1106

❧

Fui batizado na sede episcopal de Huesca,
em nome do Pai, do Filho e do Espírito Santo...
Meu padrinho foi Afonso, o Glorioso Imperador da Espanha,
que me trouxe da pia batismal.

— Petrus Alfonsi, *Diálogo contra os judeus*

CERTO DIA EM 1106, NA CIDADE DE HUESCA, A CERCA DE CINQÜENTA quilômetros a oeste de Barbastro, no reino de Aragão, um judeu de quarenta e poucos anos foi batizado. Recebeu seu nome latino e cristão em homenagem a São Pedro, cujo dia estava sendo comemorado, e do seu patrono terrestre, Afonso I de Aragão. Afonso, cujo cognome era *el Batallador*, "o Guerreiro", tinha grandes ambições imperiais e veio a ter uma carreira de enorme sucesso consolidando seu reino junto aos Pireneus, embora Petrus Alfonsi estivesse exagerando bastante quando, muitos anos mais tarde, chamou-o de "glorioso imperador da Espanha". Afonso nunca chegou a conseguir o trono que desejava, o de Afonso I de Castela e Leão, o conquistador de Toledo, que morreu em 1109 sem deixar um herdeiro do sexo masculino. O aragonês Afonso casou-se com Urraca, filha e herdeira do Afonso castelhano, porém divorciou-se dela. Como não conseguiu obter Castela por meio de casamento, Afonso de Aragão passou a tentar conquistá-la nos campos de batalha e dedicou a maior parte do resto de seu longo reinado a guerras incessantes com

Castela e Leão, cujos exércitos eram chefiados (com algum entusiasmo, certamente), por sua ex-mulher.

Todo esse esforço ainda estava por ser feito quando, em 1106, Afonso participou de um evento público, que foi o batismo de um judeu convertido na agitada cidade de Huesca, ao sopé dos Pireneus. Como muitas outras cidades de Aragão, Huesca estivera em mãos de muçulmanos até dez anos antes. Pedro, irmão de Afonso, que a governara antes dele, havia conquistado Huesca em 1096, quando as taifas da fronteira norte enfrentavam batalhas por todos os lados: os almorávidas pelo sul e os reinos cristãos por toda parte. Embora fosse elevada ao *status* de capital de Aragão — e o fosse na época da cerimônia batismal de Petrus —, Huesca só o manteve por pouco tempo, até 1118, quando Afonso culminou sua expansão para o sul conquistando a grande cidade de Saragoça, uma taifa de importância cultural e política incomum.*

Petrus Alfonsi pouco ou nada ficou sabendo desses importantes acontecimentos quando eles tiveram lugar, uma década ou mais depois de seu batismo. Tão logo abandonou a religião de seus antepassados no batismo público no centro de Huesca, juntamente com o nome *Moisés* que recebera ao nascer (Petrus às vezes era chamado de *Moisés Sefardi*, ou "Moisés, o Espanhol"), ele deixou também sua nova terra cristã. Embora saiba-se muito pouco sobre o que o levou a emigrar, ou por onde andou durante vários anos no exterior — quase tudo que se sabe é o que pode ser inferido de seus próprios escritos —, acredita-se que ele tenha acabado ficando famoso, e talvez rico, como uma espécie de sábio na terra que ele escolheu em primeiro lugar para exilar-se: a Inglaterra. Provavelmente ele integrou um séquito de médicos que trataram de Henrique I, filho de Guilherme, o Conquistador, que assumiu o tro-

*Saragoça (nome originário do centro romano já importante denominado *Caesar-augusta*) ocupou com freqüência papel de grande importância nessas histórias. O primeiro deles foi como a cidade ambicionada pelo próprio Carlos Magno nos anos que se seguiram à chegada de Abd al-Rahman a Córdoba, quando ele consolidava a península para formar seu novo reino omíada. Foi quando batia em retirada através dos Pireneus, depois do malsucedido cerco a Saragoça, que o exército de Carlos Magno foi vítima de uma emboscada por parte dos bascos, evento esse que, bem mais tarde, veio a ser imortalizado na *Canção de Rolando*. No período das taifas, os monarcas de Saragoça construíram um palácio extraordinário e influente (a Aljaferia), que lá ainda se encontra, emblema do florescimento cultural daquele período de conflitos militares incessantes. Nos anos que se seguiram à construção desse palácio, um de seus hóspedes freqüentes foi El Cid, que passou vários anos em Saragoça contratado como chefe das tropas muçulmanas.

no inglês em 1100. Aquele era um papel bem provável que um homem como Petrus desempenhasse, já que um "médico" bem preparado devia ser bem versado em filosofia natural, um campo do conhecimento em geral do domínio dos judeus na Espanha do final do século XI. Apesar de não serem conhecidos ao certo os pormenores de sua vida, sabe-se que ele nasceu e cresceu em algum lugar da Espanha islâmica, talvez no sul, antes de emigrar para as cidades do norte, ainda muçulmanas e independentes, como fizeram muitos outros no caos daqueles últimos anos das taifas. Quaisquer que tenham sido suas peregrinações antes de ir parar em Huesca, ele conseguiu receber, além da educação religiosa em hebraico, a educação convencional árabe em ciências, filosofia e retórica.

Fosse qual fosse o motivo pelo qual deixou sua nova terra, Petrus descobriu distante de lá, ao norte dos Pireneus, na Inglaterra normanda e, depois, já de volta ao continente, provavelmente na Normandia, que se havia tornado um sábio famoso. Aquele cristão recente, com seu nome latino recém-adquirido, tinha um cabedal de saber que, apesar de comum entre os judeus-muçulmanos dos círculos cultos da Andaluzia, deixava perplexas as pessoas das terras longínquas do norte da Europa nos primeiros anos do século XII. Seu saber representava o conhecimento de um passado perdido, de sabedorias lá profundamente enterradas, enquanto que, ao mesmo tempo, sugeria um futuro quase que impossível de se imaginar. Petrus tornou-se um autor muito lido de livros cujos temas estavam começando a ser apreendidos e a despertar o interesse fora do mundo árabe: tabelas astronômicas, astrologia, cálculos de calendários, astrolábios. Seus conhecimentos sobre esses assuntos não eram os mais profundos, contudo, e sua produção científica logo seria suplantada pela geração seguinte de cientistas e filósofos — por outros que haviam deixado a península mas, principalmente, por pessoas do norte que foram estudar em lugares como Toledo.

Logo que chegou à Inglaterra, Petrus era ainda algo como uma *avis rara*: falava de coisas que revelavam um universo diferente, perturbador e muito mais avançado, e portanto tornou-se o primeiro *expert* na Inglaterra em vários campos da ciência. Traduções e dezenas de citações de seus escritos científicos, cujo nível teria sido, no máximo, o de um mestre-escola em Huesca (para não se falar em Toledo ou Saragoça), fizeram de Petrus uma autoridade reverenciada, principalmente, na astronomia. A astronomia foi uma das principais ciências da Idade Média e a maior contribuição de Petrus foi na questão crítica no cálculo de calendários, que demandava conhecimentos acessíveis através da longa tradição árabe de tradução e aprimoramento da cosmografia de Ptolomeu. Nas referências e dedicatórias da primeira geração de estudiosos-tradutores ingleses, chegando até os tempos de Chaucer, uns duzentos anos depois, Petrus Alfonsi (ou "Piers Alphonse", como Chaucer o chamava) destaca-se como um cientista pioneiro e benfeitor: foi ele quem levou notícias de um novo universo intelectual do Mediterrâneo de fala árabe e, tendo-lhes despertado o apetite, mostrou-lhes o caminho para saciá-lo. Foi ele, de fato, o primeiro professor de árabe na Inglaterra, o que significava não apenas o ensino dos aspectos técnicos da língua. Muito mais que isso, Petrus foi um dos primeiros professores naturais da Andaluzia a transmitir a cultura estética e intelectual que ele havia adquirido nos lugares deixados para trás, uma terra de bibliotecas abarrotadas de livros, bibliotecas essas que sequer se poderiam imaginar em sua nova terra.

Mas não foi como filósofo cientista, como estudioso daquelas respeitáveis disciplinas que Petrus tornou-se realmente famoso nos anos que se seguiram, quando ele veio a ser um dos autores mais lidos e traduzidos em toda a Europa cristã latina. Muito ao contrário, foi como escritor popular, com um pequeno livro chamado *Contos clericais*,* que o nome de Petrus passou a ser conhecido por toda parte. Nesse best seller, o judeu arabizado convertido ao cristianismo inaugurou e popularizou um gênero literário que se tornou um dos pilares de sustentação da ficção imaginativa por várias gerações. Petrus acabou influenciando toda uma plêiade de brilhantes autores que tomaram aquela espécie de pequenos contos introduzidos de forma rudimentar e transformaram-nos em arte. Entre esses autores estava Chaucer, cujos *Canterbury Tales*, ou "Contos de Canterbury", pertencem ao mesmo gênero, e Boccaccio, cujo *Decameron* não apenas adota o

*O título latino desse livro é *Disciplina clericalis*, que pode ser traduzido como "Uma Educação Clerical", mas prefiro referir-me a ele como *Contos clericais* por ser esse um título que melhor representa a obra, uma coleção de aforismos e de contos.

mesmo gênero, como também transforma muitos dos contos de Petrus em suas próprias obras de arte italianas.

O pequeno livro em latim que Petrus escreveu na última etapa de sua vida, quando viveu como exilado na Inglaterra e na França, foi uma espécie de versão, de tradução cultural, de um tipo de literatura amplamente popular em todo o extenso mundo de fala árabe. O que Petrus levou do mundo árabe para o mundo latino e daí para todos os vernáculos que se tornaram as línguas literárias da Europa moderna não foram apenas histórias específicas, mas o gosto por uma forma específica de contar histórias. O audacioso livrinho pseudo-erudito intitulado *Contos clericais* saiu de uma das sacolas menos intelectuais da bagagem andaluza de Petrus: era uma vigorosa tradição popular e até então quase que exclusivamente oral que Petrus transformou no começo de uma tradição escrita. Aquela maneira de chegar aos desavisados e ensinar-lhes — os contos tinham o propósito de fazê-los meditar sobre o que chamamos de "moral da história" — era bastante trivial e nada tinha a ver com coisas refinadas e complexas como o cálculo de calendários. Petrus havia deixado sua terra levando consigo aquela forma literária não-escrita e altamente vernacular que não fizera parte de seu aprendizado formal, como os assuntos científicos tinham feito, mas que, ao contrário, consistia em uma parte incidental de sua formação intelectual, parte da língua mesma que ele falava. Em algum momento daqueles anos em que ele vivia como um sábio nas cortes do norte, Petrus deve ter chegado à conclusão de que parte de sua complexa conversão — e parte da missão que lhe cabia naqueles lugares remotos, onde ele era considerado sábio — implicava fazer daquela maneira de contar histórias, e daquele tipo de histórias, algo que fosse também latino e cristão, como ele próprio.

O livro contém pouco mais que sugestões, talvez com o propósito de ajudar contadores de histórias ou pregadores de sermões, uma série de tramas básicas que um bom contador de histórias ou pregador podia enriquecer com pormenores e apresentar de maneira interessante. Podemos ver claramente a diferença quando um autor como Boccaccio faz uso delas e as tramas originais transformam-se em contos propriamente ditos que podemos ler por conta própria. Os *Contos clericais* são um pequeno manual que faz pensar em uma vagem cheia de sementes. Muitas das histórias que lá se encontram em forma bastante embrionária (algumas das quais são, por sua vez, versões esquemáticas de histórias que conhecemos em outras formas, inclusive passagens bíblicas, principalmente parábolas) podem ser rastreadas, ao longo de vários séculos seguintes, em coleções de histórias por toda a Europa. Porém mais importante que todos aqueles enredos básicos é o modelo oferecido pelos *Contos clericais* para a narrativa moderna. O contador de histórias que se dirige a um público cativo é um modelo que permite uma variedade infinita de pretextos possíveis para que o narrador se lance em uma variedade infinita de histórias. Essas podem ser de qualquer gênero: contos, *exempla*, fábulas e até mesmo aforismos.

A versão de Petrus para esse tipo de conto não foi, nem de longe, a primeira na história da literatura. Mas aconteceu de ele estar, no momento certo, no lugar certo para contar histórias, e escrever um dos best sellers de seu tempo nesse gênero de literatura. No início do século XII, quando as novas línguas européias estavam se inventando e inventando suas novas tradições, Petrus escreveu o livro certo, e isso se deveu em grande parte, certamente, ao acaso. O contador de histórias contando suas histórias (nesse caso, o sábio que as conta a seu jovem acólito) "pegou" como uma forma maleável e versátil de escrever ficção — e, por bons motivos, todos eles apreciáveis nos *Contos clericais*. Ali qualquer pessoa pode contar uma história a qualquer tempo, em quaisquer circunstâncias, até mesmo dentro de uma história contada por outra pessoa; e são de grande riqueza literária pela maneira como se tornam, inevitavelmente, numa reflexão explícita sobre a arte, as circunstâncias e o propósito de se fazer e contar histórias. Há no livro a preocupação permanente com o aspecto mais difícil porém indispensável do processo de contar histórias, que é o da interpretação, aspecto esse também de importância capital nas artes de ensinar e aprender. Apesar de Petrus só ter escrito 34 contos relativamente curtos, eles foram (como as traduções feitas por ele de meia dúzia de textos sobre astronomia) a ponta de um enorme *iceberg*. O que ele revelou foi a existência de um mar de histórias praticamente ilimitado — e o mapa para que se chegasse até ele.

Nos *Contos clericais* de Petrus, a elite de leitores do mundo latino provou pela primeira vez das delícias com que se banqueteavam diariamente até os mais humildes habitantes de al-Andaluz e que ligavam al-Andaluz ao resto do império islâmico. Como era capaz de compreender o árabe falado, ou pedir ao vizinho que lhe contasse aquelas histórias em seu aragonês vernáculo, até o mais modesto cristão andaluz tinha acesso àqueles contos que outrora haviam sido transmitidos em grego ou persa e que então eram contados em árabe, com mil e uma permutas, de uma ponta a outra do império, pela maior contadora de histórias que era Sherazade. O que Petrus fez foi transpor algumas dessas histórias da linguagem oral para a escrita e de uma língua para outra: do árabe vernáculo — na verdade, de acordo com certos padrões, do árabe vulgar — para uma forma latina escrita com um verniz de erudição. Perpassando essas complexas tradições culturais, histórias que iam de diferentes versões de parábolas bíblicas até são narrados contos de extrema licenciosidade por contadores que eram bons em seus ofícios e que gostavam de ocupar o centro do palco. Papéis que à primeira vista nos parecem absolutamente díspares, como o de uma mulher que conta histórias para salvar sua vida e o de um filósofo que se dirige a seus discípulos, são intimamente relacionados e até mesmo intercambiáveis. O livro de Petrus é cheio de mestres que tentam levar a luz àqueles que sabem menos: o filósofo Enoch (que se chamava *Idris* em árabe) retransmite uma série de pequenos aforismos a seu filho; Sócrates dirige-se a seus seguidores; dezenas de filósofos anônimos e outros tantos mestres designados apenas como "um árabe" brindam seus ouvintes (às vezes um filho, outras vezes um "discípulo") com pequenas charadas filosóficas — e muitas histórias.

Aqui não se fazem grandes distinções entre uma contadora de histórias como Sherazade e um sábio ou um mestre, entre "entretenimento" (como sugere o título de uma das versões inglesas das histórias de Sherazade, *The Thousand and One Nights' Entertainment*) e "educação" ou "lições de moral". Dada sua complexa mistura do que é moral com o que é amoral, do estético com o filosófico, pode-se extrair não mais que meia dúzia de conclusões inequivocamente morais daquelas histórias: não há respostas fáceis nem verdades sem ambigüidades naqueles contos, como, de resto, na vida, pois é nela que se espelham. Outra verdade: embora Deus seja todo-poderoso, suas razões são por vezes inescrutáveis. Algumas pessoas podem se sentir tentadas a comentar que o que há de mais misterioso em relação aos *Contos clericais* — sem dúvida alguma o que há de mais irônico

— não se encontra naquele best seller propriamente, mas em sua autoria: o fato de um judeu recém-convertido ao cristianismo desempenhar o papel de professor de moral e o fato, também, de seu veículo para tanto ser a tradição narrativa e filosófica popularizada da civilização islamo-árabe. Seus pupilos foram muitos e fervorosos por muitos séculos que estavam por vir.

Os *Contos clericais* não foram o único best seller de Petrus, e sequer o primeiro. O *Diálogo contra os judeus*, escrito antes, certamente teve algo a ver com sua inesperada emigração de sua terra natal. Uma hipótese plausível é a de ele ter sofrido o opróbrio da comunidade por aquele batismo público numa cidade recém-tornada cristã, onde judeus e muçulmanos esperavam continuar vivendo livremente com suas religiões protegidas. A despeito do que o tivesse levado a escrevê-lo, o *Diálogo*, como veio a ocorrer com o livro de contos, não apenas teve grande aceitação, como tornou popular o recurso a essa forma de escrita para se tratar de determinados temas. Petrus, com sua educação tradicional, ainda que não fosse excepcional, não inventou coisa alguma. Na verdade, ele fez uso de recursos que conhecia bem — naquele caso, o debate religioso, que na tradição islâmica tinha raízes, pelo menos, nos tempos do califa abássida Harun al-Rashid. Mas ali, também, ele estava no lugar certo na hora certa.

Desde os tempos em que ele era um professor e escritor exótico e famoso na Inglaterra e na França e nos muitos anos que se seguiram quando seu *Diálogo contra os judeus* continuou a ser lido e difundido por toda parte, o diálogo tornou-se a forma literária quase que institucionalizada para a exposição de idéias religiosas que competiam entre si na Europa medieval. Dois dos mais famosos desses diálogos foram escritos poucos anos depois do de Petrus, provavelmente sem que os autores houvessem lido seu *Diálogo*: o *Diálogo de um filósofo com um cristão e um judeu,* de Pedro Abelardo, e *O livro dos khazares*, de Judah Halevi. A necessidade desse tipo de literatura cresceu de maneira exponencial, em grande parte porque os portões de acesso ao universo andaluz foram abertos subitamente e revelaram as três religiões convivendo em complexo relacionamento. Em muitos dos diálogos que foram escritos, a filosofia passou a ser também uma religião a com-

O Astrolábio Carolíngio, século X ou XI, o primeiro astrolábio com inscrição em latim. (Foto IMA/Ph. MAILLARD)

A Grande Mesquita de Córdoba, séculos VIII a X. (Abigail Krasner)

A igreja de San Roman, construída pelos castelhanos de Toledo, século XII. (H. D. Miller)

A tumba de Ferdinando III (São Ferdinando), Sevilha, 1252, com inscrições em árabe, latim, hebraico e castelhano. (Abigail Krasner)

Iluminuras da escola de Toledo de Afonso X, segunda metade do século XIII. Acima: Cavaleiros muçulmanos e cristãos se cumprimentam. Abaixo: Músicos.

A Alhambra, construída pelos násridas de Granada, *c.* 1250 a 1360. (Abigail Krasner)

O Palácio (Alcázar) de Pedro o Cruel, Sevilha, *c.* 1364. (Abigail Krasner)

A Sinagoga de Samuel Halevi Abuláfia (mais tarde conhecida como igreja do Trânsito), *c*. 1360. (Abigail Krasner)

Pintura da travessia do mar Vermelho, iluminura de *hagadah* de meados do século XIV, produzida na Espanha cristã, conhecida atualmente como *hagadah* de Sarajevo.

petir com as outras. Quanto mais os textos filosóficos da tradição aristotélica abriam seu caminho para um número cada vez maior de leitores — e isso começou a acontecer em velocidade crescente na última parte do século XII, logo depois que o livro de Petrus começou a circular por toda parte — mais ficava evidente que a filosofia representava um desafio à Verdadeira Fé, no mínimo tão grande quanto as outras religiões.

Se, por um lado, os *Contos clericais* continuam a ser uma leitura prazerosa porque, entre outras coisas, eles nos falam, de maneira direta e indireta, das dificuldades de se lidar com verdades absolutas, por outro lado o *Diálogo contra os judeus* é uma polêmica teológica inflexível e freqüentemente raivosa que ofende as comunidades que Petrus havia deixado para trás. O livro não é apenas um ataque ao judaísmo, apresentado na forma de um diálogo entre Moisés (representando a antiga religião) e Pedro (representando a nova). É um repúdio generalizado e amargo de toda uma comunidade de pessoas civilizadas que liam e escreviam em árabe e estudavam as cartas celestes — muçulmanos e judeus, igualmente. A extensa e virulenta diatribe que era o texto veio a ser uma das principais fontes de referência para a retórica antijudaica e antimuçulmana que se seguiu. Mas ao mesmo tempo, paradoxalmente, o livro continha uma explicação pormenorizada e bastante precisa tanto do judaísmo como do islamismo, escrita por um homem que conhecia ambas as religiões e seus textos sagrados muito bem. Como alguém "de dentro", fluente tanto em hebraico quanto em árabe, Petrus levou o uso da literatura e dos métodos rabínicos para o centro da polêmica.

A história de Petrus — ou melhor, as histórias que ficamos conhecendo através de seus livros, já que sabemos muito sobre eles e bem pouco sobre a vida do autor — nos dá uma versão em miniatura da percepção que as culturas de al-Andaluz e da Europa latina tiveram uma da outra ao entrarem em contato mais próximo no final do século XII. Petrus era andaluz, porém, como alguém convertido ao cristianismo e autor muito lido de textos antijudaicos e antimuçulmanos, ele personificava a essência do conflito. Na superfície de sua obra vê-se o esperado verniz de desdém cristão por aquelas religiões irmãs. Mas não é preciso ir muito fundo para se perceber um poderoso reconhecimento da superioridade material e intelectual das culturas daqueles outros povos que não são da Verdadeira Fé. Petrus representava, ele mesmo, esse paradoxo e muitas das outras complexidades que caracterizaram aquela era. Reações negativas à sua ostensiva conversão em Huesca em 1106 — quando foi levado à pia batismal por ninguém menos que Afonso I de Aragão — parecem ter provocado uma reação de autodefesa, passional e vingativa, em seu *Diálogo contra os judeus*, além de sua partida da terra natal. Entretanto, ao se encontrar nas distantes terras do norte, cristãs e latinas, Petrus viu-se em uma situação inusitada: seu passado de judeu andaluz, educado nas ciências e nas letras árabes, fez dele, naquele lugar, uma verdadeira fonte de aprendizado e de sabedoria. Nessa perspectiva, os *Contos clericais* são também um livro de proselitismo, embora de um tipo bem diferente: era uma introdução dos neófitos — os possuidores da Verdadeira Fé que em outras questões não eram muito iluminados — a um mundo de sutilezas filosóficas e literárias.

Petrus assim estabeleceu as coordenadas da polêmica latino-cristã contra o judaísmo e o islã e, ao mesmo tempo, apresentou com sucesso a Europa cristã a toda uma gama de benefícios culturais e intelectuais que até então só tinham sido gozados pelos andaluzes. Muito mais que suas obras sobre astronomia, seu livrinho de contos em latim permitiu às pessoas do norte experimentar o gosto da sabedoria popular da rica e ampla tradição literária do conto estruturado, que foi uma das glórias da civilização islâmica no seu período mais áureo, marcado pela abertura intelectual e a assimilação. O cristianismo, para Petrus, pode ter sido o dono da Verdade, porém a Sabedoria pertencia aos judeus e aos árabes: educação, filosofia, cultura — e os contos estruturados. Mesmo o *Diálogo* abriu portas para um mundo onde judeus e muçulmanos passaram a desempenhar um papel natural e vital nas comunidades e nos estados cristãos. Pedro, o Venerável, o legendário abade de Cluny e intelectual engajado, por toda sua vida, em refutar a mentalidade militarista de seu grande rival, Bernard de Clairvaux, leu o *Diálogo* e dele retirou as citações talmúdicas que usou em seus próprios escritos. Quem sabe que papel o livro teve em sua grande decisão de fazer, ele mesmo, uma viagem até Toledo?

Partindo por Mar, Partindo por Terra

Alexandria, 1140

Ansiosa ou serena, é Vossa minh'alma,
submissa e grata.
Vagueio por mares incertos cheio de alegria por Vós
e a Vós dou graças por onde quer que vá.

E quando as velas desta nau, como asas de falcão,
se abrirem e me levarem daqui;
quando das profundezas se ouvirem os gritos estridentes,
os lamentos e bramidos das tempestades;
quando o mar ferver como um caldeirão ao fogo;
e as naus cristãs singrarem o mar de Berber
e os piratas se lançarem de emboscada;
quando os monstros do mar se jogarem contra a quilha
e os dragões esfaimados forem em busca de sua presa;
quando os gritos de pavor forem como o da mulher parindo
seu primeiro filho, que lhe rasga a carne
e ela grita até não mais ter forças de gritar...

— Judah Halevi, em seus *Poemas do Mar*

JUDAH HALEVI, REVERENCIADO PILAR DA COMUNIDADE JUDAICA ANDALUZA E O mais ilustre poeta de seu tempo, que foi um tempo de muitos grandes poetas, chegou ao antigo porto de Alexandria em 1140. Ele havia atravessado o mar deixando para trás sua Sefarad, tendo decidido exilar-se da terra de seus ancestrais. Por vários anos ele havia falado em partir, mas quem poderia acreditar que ele fosse mesmo arrumar seus pertences e deixar o lugar que tanto amava? Entretanto ele partiu. Tinha já 64 anos de idade e levara muito tempo preparando-se para aquele exílio voluntário. Preparou-se para a viagem por mar, longa e penosa, escrevendo poemas sobre viagens do Extremo Ocidente para o Oriente, como se, ao imaginar o pior — monstros do oceano arremessando-se contra o barco e dragões procurando o que devorar —, fosse mais fácil enfrentar a situação quando ela ocorresse de fato. Partir era uma escolha dolorosa e a viagem, para um velho, seria extremamente árdua, por isso era fácil compreender por que ele adiava sua viagem, ano após ano, talvez indefinidamente.

Mas não, não foi indefinidamente, como pôde testemunhar sua surpreendente chegada a Alexandria. Ele havia partido da Espanha — al-Andaluz, ha-Sefarad — no mesmo ano em que morreu seu grande rival, o poeta e filósofo Moisés ibn Ezra, ano também em que a grande obra do próprio Judah, sua obra-prima antifilosófica *O livro dos khazares*, foi concluída e começou a ser lida. Halevi partiu para sua amada Jerusalém, que tanto homenageara em seus poemas por muitos anos, cidade que, não fazia muito tempo — em 1099 —, havia sido conquistada pelos cristãos nas Cruzadas. Naquela época Jerusalém era um lugar excepcionalmente inóspito para um judeu, e por esse motivo, dentre outros, seus amigos e vizinhos ficaram tão perplexos e aflitos com a decisão de Halevi. Eles tinham razão, é claro, para pensar dessa maneira. Ainda assim, ele quase conseguiu chegar lá. A nau que o levou pelo Mediterrâneo não foi comida por dragões nem engolida pelas profundezas; na verdade, levou-o em segurança até Alexandria.

Em Alexandria, bem como na cidade do Cairo, que era próxima, Halevi foi recebido como um rei. Sua fama como o maior dentre todos os famosos poetas andaluzes já o havia precedido naquela próspera comunidade judaica. Por isso ele decidiu ficar ali um pouco, descansando da penosa travessia, antes de seguir viagem. Mas não foi fácil partir novamente. A comunidade egípcia que o havia acolhido não parecia querer compreender ou aceitar que aquela celebridade que estava entre eles deixasse de lhes transmitir sua poesia fascinante que o havia tornado famoso. Sua partida equivaleria a pôr um ponto final numa vida dedicada a cantar o amor e deixar maravilhadas as pessoas. Os egípcios suplicaram que ele ficasse e continuasse a cantar para eles, que continuasse a ser um andaluz entre eles, e assim Judah Halevi foi ficando com seus lindos cânticos de incomparáveis cadências andaluzas.

Ter-se-ia demorado demais? O que aconteceu ninguém sabe ao certo. Os relatos dão conta de que por fim ele conseguiu afastar-se daquela nova vida de conforto entre pessoas que amavam seus cânticos e partiu para a cidade que certamente lhe seria inóspita se ele conseguisse nela entrar. Algumas histórias nos dizem que ele não chegou a pisar em terras palestinas, que morreu no mar, antes mesmo de desembarcar. Já outras dão conta de sua chegada àquelas plagas distantes do Mediterrâneo, no extremo oposto de sua terra ancestral, mas que não conseguiu chegar muito longe. Segundo as versões mais dramáticas da história, ele conseguiu chegar às portas de Jerusalém, em meio ao caos criado pelos soldados cristãos invasores, e lá foi pisoteado até a morte. Nenhuma versão nos conta que ele tivesse de fato entrado em Jerusalém. O que se sabe é que morreu longe de sua terra natal, sem jamais ter chegado ao Sião que ele, mais que todos os outros poetas, havia transformado em tão luminoso objeto de desejo.

Meu coração está no Leste e eu, no Oeste,
no oeste mais a oeste onde se pode estar!
Como sentir o sabor do alimento?
Que sabor pode ter ele para mim?
Como cumprir os meus antigos votos,
fazer as coisas que jurei fazer,
enquanto o Sião estiver em mãos cristãs
e eu nas terras árabes ficar?
É-me fácil deixar para todo o sempre
esta Espanha e toda sua riqueza! —
Tão fácil deixá-la quanto caras
seriam para mim as ruínas do Templo.

Halevi foi o último de uma linhagem de grandes poetas andaluzes da Idade de Ouro, como a chamaram os judeus alemães do século XIX que vieram a ser seus historiadores e seus editores, homens que viram naqueles judeus urbanos, filosoficamente amadurecidos e socialmente bem-sucedidos dos séculos XI e XII, um exemplo atraente de como eles desejavam que fossem os judeus europeus do século XIX. A linhagem de ouro andaluz que havia chegado ao fim longe de al-Andaluz — simbolicamente pisoteado às portas de Jerusalém — tinha-se iniciado com o poeta autodenominado o Davi de seu tempo, Samuel, o Nagid. Era a linhagem de poetas que haviam feito do hebraico escrito uma língua viva novamente, possibilitando às canções de amor a Jerusalém escritas por Halevi não serem escritas no hebraico litúrgico fossilizado, que era só o que os judeus podiam cantar até o advento daqueles andaluzes.

A glória da Idade de Ouro foi o resgate do hebraico de seu profundo exílio, trancado que estava no interior dos templos, incapaz de falar das coisas da vida. Maimônides, nascido em Córdoba apenas cinco anos antes da partida de Halevi de al-Andaluz, descreveu aquele estado de coisas no seu livro *Leis da oração*: "Quando uma pessoa orava em hebraico, não era capaz de expressar adequadamente suas necessidades ou de fazer suas louvações sem misturar o hebraico com outras línguas." O hebraico já não se prestava para alguém expressar verdadeiramente o amor, as emoções complexas, idéias e sentimentos aparentemente contraditórios, fossem eles maternos, eróticos, espirituais, materialistas, transcendentais, o que quer que fossem. Maimônides, andaluz que era, acreditava que Deus desejasse que se dirigissem a Ele em uma língua viva, na qual pudesse ser expressada toda a gama de emoções. Foi uma atitude que veio a permitir, mais tarde, que o inglês encontrasse sua voz nos sonetos de amor de Shakespeare, bem como nas preces da Bíblia do rei James. As orações satisfazem mais, talvez sejam mais sinceras, quando são feitas na língua com a qual se canta o amor.

A redenção do hebraico se fez pelas mãos de escritores que eram mestres da retórica árabe, os judeus andaluzes, homens que cultivavam e dominavam a gramática, a retórica e o estilo árabes tão bem quanto seus vizinhos e amigos muçulmanos. Um século antes da partida de Halevi, Samuel, o Nagid, já havia feito o hebraico utilizar-se de todos os truques de magia de que era capaz a língua que ele falava, o árabe. Ele fora feito vizir graças a seu talento para escrever cartas e outros documentos da corte em árabe, que suplantava todos os outros. A partir de então ele começou a escrever poemas naquele novo estilo hebraico, poemas esses que, entre outras coisas, relatavam suas glórias à frente das tropas de sua taifa. De um só golpe, a poesia hebraica de Samuel, com sua cadência e sua prosódia — elementos essenciais para fazer do hebraico uma língua viva para os judeus andaluzes de fala árabe —, conseguiu realizar com enorme sucesso o que vinha sendo buscado em pequenas tentativas ao longo de vários séculos: ressuscitar a língua ancestral, reinventá-la como língua viva. Todos, desde Halevi até os judeus alemães do século XIX que fizeram dos andaluzes os nobres heróis da história judaica, sabiam que o hebraico havia sido resgatado de um longo exílio graças aos extraordinários sucessos seculares dos judeus andaluzes, a princípio nos tempos dos omíadas e, depois, no tempo das taifas. Como eles foram capazes de absorver, dominar com maestria e amar aquela língua em que era possível dirigir cânticos a Deus e canções à mulher amada, foram capazes de fazer do hebraico novamente uma língua como a que havia possibilitado os cânticos de Davi e os de Salomão. Foi um grande triunfo e Halevi, seu maior intérprete.

Entretanto, ele decidiu deixar tudo, abandonar a cultura que havia feito sua poesia possível. Ele não apenas voltou as costas para suas glórias, mas também tornou-se crítico de uma cultura, a sua cultura, que passou a ver como decadente, e escreveu tratados contra aquele mesmo tipo de poesia que ele havia escrito e apresentado com tanto brilhantismo. A defecção de Halevi gerou inquietação e mal-estar para a vasta maioria de judeus intelectuais e literatos do século XII. Estes achavam absolutamente natural que um povo civilizado — como eles e diferentemente daqueles cristãos e judeus das terras do norte, que nem sequer tinham o hábito do banho — pudesse fazer coisas tais como ler filosofia em árabe, recitar longos poemas nessa língua e, mais recentemente, em hebraico também, por serem judeus. Os relatos mais confiáveis datam de 1125, quando Judah Halevi tinha cerca de cinqüenta anos, em sua declaração de repúdio àquela cultura: tudo aquilo era uma extravagância, que nada tinha a ver com o judaísmo e, justamente ao contrário, se opunha a ele. Os judeus deveriam renegar aquela cultura se não apenas em espírito, mas também, se possível — como ele mesmo pretendia fazer —, fisicamente. As pessoas ficaram perplexas e algumas, bastante ofendidas.

Na verdade, o governo almorávida estava tornando a vida dos judeus cada vez mais difícil. Muitos já haviam sido forçados a emigrar para o norte, antes considerado uma terra de brutos. Mas, ao mesmo tempo, algumas cidades cristãs, entre as quais incluía-se Toledo, capital de Castela, estavam se tornando centros florescentes de vida judaica. Havia, de qualquer maneira, uma enorme diferença entre as vicissitudes da vida moderna, com a tirania daqueles detestáveis muçulmanos vindos de fora, e as antigas e frutíferas tradições que haviam feito dos judeus andaluzes o próprio centro do universo judaico no período pós-exílio. Entretanto, o que Halevi atacava não era aquele momento político difícil, mas sim as próprias bases da cultura judaica, ou seja, o amor pela poesia hebraica arabizada, que o próprio Halevi havia escrito de maneira tão bela, e o estudo da filosofia, que Halevi passou a chamar de "a religião grega". O que Halevi preconizava para os homens da Verdadeira Fé era o abandono de tudo que fosse andaluz — da própria al-Andaluz —, como ele faria. Isso, para a maioria de seus contemporâneos, significava a ameaça de um exílio verdadeiramente terrível.

> *[O motivo da minha demora em escrever é] o*
> *exílio longo e penoso ao qual o destino atirou-me,*
> *numa terra tão distante, no fim de meus*
> *dias. Aqui vivo preso ou, pior, em um túmulo.*
> *Tanto quanto do pão que o alimenta, o intelectual precisa*
> *de sua terra natal. No Alcorão dos árabes está escrito:*
> *"E se nós vos tivéssemos ordenado: matai-vos ou abandonai*
> *vossos lares, somente uns poucos teriam obedecido." Assim*
> *o Alcorão iguala aquele que se mata àquele que abandona*
> *seu lar.*
>
> — Moisés ibn Ezra, referindo-se a seu exílio de Granada
> no norte cristão, em alguma data posterior a 1090

O exílio de Halevi foi peculiar desde o início. Ele já havia nascido naquelas desoladas terras do norte que eram vistas com desprezo por aqueles para quem ser civilizado era pertencer à órbita islâmica na península. Halevi nasceu em 1075, na área montanhosa de Navarra, nos Pireneus, na cidade de Tudela. Tudela ainda estava sob controle muçulmano em 1075, porém ficava praticamente na fronteira e sofria grande influência dos reinos cristãos da época, principalmente Castela e Leão, que haviam sido unificadas por Afonso VI depois da morte prematura do irmão poucos anos antes. Na verdade, a vida de Halevi, como a do granadense Ibn Ezra, coincidiu quase que exatamente com as últimas décadas das taifas, quando o panorama político da península foi refeito pelas disputas complexas e superpostas de então.

Quando Halevi tinha cerca de 15 anos, deixou Tudela e emigrou para Toledo, ao sul, cidade que passara a ser recentemente a capital cristã do reino de Castela, de Afonso VI. Com Toledo servindo mais ou menos de residência básica, Halevi passou grande parte de sua vida viajando de uma cidade a outra, de norte a sul, cristãs e muçulmanas. Sua vida foi surpreendentemente peripatética num período de grande agitação política, contudo foi também uma vida emblemática da sólida prosperidade das comunidades judaicas naquelas cidades em constantes transformações — cidades que podiam ser taifas muçulmanas e, de um dia para outro, ser conquistadas pelos almorávidas, para em seguida virem a ser cercadas e tomadas por um conquistador cristão independente, como Rodrigo Diaz, e acabar anexadas ao reino de Castela. Desde a época em que Halevi nasceu e, principalmente, desde que ele deixou Tudela no início da sua vida de adulto, por volta de 1090, os almorávidas tentavam consolidar seu domínio das taifas, porém encontravam forte resistência por parte dos governos muçulmanos andaluzes. Foram anos, também, em que Rodrigo Diaz, El Cid, lutava ao mesmo tempo contra Afonso e contra os almorávidas por toda a parte leste da península.

Tendo como pano de fundo toda essa agitação política, encenou-se no interior da comunidade judaica de al-Andaluz — Sefarad —, em nada alheia ao que se passava, o grande drama intelectual e artístico de uma geração. Na verdade, tratava-se do grande drama de toda a Idade de Ouro da qual a geração de Halevi e de Ibn Ezra foi, de muitas maneiras, o ponto mais alto. Logo no início de sua carreira, quando ainda era um jovem promissor mas não desfrutava de fama nem de conexões importantes, Judah Halevi foi bem recebido na elite intelectual dos judeus andaluzes que se havia espalhado por várias cidades, posto que muitas das famílias tradicionais, as "boas" famílias, haviam emigrado de Córdoba e se estabeleceram em diferentes taifas. Foi a imponente figura de Granada, Moisés Ibn Ezra, quem possibilitou tal acolhimento tão logo Halevi surgiu em cena, parecendo ter surgido do nada, um estranho vindo daquelas terras às quais ibn Ezra se referia com desprezo como sendo de provincianos e de porcos — e isso se aplicava tanto aos cristãos quanto aos judeus, não-arabizados e incivilizados, que lá viviam.

Diferentemente de Ibn Ezra, Judah Halevi não vinha de uma daquelas famílias andaluzas proeminentes e quase nobres que se diziam descendentes diretas das melhores famílias de Jerusalém. Entretanto, o aristocrata Ibn Ezra também dava grande valor ao mérito pessoal e era capaz de reconhecer a genialidade das pessoas, a despeito de suas origens, por mais improváveis que fossem estas. Naquela época Ibn Ezra era o grande mestre da poesia hebraica e o filósofo mais respeitado da comunidade. Ele convidou o jovem e talentoso Halevi a deixar Toledo, para onde tinha ido ao sair de Tudela, e com ele seguir para Granada. Apesar dos atentados contra os judeus em 1066 (num dos quais foi morto o filho de Samuel, Joseph, o Nagid, que era parente próximo de Ibn Ezra), Granada era ainda uma cidade onde vivia uma florescente comunidade de intelectuais judeus, poetas e filósofos, que eram também figuras públicas e assim se mantiveram por muitos anos, apesar da tumultuada situação política da época. O mais violento dos tumultos ocorreu em 1090, justamente quando o jovem Halevi começava a aparecer na cena cultural — foi quando as vitórias e os avanços dos almorávidas os levaram às portas de Granada e, atrás deles, as tropas de Afonso de Castela e seu aliado do momento, Rodrigo Diaz.

Os almorávidas saíram vencedores e depuseram o último dos reis de taifas da linhagem de Granada (o primeiro dos quais havia feito de Samuel o seu vizir). Na verdade, a posição ideológica dos radicais almorávidas, que estavam subjugando seus correligionários muçulmanos, era contra o tipo de relacionamento que estes mantinham com judeus e cristãos, a seu ver impróprio. Essas relações eram claramente ilustradas pela existência daquela comunidade judaica tão bem integrada e prestigiada, e pelo fato de as tropas do cristão Afonso lá estarem a pedido ou, pelo menos, com a conivência de uma meia dúzia de taifas muçulmanas remanescentes. A exemplo de muitos dos muçulmanos andaluzes que, relutantemente, haviam chegado à conclusão de que os cristãos andaluzes seriam um mal menor do que os almorávidas puritanos, um grande número de judeus de

Granada, inclusive Ibn Ezra, deixaram sua querida cidade natal, pelo menos por algum tempo.

Um homem extremamente civilizado como Ibn Ezra, que até então apenas ouvira falar do norte, porém, diferentemente de Halevi, jamais havia de fato estado lá, ficou chocado com as condições culturais que encontrou nos territórios cristãos durante o período de seu exílio involuntário e, a seu ver, terrível. Por vários anos escreveu de maneira mordaz sobre aquele deserto cultural para o qual se julgava banido: "Entre eles sinto-me como um homem solitário em meio a animais selvagens, como um leão em meio a macacos e papagaios... Vivo entre lobos do deserto." É fácil compreender por que um homem como ele tinha muito pouca paciência com as pregações de Halevi de renúncia voluntária àquela cultura civilizada.

Halevi escreveu sua prosa mais famosa e mais lida nos anos que se seguiram a 1125, e ela é o principal manifesto de sua renúncia à cultura andaluza. Outros escritos seus constituem documentação pormenorizada de um período de 15 anos em que ele se afastava cada vez mais de sua cultura nativa, porém a maior parte do que escreveu então consiste em estudos bastante técnicos sobre a métrica poética. Em grande parte da nova poesia que escreveu, rejeitando os esquemas de métrica e inflexão arabizados dos andaluzes, bem como em grande número de escritos sobre teoria literária, Halevi insistiu em sua convicção de que a linguagem da nova poesia hebraica, arabizada como era, consistia em corrupção do hebraico. Porém foi em forma de diálogo que Halevi escreveu sua obra definitiva sobre o assunto. Escrita em árabe, tinha dois títulos — um deles era *O livro dos khazares* e o outro, *O livro da refutação e da prova: sobre a fé humilhada.** Os khazares eram provavelmente um povo legendário que teria vivido em áreas à margem do mar Negro; Halevi parte da história da famosa troca de correspondência entre Hasdai ibn Shaprut com o rei daquele povo em meados do século X, quando era o chanceler do califa Abd al-Rahman III. O livro de Halevi é escrito naquela forma antiga florescente de confrontar religiões de maneira direta, a mesma adotada por Petrus Alfonsi em seu ataque ao judaísmo, aproximadamente da mesma época — *Diálogo contra*

*Muitas traduções usam a palavra "menosprezada", porém opto pela tradução de Ross Brann, que prefere "humilhada". *O livro dos khazares* é também chamado de *Os Kuzari.*

os judeus. A defesa que Halevi faz da sua religião "humilhada" toma a forma de um diálogo imaginário sugerido pela correspondência entre Hasdai e o rei khazar que supostamente se teria convertido ao judaísmo, adotando-o também para sua nação.

O livro dos khazares tem como ponto de partida a história das cartas de Hasdai, de como o rei dos khazares havia convocado à sua presença representantes das diversas religiões, para que cada um defendesse a sua e ele, o rei, pudesse decidir qual era a verdadeira para seu povo. A versão de Hasdai, de meados do século X, falava de uma comparação entre judaísmo, islamismo e cristianismo, e todo aquele texto antigo envolvia um cristão e um muçulmano disputando com um judeu o coração, a alma e o respeito do rei. Porém o texto foi escrito bem no início de um período de transformações e de triunfos que deram nova forma à cultura (e que criaram a Idade de Ouro). Entre o tempo de Hasdai e o de Halevi, haviam-se passado quase duzentos anos. A versão de Halevi para a conversão do rei é bem diferente. Nela, quem disputa com o judeu a atenção do rei não são mais o islamismo e o cristianismo — os representantes dessas religiões surgem e desaparecem rapidamente logo no início. O verdadeiro adversário do rabino, porém, é um filósofo que defende seus argumentos diante do rei khazar, que se coloca, desde o início do lado do rabino, exaltando, com freqüência, seus argumentos. O filósofo, na percepção de alguns leitores sutis, parece ser uma caricatura pouco lisonjeira do próprio Ibn Ezra, o velho patrono de Halevi que, na vida real, continuou sempre a ser um ardente defensor da cultura andaluza, entusiasta da filosofia e da poesia arabizada.

Assim como o *Diálogo* de Petrus Alfonsi era uma discussão mantida por duas versões do próprio autor, pré e pós-conversão ao cristianismo, *O livro dos khazares* de Halevi trata de maneira diferente de sua vida como judeu, maneira essa que ele representa através do rabino e do filósofo. A questão central do livro — se a fé e a razão podem ser mantidas simultaneamente ou se são inerentemente contraditórias, em suma — logo surgiria como um dos grandes temas de discussão daquela era e passaria a ocupar muitos grandes pensadores de todas as três religiões monoteístas. De fato, perto dali, em Córdoba, os dois escritores mais brilhantes e sutis que se voltaram para essa espinhosa questão no século XII passavam por um processo de educação bem semelhante ao de Halevi. Em 1140, Ibn Rushd, que mais tarde viria a ser mais conhecido pelo seu nome latino de Averróis e como autor dos grandes comentários sobre Aristóteles, tinha 15 anos; e Musa ibn Maymun, que, com o nome de Maimônides, seria reverenciado como o "segundo Moisés", tinha cinco anos. Nenhum dos dois deu muito crédito à rejeição de Halevi à robusta tradição filosófica da qual os judeus participavam juntamente com os muçulmanos — e que Halevi rejeitava por ser "a ostentosa sabedoria dos gregos que só conduz à insensatez, que parece iluminar o espírito, mas só deixa a desolação".

O desvio radical de Halevi não foi em absoluto um movimento simplista ou unidimensional, como o de Petrus Alfonsi; não foi, por exemplo, um abandono da filosofia em nome da religião, ou uma passagem do racionalismo para a fé, da descrença para a crença. O que Halevi rejeitava — e era isso exatamente que sua própria comunidade achava tão inexplicável — era a própria premissa da comensurabilidade de ambas, filosofia e religião. O alicerce da cultura judaico-andaluza por vários séculos, o que havia possibilitado o florescimento que teve, era a premissa de que a cultura judaica genuína e a fé devota no judaísmo em nada eram prejudicadas por todas aquelas atividades seculares complexas que cultivavam, tão bem representadas pela filosofia greco-islâmica e pela nova filosofia hebraica, assumidamente arabizada. Sequer ocorria àquela comunidade que pudesse ter conquistado seu sucesso secular e cultural renunciando, escamoteando ou de alguma outra forma reduzindo sua condição de judeus. Ao contrário, os que se opunham a Halevi argumentavam que o grau de assimilação cultural radical dos judeus andaluzes lhes havia possibilitado tornarem-se muito mais profundamente hebraizados que qualquer outra comunidade judaica em milhares de anos e, portanto, bem mais profundamente ligados à sua herança judaica. Embora, evidentemente, ninguém no *O livro dos khazares* refira-se a essa questão diretamente, ela é tratada de maneira extremamente brilhante na obra poética de Halevi, com cerca de oitocentos poemas, entre os quais encontram-se seus belíssimos cantos de amor dedicados a Jerusalém e ao Sião, cantos esses que remetem diretamente às mesmas tradições poéticas e à mesma cultura arabizada complexa que ele repudiava.

Com os olhos marejados de tristeza
voltou-se para olhar ainda uma vez.
Viu as portas abertas, os portões destrancados,
pórticos desnudos sem tapetes ou véus,
e sem falcões e sem corvos de ferro fundido.

Assim começa a *Canção do Cid*, obra que, como *O livro dos khazares* de Halevi, é lida até hoje e serve de referência para o nascimento de uma cultura nacional, como um símbolo ou um chamado para uma espécie de pureza cultural. Nessa comovente cena de abertura — retirada de um manuscrito mutilado e sem cópias, que começa quando a história já está bem avançada —, Rodrigo Diaz está prestes a partir em seu cavalo para um doloroso exílio da corte de Afonso VI, o monarca a quem o bravo guerreiro havia servido desde o assassinato do irmão de Afonso. Aqueles dois homens de grandes aspirações e personalidades muito fortes tiveram uma relação extremamente tumultuosa durante o agitado período político em cujo epicentro deu-se a tomada de Toledo em 1085 e a invasão dos almorávidas, logo depois. El Cid era constantemente acusado de algum tipo de traição e quase sempre punido com o exílio da corte — mas logo era perdoado e chamado de volta por Afonso, quando o rei caía em si e novamente reconhecia a necessidade de ter a seu lado o brilhante líder militar.

O incidente histórico representado na cena de abertura do poema é, muito provavelmente, o exílio de Rodrigo Diaz da corte de Afonso por volta de 1091. Afonso e El Cid, momentaneamente reconciliados, planejaram um ataque aos almorávidas, que haviam tomado Granada em 1090, porém, por motivos que não ficaram claros, eles desistiram e, no retorno a Toledo, tiveram outro de seus rompimentos. Rodrigo foi novamente acusado de agir contra os interesses do rei e lá se foi, mais uma vez, exilado da corte de Castela, enquanto Afonso retornou a Toledo. O poema relata esse exílio como uma grande injustiça cometida contra o leal herói Rodrigo, e um dos versos mais bonitos e conhecidos daquele poema encontra-se pouco depois da cena de abertura — quando a boa gente de Burgos, primeira cidade por onde El Cid passa a caminho do exílio, grita ao vê-lo: *"Dios, que buen vasallo, si oviesse buen señore"* ("Deus, que bom vassalo, se ao menos tivesse um bom senhor").

Eram tempos de grandes turbulências aqueles, quando as fidelidades eram muito complicadas, e a história tem relatos bem diferentes daquele que fala do "fiel vassalo". As relações de Rodrigo com Afonso e o reino de Castela eram tempestuosas e, em grande medida, antagônicas. Além do mais, a exemplo do próprio Afonso, raramente eram movidas por puras razões ideológicas ou religiosas. Nem Rodrigo nem seu rei recusaram-se a fazer alianças com muçulmanos contra outros muçulmanos — aliás, tampouco deixaram de fazê-las contra cristãos. Até mesmo as mais esquemáticas narrativas da história de El Cid são reveladoras disso. De 1081 até 1086, período no qual Afonso estava consolidando a parte do reino que havia pertencido ao irmão assassinado e conquistando Toledo, El Cid era o comandante militar da taifa de Saragoça. Desesperado, Afonso convenceu-o a unir-se a ele novamente depois da terrível derrota dos castelhanos pelos almorávidas em 1086. Essa aliança, porém, que durou alguns anos, não passou de esporádica. Em 1091, depois da fracassada campanha contra Granada, o rompimento tornou-se permanente. Nos anos que se seguiram, Rodrigo, de volta a Saragoça com seus patronos muçulmanos, comandou ataques diretos a territórios castelhanos. Em 1094, El Cid já havia adquirido riqueza e poderio militar suficientes, em campanhas como as que comandou contra territórios de Afonso, para lançar-se com sucesso à conquista de Valência. Essa parte da história é relatada no poema de maneira bem diferente, com o leal Cid conquistando a cidade para seu rei Afonso. Como rei autodeclarado daquela adorável cidade junto ao mar, Rodrigo precisou defender-se de ataques vindos de todos os lados, mas em especial por parte dos almorávidas, que, cada vez mais poderosos, já haviam afastado do poder quase todos os reis muçulmanos das taifas e que certamente não estavam dispostos a aceitar que um cristão renegado detivesse um importante porto marítimo da costa leste da península. Entretanto, o grande guerreiro jamais foi derrotado por eles, apesar de Valência tê-lo sido, em 1102. Rodrigo morreu, ao que se saiba, de morte natural em 1099, no mesmo ano em que os cruzados latinos tomaram Jerusalém, evento que bem representa a nova era ideológica que se iniciava, tempos governados por uma política ideologicamente estreita, em tudo diferente da cultura de fala árabe que Cid compreendia.

O poema anônimo castelhano que conta os feitos de El Cid chega até nós através dos tempos em manuscrito original único e mutilado. É parte de uma rica tradição oral, um poema épico que foi apresentado de forma oral por muito tempo e de várias maneiras antes de ser registrado na versão manuscrita que chegou a nós. Seu período de popularidade não dista muito do da *Canção de Rolando*, o antigo épico anônimo francês, e ambos os poemas, nas formas como os temos hoje, são um produto cultural da ideologia dos cruzados que foi proclamada pela primeira vez pelo papa Urbano II em Clermont, França, em 1095. Pouco depois, em 1099, deu-se a sangrenta captura de Jerusalém. Ambos os poemas tinham a ver com a formação de atitude do público acerca de questões contemporâneas turbulentas — as Cruzadas, em um caso e, no outro, a ascendência de Castela — e, pelo que se sabe, foram muito populares, tendo circulado amplamente, de alguma forma, até meados do século seguinte (*Rolando* até um pouco antes e *Cid* até um pouco depois). Foi então, em 1140, que Judah Halevi partiu para Jerusalém. A grande diferença entre esses dois poemas é que, enquanto o de Rolando faz uso de eventos históricos ocorridos mais de três séculos antes como a base da história — a tentativa frustrada de Carlos Magno de tomar Saragoça de Abd al-Rahman, recém-chegado de Damasco à península —, os acontecimentos históricos que encontramos no poema de El Cid parecem quase contemporâneos, quando comparados àqueles. No poema de Rolando, as batalhas contra os inimigos mouros são tratadas de maneira mitológica e até mesmo fantástica, em parte resultado da distância histórica; porém no poema de El Cid a transformação do material histórico é bem menos evidente. E conquanto poucos franceses dos séculos XIX e XX provavelmente aceitassem como verdade histórica os deuses muçulmanos de três cabeças, a maneira como Cid é apresentado — leal vassalo do rei Afonso de Castela e dedicado líder nas guerras contra os mouros — costuma ser aceita quase que literalmente.

Porém, como acontece com a história da vida de Halevi e da cultura da qual o dizem representante, essas histórias protonacionalistas devem ser vistas não apenas com a costumeira desconfiança, como também com boa dose de ironia. El Cid foi uma figura infinitamente mais complexa — para melhor e para pior — do que o tal vassalo leal a um rei que não chegava a merecer tal lealdade, e as circunstâncias políticas eram a tal ponto complicadas que simples demonstrações de lealdade — também para o bem e para o mal — eram difíceis de encontrar. Não foi apenas El Cid, mas também o monarca de Castela que às vezes era inimigo e às vezes era aliado indispensável dos muçulmanos andaluzes em qualquer das taifas. A história de Halevi (que não chegou a ser contada tão amplamente quanto o épico castelhano e raramente na mesma linguagem) é entretecida com a de El Cid de várias maneiras, talvez até mesmo em termos literais, já que Judah Halevi e Rodrigo Diaz, que estavam sempre indo de um lugar a outro, passaram por muitas das mesmas estradas na mesma época. Onde teriam seus caminhos se cruzado? Talvez em Toledo, por volta de 1089, quando o jovem judeu de Tudela acabava de chegar àquela cidade onde Rodrigo passava algum tempo, num dos raros períodos em que esteve em boas relações com Afonso. Ou talvez tenha sido alguns anos mais tarde, nas estradas poeirentas onde ambos passaram grande parte de suas vidas, possivelmente numa das estradas que conduziam a Granada, para onde Judah foi a convite de Ibn Ezra, ainda sem haver-se tornado famoso como o maior de todos os poetas do novo estilo hebraico, e de onde El Cid partia ao lado de Afonso pela última vez, com seus grandes momentos de glória ainda por vir, nos exílios e nas vitórias que o esperavam.

O Abade e o Alcorão

Cluny, 1142

Cumpra pois, meu irmão, ou devo dizer, meu senhor, o que prometeu a esta sua irmã, ou, deveria eu dizer, a sua serva. Queira também enviar-me um documento público e timbrado contendo a absolvição de nosso mestre para ser exposto em sua tumba. Lembre-se também, pelo amor de Deus, do nosso Astrolábio, para que possa obter para ele alguma prebenda do bispo de Paris ou de alguma outra diocese.

— Heloísa para Pedro, o Venerável, abade de Cluny

NÃO ESTARIA DE TODO ERRADO QUEM IMAGINASSE SER CLUNY O EPICENTRO do mundo cristão latino em 1142. Acabava de ser construída lá a maior igreja de toda a cristandade, sede episcopal de um vasto império de centenas de casas religiosas e mosteiros. À sua frente encontrava-se o formidável Pedro, o Venerável, abade e realmente venerado príncipe de Cluny havia 20 anos. Pedro já era herdeiro de uma posição de extraordinário prestígio, dado que Cluny fora fundada por volta de 910 pelo primeiro Guilherme da Aquitânia, o pio ancestral de Guilherme IX, o trovador não tão piedoso assim. Naqueles dois séculos, Cluny havia adquirido uma prosperidade e um prestígio que a colocavam em primeiro lugar dentre as cidades cristãs. Foi também, de maneira inquestionável, o coração e a alma do movimento de reforma monástica daquela época. Com o passar do tempo, a missão original de Cluny de levar a cabo uma reforma eclesiástica foi ainda mais longe do que se havia proposto, e seu clero deixou de se envolver em trabalhos braçais que tinham feito dos beneditinos pouco mais que camponeses glorificados. As ordens religiosas ligadas a Cluny passaram a seguir, cada vez mais, os caminhos dos estudos e da excelência intelectual, caminhos esses que por vezes as levavam a situações difíceis.

Em 1140, Pedro, o Venerável, conseguiu sair vencedor de uma manobra política contra seu arqui-rival Bernardo de Clairvaux — que dirigia a ordem mais nova, prestigiosa e ideologicamente de direita dos cistercienses — e contra o próprio papa. Pedro havia tomado sob sua proteção o *enfant terrible* daqueles tempos, Pedro Abelardo.* Abelardo, segundo seu próprio julgamento, era o homem mais proeminente de seu tempo; segundo o julgamento de qualquer outra pessoa, ele foi, certamente, uma pessoa bastante controversa. E de fato havia sido o mais renomado dentre todos os professores das escolas de Paris poucas décadas antes, durante os primeiros anos de um centro de excelência intelectual no norte que pouco depois viria a chamar-se Universidade de Paris. A maneira carismática de ensinar de Abelardo, tanto no conteúdo quanto nos métodos, foi de crucial importância na formação da universidade, porém, como membro do clero (e todos os professores de todas as escolas e universidades da cristandade latina seriam religiosos ainda por várias gerações), Abelardo estava quase sempre envolvido com algum problema provocado por seu estilo combativo e por sua paixão cada vez maior pela filosofia e pelo estilo filosófico de pensar. Para muitos religiosos ortodoxos, tal paixão era difícil de aceitar.

Embora seus anos de magistério em Paris já fossem um passado distante para ele, Abelardo, um velho alquebrado de 61 anos, ainda continuava a ser perseguido, de maneira agressiva, pelo radical Bernardo, autoridade máxima dos austeros cistercienses. Abelardo acabou por ser levado a julgamento em Roma, sob acusações de heresia, e em 1140 foi condenado pelo próprio papa. Bernardo então conseguiu permissão para levar Abelardo como prisioneiro, porém, quando Abelardo apareceu em Cluny e pediu asilo, o abade não apenas concedeu-lhe pessoalmente o asilo, como foi

*Dado o grande número de personagens desta parte da história que se chamam Pedro, passo a usar "Pedro" para referir-me a Pedro, o Venerável, abade de Cluny, e "Abelardo" para referir-me a Pedro Abelardo. Petrus Alfonsi, presença ocasional, continua a ser "Petrus".

além: Pedro fez de Abelardo um monge beneditino em Cluny, escreveu ao papa uma carta irresistível justificando sua manobra peremptória, e manteve Abelardo, que estava doente, bem protegido, por dois anos, em uma das instituições religiosas próximas. O homem mais famoso de seu tempo e, segundo o relato de Heloísa, sua mulher, também o mais famoso dos amantes, morreu sob a piedosa proteção de Pedro em 1142. Pedro escreveu a Heloísa para informá-la da morte de seu amado e dizer-lhe que havia absolvido Abelardo de seus pecados. Assim agindo, Pedro possibilitou a Abelardo um enterro cristão, como Heloísa havia pedido. Preparou-se, então, para levar pessoalmente o corpo do amigo para o convento onde Heloísa era abadessa, o convento de Paracleto, criado havia muito tempo pelo próprio Abelardo para ela.

Entretanto, a longa viagem de Cluny, na Borgonha, até os arredores de Paris foi adiada por vários anos, devido a uma outra viagem. Seria uma viagem longa, também, já que ele iria a lugares ao sul dos Pireneus. A viagem de Pedro, o Venerável, à Galícia e a Castela, feita imediatamente após a morte de Abelardo, foi uma aventura intelectual. Embora não se tenha registro do encontro em 1144 entre Heloísa e Pedro, tão logo este regressou e finalmente cumpriu a promessa de entregar-lhe os restos mortais de seu amado, é fácil imaginar que ele tenha falado de suas viagens à mulher que dera ao próprio filho o nome de Astrolábio, em homenagem à inovação científica que tão bem caracterizava o complexo encanto da Espanha islâmica. O astrolábio era um instrumento mecânico capaz de permitir mensurações astronômicas com bastante precisão, permitindo aos astrônomos calcular a posição das estrelas e, dessa forma, o tempo relativo. Isso possibilitava maior segurança à navegação por mar, que, por sua vez, abria caminhos para o transporte de pessoas e de mercadorias. Mais que isso, abria caminhos para a mente e possibilitava novas visões do universo como resultado dessas viagens. Na época em que se deu o famoso *affaire* entre Heloísa e Abelardo — que durou aproximadamente dois anos, tendo-se iniciado em 1117, quando Heloísa tinha 17 anos e Abelardo, com 38, era seu professor —, o astrolábio era o epítome do que havia de mais sofisticado em termos de ciência, apesar de já haver sido introduzido no norte da Europa mais de um século antes. Mas ainda não tinha perdido certa aura de magia aquele instrumento levemente misterioso, vindo de lugares tão distantes, com inscrições muitas vezes indecifráveis.

As primeiras informações acerca daquela maravilha haviam sido levadas para o mundo cristão latino por Gerbert de Aurillac, um estudioso aventureiro que acabou se tornando o papa Silvestre II na época do primeiro milênio cristão. Na segunda metade do século X, Gerbert passou vários anos estudando em algumas das cidades do então califado omíada de Córdoba, que ainda vivia seus dias de glória. Gerbert retornou a Liège com conhecimentos pormenorizados daquela maravilha tecnológica e talvez até mesmo com um daqueles instrumentos, um precioso astrolábio. O livro que Gerbert escreveu sobre ele, *O livro do astrolábio*, foi não apenas o primeiro a tratar desse assunto, como também um lançador de moda: a partir de então, e por muitos anos, os intelectuais com pretensão a ocupar algum espaço na ciência moderna eram praticamente compelidos a escrever algo acerca de astrolábios. Além dos resultados objetivos dessas maravilhas da matemática e da mecânica celeste, percebe-se que os astrolábios causaram também impressões bem menos mensuráveis na cultura de então, o que de certa forma explica a excentricidade do nome que Abelardo e Heloísa deram a seu filho, nascido em 1118, um século depois que o livro de Gerbert revelou o astrolábio às terras ao norte dos Pireneus. Ainda mais surpreendente é verificar-se que em 1391, quase quatrocentos anos após o retorno de Gerbert de sua viagem à Andaluzia com seu extraordinário instrumentozinho, ele ainda mantivesse sua magia: *Um tratado sobre o astrolábio* é um dos trabalhos incompletos que Chaucer deixou ao morrer.

⁂

O abade de Cluny viajou sem dificuldades através dos Pireneus e mais além, hospedando-se em dezenas de mosteiros da sua ordem que havia pelo caminho. Muitos desses mosteiros pontilhavam a rota de peregrinação para Santiago de Compostela, mas os domínios do abade iam muito além, com 26 mosteiros ao sul das passagens montanhosas dos Pireneus. A influência de Cluny em territórios cristãos da Península Ibérica crescia rapidamente, principalmente depois que Afonso VI tomou Toledo e fez daquela cidade a sede do arcebispado da Igreja — com um francês, um monge de Cluny, como seu primeiro arcebispo. O pai de Afonso, Fernando, havia estabelecido os primeiros laços com Cluny, doando às suas casas monásticas vultosas somas do dinheiro que arrecadava em suas taifas muçulmanas. Porém, com Afonso, as relações com Cluny estreitaram-se ainda mais, pois sua segunda esposa, Constança, mãe de Urraca, herdeira do trono, era sobrinha do então abade Hugo de Cluny. Além disso, durante o reinado de Afonso foi imposta uma controvertida reforma da liturgia em substituição ao livro de preces e à missa seguidos ininterruptamente na Espanha desde os tempos dos visigodos.

Foi principalmente em Toledo, onde havia uma comunidade mozárabe grande e influente, que se julgava guardiã privilegiada dos antigos rituais cristãos, que mais se manifestou a resistência àquelas novidades impostas pelos conquistadores estrangeiros. Desde o século IX até o século XI, os mozárabes haviam preservado sua maneira de celebrar a Eucaristia, não em latim, a língua litúrgica do cristianismo ocidental, mas em árabe. No isolamento cultural e lingüístico da península, os ritos não haviam acompanhado as transformações por que passava o cristianismo latino, e assim sobreviviam em suas formas primitivas. A partir de 1085, porém, sua sobrevivência foi ameaçada pela reforma litúrgica de Cluny, que procurava universalizar as práticas do cristianismo ocidental. A tensão entre os dois grupos de cristãos, os mozárabes e os "romanos", prolongar-se-ia por alguns séculos e pode ser vista, em um sentido amplo, como símbolo do conflito entre uma tradição local especial e as imposições estrangeiras que precisariam ser aceitas para que os cristãos espanhóis se integrassem completamente ao resto da comunidade católica.

Ainda que o propósito ostensivo da visita de Pedro àquele novo centro da Igreja fosse, em parte, diplomático — continuar o processo de convencimento dos obstinados cristãos arabizados de que a maneira francesa (ou seja, a romana) de rezar era a que eles precisavam adotar — sua verdadeira missão lá, com as dificuldades que ela implicava, logo ficaria evidente. O abade anunciou que estava à procura de tradutores para trabalhar com o livro sagrado dos muçulmanos e cedo descobriu que não havia voluntários para fazer o trabalho, na verdade inusitado. O abade de Cluny propunha-se a nada menos que realizar o primeiro projeto cristão de estudar o islã, e fazer a primeira tradução do próprio Alcorão para o latim. De fato, o objetivo da maioria das viagens de estudo às terras onde se tinha acesso ao saber islâmico estava longe de ser religioso. O que quase todos os que se aventuravam àquelas terras, os herdeiros de Gerbert de Aurillac, desejavam era adquirir uma espécie de conhecimento científico abstrato que, como no caso do próprio astrolábio, costumava render-lhes valiosos benefícios tecnológicos. Na virada do século XII já havia um crescente corpo de profissionais responsáveis pela disseminação de conhecimentos árabes decorrentes da pesquisa pura e de conhecimentos que resultavam em alta tecnologia. Embora geralmente nos refiramos ao trabalho dessas pessoas como tradução, principalmente o das primeiras gerações, na verdade não se tratava de traduções no sentido em que geralmente empregamos a palavra. Como Gerbert, aqueles homens tinham também suas aspirações intelectuais e queriam descobrir os tesouros que pudessem ser descobertos. Eram mais exploradores do que outra coisa. Aprenderam o árabe — ou pelo menos o suficiente para lhes permitir trabalhar com seus colaboradores poliglotas mozárabes e judeus —, pois o árabe era a língua do mapa que os levaria ao próprio El Dorado.

Depois de certo tempo, Pedro conseguiu contratar um daqueles exploradores, um tal de Robert de Ketton, um inglês que trabalhava nas bibliotecas de Toledo e suas cercanias. É difícil dizer exatamente onde o peripatético Ketton se encontrava quando Pedro o encontrou e o contratou. Pelo que se sabe, não foi propriamente em Toledo, mas sim "nas cercanias do rio Ebro", talvez na direção de Pamplona, onde Ketton acabou se estabelecendo como arquidiácono. Porém o conjunto de textos encomendado pelo abade de Cluny ficou conhecido como os "Papéis de Toledo" e o epicentro e fonte desse trabalho foi, sem dúvida alguma, a cidade de Toledo. Seja como for, onde quer que Ketton estivesse quando Pedro o encontrou, o homem não demonstrou interesse algum em trabalhar para o abade, pelo menos não na tarefa que Pedro lhe propunha. Foi somente quando o abade de Cluny tornou aquela tarefa financeiramente atraente que Robert concordou, de má vontade, em pôr de lado o trabalho que havia escolhido para si. Abriu mão de sua enorme paixão pelas ciências astronômicas e pela matemática para tornar-se o primeiro tradutor "autorizado" europeu do Alcorão.

Para Robert, tal projeto não passou de um pequeno capítulo — que ocupou indevidamente seu tempo — em uma fértil carreira que incluiu a introdução de um ramo da matemática absolutamente novo na Europa latina através de sua tradução da *Álgebra* (de *al-jabara*, termo relativo à redução de uma equação por meio de "Restauração [al-jabi] e Compensação" de suas partes), obra de al-Khawarizmi, estudioso do século IX que trabalhou no Centro de Estudos Avançados do califado de Bagdá. O nome de al-Khawarizmi deu origem à palavra "algoritmo", a partir da forma em que aparece logo na primeira linha da versão para o latim que Robert fez daquela obra: *"Dixit Algoritmi..."* ("Assim falou al-Khawarizmi..."). O sistema numeral conhecido como arábico também foi introduzido na Europa latina nessa ocasião, através dos trabalhos traduzidos em Toledo por Ketton e por outros como ele. Aquela adaptação feita em Bagdá de um sistema numeral indiano — os próprios árabes referem-se a eles, com mais precisão, como "numerais hindus" — tornou possíveis muitos cálculos matemáticos avançados. Dentre as novidades que não constavam do sistema latino, as mais cruciais foram o emprego do zero (do árabe *sifr*) e a notação na qual o valor do dígito varia segundo sua posição de acordo com uma lógica decimal. Esse sistema torna bem mais simples os cálculos do que os feitos com números romanos.* Aqueles foram tempos muito ricos para quem tivesse disposição e capacidade para garimpar as mágicas estantes de livros de cidades como Toledo. Muitos anos mais tarde, como seria de se esperar, Robert de Ketton acabou escrevendo seu próprio tratado sobre o astrolábio.

A constituição e o perfil do intelectual europeu foram transformados graças aos trabalhos de Robert de Ketton e de muitos outros como ele ao longo de várias décadas após a morte de Abelardo, quando o que fizeram foi abrir um pouco as comportas e deixar passar um primeiro filete daqueles tesouros intelectuais que logo inundariam a Europa. Abelardo praticamente não chegou a se beneficiar daquela revolução. Ele foi o Aristóteles francês, como Pedro, o Venerável, o chamava, mas só até certo ponto, pois não se podia ir mais além, e Pedro ainda lia "Aristóteles" por intermédio de uma versão latina do século V feita por Boethius — portanto só conhecia as partes da obra de Aristóteles que haviam sido divulgadas então. Isso repre-

*O uso do sistema numeral arábico, entretanto, não se tornou generalizado até o início do século XIII, com a publicação do *Liber abaci*, ou *Livro do ábaco*, escrito pelo famoso matemático Leonardo Fibonacci, um mercador de Pisa perfeitamente arabizado que havia estudado métodos de contabilidade no norte da África (atual Argélia), onde seu pai trabalhou como diplomata representando a cidade de Pisa.

sentava muito pouco mais que os trabalhos de lógica do autor de *Categorias* e *Da interpretação*. Muito embora Abelardo fosse contemporâneo de Judah Halevi, desconhecia todo aquele corpo filosófico que Halevi já estava tentando rejeitar, toda uma cultura filosófica acessível aos intelectuais do mundo islâmico havia várias gerações.

Abelardo tinha descoberto a força da lógica quando ainda jovem e agarrou-se a ela com tenacidade por toda a vida, mesmo quando ficou mais que evidente que ele havia se metido em apuros com sua idéia de que a própria fé cristã poderia e deveria ser objeto de escrutínio pela lógica. Ele criou algo ao qual deu o nome de "teologia", que seria a linguagem lógica e científica do cristianismo e desenvolveu um método dialético de abordar questões filosóficas, existenciais e religiosas que ficou famoso com o nome de *sic et non*, que era uma forma inquisitiva mantida em aberto pela expressão "por outro lado". Para Bernardo de Clairvaux, guardião de uma tradição cristã muito diferente da que Abelardo e os religiosos de Cluny cultivavam, aquelas idéias cheiravam a heresias. Ora, como seria possível alguém imaginar que Platão pudesse ser visto como cristão, como Abélard sugeria?

Uma dessas ironias da história faz com que, ao pensarmos na Idade Média, esse famoso método de argumentação *sic et non* represente o tipo de preciosismo pedante que levou ao cálculo do número de anjos que uma cabeça de alfinete comportaria. Embora não se possa negar alguma validade a esse ponto de vista — afinal de contas, a dialética *de fato* baseia-se em detalhes —, a criação do método foi algo diferente. Foi uma visão do universo cujo nome não poderia ser mais apropriado: "sim *e* não". Aqui não se trata de "ou", "ao invés de", ou qualquer outra idéia que sugira uma visão única, que implique dicotomias onde, por ser uma das partes evidente, correta ou boa, a outra deva ser descartada. Para Abelardo e para muitos de seus pupilos, a possibilidade — talvez, mesmo, a inevitabilidade — da contradição era evidente no universo criado por Deus e tão cheio de perplexidades. Com sua insistência na necessidade de se submeter a fé a rigoroso escrutínio racional, idéia essa nova e ameaçadora em seus círculos naquela época, Abelardo previu de maneira surpreendente a convulsão intelectual que dominaria a Europa alguns anos mais tarde. A Europa cristã latina, na qual Abelardo parece ter ocupado um lugar único (*unicus*, "o único", era como sua culta amada Heloísa referia-se a ele), não poderia imaginar que, poucos anos depois, teria à sua disposição o vasto corpo da filosofia aristotélica em tradução acurada para o latim. De mais a mais, toda aquela obra chegou com o bônus de quase mil anos de estudos críticos e notáveis acréscimos, um tesouro de esforço intelectual que ia desde comentários feitos por alunos do próprio Aristóteles chegando até os dos muçulmanos e judeus andaluzes recentes.

O pobre Abelardo, cuja vida ele mesmo chamou de "uma seqüência de calamidades", continuou a ser um homem do universo mais antigo, por mais que ele se recusasse a isso. O gesto de dar ao filho o nome de Astrolábio demonstra seu otimismo em relação a um mundo cujos tesouros intelectuais ele não chegou a conhecer diretamente, mas que pressentia existir bem próximo. Suas indagações, em suas maravilhosas memórias, sobre os rigores da filosofia como estilo de vida já seriam, na geração seguinte, embaraçosamente antiquadas. O *Diálogo de um filósofo com um judeu e um cristão*, escrito por Abelardo provavelmente já em fase bem adiantada de sua vida, no auge de suas contendas com autoridades ortodoxas e na mesma época em que Halevi escreveu seu *O livro dos khazares*, propunha, a rigor, o oposto do que propugnava a obra antifilosófica do andaluz. O herói de Abelardo em suas explorações da maneira como a fé se presta ao escrutínio racional é, sem dúvida, seu filósofo, um personagem criado a partir das vagas idéias de Abelardo acerca da tradição filosófica do mundo árabe que havia trazido revelações como a do astrolábio para seu universo. Contudo, enquanto que, para Abelardo, Sêneca era ainda o maior dos filósofos que ele conhecia, já Petrus Alfonsi, outro contemporâneo, condescendia em transmitir para o clero da Europa, em pequenas doses — "como diz o filósofo árabe" — do que havia aprendido em sua educação árabe convencional. Petrus Alfonsi certamente teria achado risível a idéia de que Sêneca pudesse ser considerado um grande filósofo. Essa idéia teria divertido Robert de Ketton também, que, por ocasião da morte de Abelardo, encontrava-se sentado em meio a um fabuloso tesouro da mais pura ciência e o esplendor aristotélico começava a escoar para fora de Toledo.

As traduções comissionadas por Pedro acabaram incluindo não apenas o Alcorão, como vários outros textos que continham citações de Maomé, contavam a vida do Profeta e de seus primeiros sucessores, entre outras coisas, textos esses escolhidos pelo próprio abade e por sugestão de vários religiosos da Espanha ligados a Cluny. Pedro, o Venerável, deixou claro desde o início por que aquele projeto era importante para ele e, enfim, por que valia tão grande investimento. Para a maioria das pessoas, ele parecia estar dando curso à velha sabedoria que diz ser prudente conhecer o inimigo. Para um homem como Pedro, porém, conhecer o inimigo não seria a primeira consideração, e, na verdade, as circunstâncias políticas tornaram seu projeto bastante complexo. As Cruzadas, que haviam começado na França em 1095, tinham grande importância para ele e para muitos outros religiosos: elas representavam a grande causa e os grandes acontecimentos para a geração de Pedro e de Bernardo. A tradução do Alcorão encomendada por Pedro, bem como as das polêmicas análises dos pontos fracos do islã, costumam ser vistas, logicamente, como parte daquele mesmo espírito das Cruzadas, como uma das armas a serem usadas contra os inimigos muçulmanos na disputa por Jerusalém.

Pedro aparentemente não desencorajou essa interpretação de suas intenções, permitindo que tal explicação singela circulasse de forma a tornar menos suspeitos os seus esforços. Porém Pedro não era tolo. Os soldados que tomavam Jerusalém em nome de Cristo não precisariam de conhecimentos detalhados acerca dos livros sagrados do inimigo, e menos ainda das sutilezas do *hadith*, que eram os dizeres do Profeta Maomé. Parte do problema residia exatamente no fato de o abade de Cluny opor-se às Cruzadas e ser um defensor da paz. Essa atitude refletia-se na grande inimizade em relação a Bernardo e à ala cada vez mais militante dos monges liderados por seu rival cisterciense.

Os cistercienses, que tinham em Bernardo um brilhante porta-voz, haviam feito na Primeira Cruzada sua "peregrinação armada", como disse em um sermão de 1095 um antecessor de Pedro em Cluny, o papa Urbano II. A Cruzada de fato conseguiu capturar Jerusalém em 1099, assim fortalecendo os argumentos a favor da espada para se vencer os inimigos de Cristo e da cristandade. Bernardo, que em tantas questões se opunha a Pedro, sendo talvez o caso de Abelardo o mais evidente, não apenas pregava uma Segunda Cruzada, como tornou-se patrono dos Cavaleiros Templários, cujos monges armados juravam a "libertação" cristã da Palestina e, em especial, de Jerusalém. Esse tipo de comportamento era visto com desprezo por Pedro, o Venerável, que achava a fé dos cistercienses no poder das armas uma violência condizente com o desdém daqueles religiosos pelo saber secular, principalmente pelos clássicos, assim como por todo tipo de pensamento racional e científico, que culminaram nas acusações de heresia feitas a Abelardo, pondo em risco o próprio abade. Tais divergências revelavam a nítida cisão existente na comunidade cristã e tinham a ver com os propósitos e as realizações da viagem do abade à Espanha cristã.

As complexas atitudes de Pedro em relação aos judeus e aos muçulmanos eram comparáveis às dos cristãos andaluzes que haviam vivido e trabalhado nas comunidades mistas em quase toda a Espanha. Na verdade, Pedro aceitava que muçulmanos e judeus fossem "Povos do Livro", portanto passíveis de vir a receber a graça de Cristo. Embora não tivesse dúvidas quanto à verdade de sua fé cristã, o abade de Cluny comungava da compreensão tipicamente andaluza de que havia uma espécie de parentesco especial, em termos de escrituras sagradas e de história, que unia os Filhos de Abraão. Antes de sua viagem à Espanha e provavelmente por algum tempo depois, nos difíceis anos em que defendeu Abelardo das acusações de heresia, Pedro escreveu um livro sobre o judaísmo. Em vários aspectos, esse livro foi uma amostra do que viria a escrever posteriormente sobre o islã. Seu *Liber adversus Judaeorum inveteratam duritiem* muito provavelmente baseou-se nas informações sobre o judaísmo contidas no *Diálogo* de Petrus Alfonsi, que teve ampla divulgação por volta de 1140. Diferentemente da literatura antijudaica até então, o livro de Petrus teve a virtude de informar-se diretamente em fontes islâmicas e judaicas. Como os escritos polêmicos contra o islã e, de fato, como a própria diatribe de Alfonsi, a retórica do trabalho de Pedro ("Contra a obstinada arrogância dos judeus") pode parecer extremamente áspera aos nossos ouvidos. Mas isso não deve obscurecer o fato de Pedro ter feito um trabalho pioneiro e radical ao traduzir e estudar o Alcorão e o quanto sua atitude diferia da de religiosos como Bernardo de Clairvaux em seu país ou dos Cavaleiros Templários no exterior.

O abade de Cluny usou sua tradução do Alcorão, pela qual pagou tão caro, para lançar um desafio bem pouco sutil a um seu adversário, o abade de Citeaux. Pedro lançou-se novamente em disputa com Bernardo sobre o papel da razão, do saber e da filosofia na vida e na mente dos cristãos. Enviou a Bernardo uma cópia da tradução de Toledo do livro sagrado muçulmano com a seguinte provocação maldosa como prefácio: "Minha intenção neste trabalho foi obedecer ao costume dos Fundadores [da Igreja] de jamais passar por uma heresia em silêncio, por mais leve que ela fosse, sem a ela se opor com toda a força da fé e sem demonstrar, através da escrita e da polêmica, que ela é detestável." Sim, é claro, ele falou de fé. Mas falou também de demonstração, de escrita, de polêmica, de saber — e, por conseguinte, de traduções, de lógica e da força do intelecto. A fé e sua demonstração, como dissera Abelardo, eram a espinha dorsal do cristianismo, "o costume dos Fundadores da Igreja". O sim e o não precisam estar sobre a mesa do verdadeiro crente, que pode ser também um homem culto e um homem que pensa.

Em diferentes momentos das explicações que enviou a Bernardo juntamente com o Alcorão em latim, Pedro lamenta que os cristãos tenham caído em tal estado de ignorância a ponto de conhecerem apenas sua própria língua, desconhecendo até mesmo aquela dos apóstolos, quanto mais uma língua como o árabe, que era a língua do acesso à filosofia. Essa foi uma crítica direta à posição dos cistercienses sobre a educação, que era a de oposição a qualquer coisa que fosse além do latim necessário a uma leitura muito limitada e segura nas bibliotecas dos mosteiros. Mas as provocações de Pedro não pararam por aí: ele enviava todo aquele material a Bernardo para que o próprio Bernardo pudesse escrever a grande refutação ao islã que certamente seria a base teórica de sua postura militante no estrangeiro. Não é de surpreender que Bernardo jamais haja feito refutação alguma. Quando o próprio Pedro decidiu-se a escrever acerca da superioridade do cristianismo sobre o islamismo tendo por base suas leituras do Alcorão e de outros textos que havia reunido, começou por lamentar que tivesse recaído sobre ele aquela tarefa, já que nenhum outro cristão havia se disposto a aceitá-la: "Não houve um unico cristão sequer que abrisse a boca para defender com fervor religioso o cristianismo." O tom de sua queixa, naquele contexto, era o de tristeza fingida, ou mesmo o de velado sarcasmo, dirigido a Bernardo, cujo tipo de fervor religioso Pedro certamente não endossava.

A viagem de Pedro aos antigos centros muçulmanos da Espanha foi organizada e levada avante, a um alto custo, para obter as informações que o abade desejava e acabou por revelar-lhe de maneira bem direta as enormes possibilidades de Toledo, cidade em vias de se tornar o centro europeu de tradução por excelência, onde seriam feitos grandes empreendimentos nos séculos seguintes. Dono de um intelecto ávido e curioso, Pedro já havia provado do prazer de conhecer o que outras religiões pensavam de si mesmas, principalmente através dos livros de Petrus Alfonsi e, em especial, do *Diálogo*, que tanta informação textual continha acerca do judaísmo e do islã. Porém o abade de Cluny sabia muito bem que havia muitos outros assuntos que abririam o apetite dos homens: desde o conhecimento da tradição filosófica dos gregos, até os avanços tecnológicos dos quais o astrolábio era símbolo principal. De certa forma, a tecnologia e a ciência por trás dela eram uma isca. A complexa armadilha que estava por trás dessa isca tentadora — as mesmas tentações que Judah Halevi havia denunciado recentemente como sendo inimigas de sua fé — era a rigorosa aplicação do método científico, uma lógica bem mais avançada que a de Abelardo. Em suma, era todo o arsenal da filosofia pagã, com seu potencial para minar a própria fé.

O abade de Cluny viveu com a profunda convicção de que o conhecimento não era anticristão e que era muito bom cultivá-lo — muito mais virtuoso, evidentemente, que cultivar a violência pelas armas. Ele sabia, sem dúvida, que os Cavaleiros Templários não tinham o menor interesse em estudar o islã, e menos ainda em conhecer as referências acuradas ao Alcorão que estavam nos novos livros saídos de Toledo, ou de substituir o diálogo pela espada para provar a superioridade cristã sobre o islã. Mas será que Pedro chegou a imaginar que, após passarem algum tempo na Palestina, muitos templários ficariam por lá, tornando-se "nativos"? A mais antiga e mais famosa ordem de guerreiros cristãos enriqueceu notoriamente, formando uma rede de negócios com os mercadores muçulmanos, e seus seguidores acabaram por aprender suficientemente o árabe — como isso pareceria irônico a Bernardo *e* a Pedro... — para manterem uma próspera e variada relação comercial com o inimigo.

Durante sua viagem a Toledo, no ano seguinte ao da morte de Abelardo, Pedro pôde ter uma idéia do futuro que aguardava os homens de fé e de cultura como ele. Lá, naquela cidade que passara a ser cristã — de fato havia-se tornado uma das principais sedes episcopais da Igreja, controlada por sua Cluny e, finalmente, usando o rito universal —, homens como Robert de Ketton encontravam-se profundamente entrincheirados, lendo tudo que podiam encontrar em árabe. Quem saberia dizer quantos daqueles estudiosos (e a cada dia parecia surgirem mais) poderiam ficar tão fascinados com a astronomia, a álgebra e os astrolábios a ponto de, assim distraídos e seduzidos, perder de vista a verdadeira fé cristã? Ali estava — e isso Pedro pôde ver — a batalha para os corações e as mentes dos melhores intelectos da geração seguinte de europeus.

Presentes

Sicília, 1236

Michael Scot era um dos favoritos do imperador, e não sem motivos. Médico, astrólogo, necromante e exímio tradutor de textos árabes e hebraicos, ele era a síntese do intelectual que Frederico II — imperador da Sicília, do Sacro Império Romano e rei de Jerusalém — queria perto de si para ajudá-lo a concretizar suas ambições culturais e construir o seu legado. Como o nome sugere, Michael era natural da Escócia, porém havia deixado sua terra natal quando ainda jovem e era produto da melhor escola da arte de traduzir, o já secular centro intelectual de Toledo. Na década de 1220, quando chegou à Sicília onde passaria o resto de sua vida, ele já era famoso como mágico, mas o que o tornou mais atraente na corte de Frederico — formalmente baseada em Palermo, porém, na prática, muito móvel — foi sua fama como tradutor, que datava do início do século XIII, quando a tradução para o latim de um vasto acervo científico e filosófico das bibliotecas muçulmanas era a atividade intelectual mais prestigiosa da época. Scot encontrou em Frederico um patrono generoso, que apoiava também suas outras paixões pela alquimia e pela necromancia. O imperador providenciou para o carismático Scot um ateliê de tradução próprio na já consagrada tradição toledana de trabalho cooperativo, multilíngüe, envolvendo vários tradutores.

Frederico II foi um dos monarcas medievais mais realizadores e é até hoje um dos mais lembrados. Suas ambições tinham grande repercussão tanto nas esferas intelectuais e culturais como na política, na qual ele passou a vida tentando consolidar e defender seus territórios germânicos, normandos e sicilianos, quase sempre em oposição ao papa. Ele foi um imperador do Sacro Império Romano que levou a sério as implicações e os desafios do título e provou, de várias maneiras, que estava à altura de sua majestade. Entre seus importantes legados estão as muitas bibliotecas que apoiou e os novos centros de ensino — fundou a Universidade de Nápoles em 1224 —, que ele via como sua marca imperial na civilização. Culturalmente, Frederico era descendente dos "reis de turbante" da Sicília, normandos que haviam tomado dos muçulmanos o controle político do reino insular na época da grande expansão normanda durante a segunda metade do século XI. Os normandos acabaram por arabizar-se completamente, e sob seu domínio a Sicília livrou-se de um certo estupor provinciano no qual vivia, à sombra do brilhante califado omíada de al-Andaluz.

Uma cultura siciliana bem mais cosmopolita havia florescido nos governos dos reis cristãos recém-chegados, principalmente de Rogério II, avô de Frederico, que deixou sua marca cultural indelével naquela parte do mundo onde reinou na primeira metade do século XII. A corte de Rogério em Palermo, semelhante a uma corte de taifa, foi um centro próspero e hospitaleiro para luminares dos mais diversos campos do saber, e o livro de geografia mais importante de sua época tinha o título árabe de *Kitab Rujar* ("Livro de Rogério"). Essa extensa obra foi escrita por um favorito da corte chamado al-Idrisi (às vezes lembrado pelo nome latino de *Edrisi*), um muçulmano nascido em Ceuta, mas educado em Córdoba, que havia imigrado para a Sicília normanda, a cujo rei cristão dedicou seu famoso livro. A tradição das traduções do árabe, portanto, era um componente vital do legado que Frederico herdara, enriquecido pelo acréscimo do grego como língua viva. Na Sicília, o grego fazia parte de uma cultura bizantina, e isso a tornava diferente de al-Andaluz, onde o grego era apenas cultivado vagamente como memória cultural em traduções para o árabe.

Em 1232, Michael Scot dedicou a seu imperador sua própria tradução de uma importante obra de história natural, o tratado intitulado *Dos Animais* escrito pelo filósofo muçulmano Ibn Sina (reverenciado no mundo cristão latino como Avicena). Frederico já possuía a obra de Aristóteles em vários volumes com o mesmo título; essa também traduzida pelo incansável Scot — iniciada quando ele ainda estava em Toledo e completada nos anos em que vagou pela Europa até estabelecer-se na Sicília. Ambas as traduções constituíam dádivas de valor incalculável para Frederico, que estava apaixonado pelas novas ciências de seu tempo e pela possibilidade de se realizarem estudos sistemáticos e experimentais do mundo natural. Aqueles valiosos livros constituíram a base teórica e fonte de inspiração para a obra mais famosa do próprio Frederico, que foi um tratado sobre falcões, ainda lido e admirado em nossos dias. *A arte de caçar com pássaros* resultou das leituras ecléticas de Frederico no campo das ciências e de sua própria paixão pela observação da natureza, que descrevia minuciosamente. Porém as traduções de Michael Scot e, principalmente, o fato de ele as dedicar a Frederico representavam mais do que presentes pessoais; na verdade, Frederico podia ter lido as traduções de Aristóteles para o árabe, bem como a infinidade de comentários muçulmanos, dos quais o livro de Avicena era apenas mais um.

O homem que fora coroado imperador do Sacro Império Romano 12 anos antes, em 1220, falava e lia o árabe e era tão familiarizado com as tradições filosóficas e religiosas dos muçulmanos que havia deixado atônitos e perplexos os que testemunharam sua entrada em Jerusalém em 1229. Naquele ano, o excomungado Frederico, que vivia às turras com o papa, entrou na Cidade Santa. A soberania de Jerusalém vinha sendo violentamente contestada desde que os cristãos lá chegaram com a Primeira Cruzada, mais de um século antes, e Frederico foi àquela cidade reivindicar seu direito de posse um tanto complicado e ser coroado rei na Igreja do Santo Sepulcro, o que conseguiu, mesmo estando excomungado. Aos muçulmanos de Jerusalém, ele pareceu ser de uma espécie de cristão diferente daquela dos francos que o haviam precedido. Logo começaram a circular dezenas de histórias acerca daquele líder de um exército cruzado cujo primeiro feito na cidade foi mandar restabelecer o chamado público para as orações que havia sido proibido pelos soberanos cristãos que o antecederam. "Quando chegou a hora da oração do meio-dia e o chamado do almuadem se fez ouvir bem alto, todos os seus [de Frederico] pajens e valetes puseram-se de pé, bem como seu mestre, um siciliano com quem ele lia a *Lógica* de Aristóteles em sua edição completa, e todos ofereceram suas preces canônicas, pois eram todos muçulmanos... Ficou claro, pelo que ele disse, que ele era materialista e que seu cristianismo não passava de um jogo para ele."

Porém, para Frederico, seu domínio do árabe e de algumas das tradições intelectuais e religiosas, às quais a língua dava acesso, não bastava para satisfazer sua ambição; ele aspirava rivalizar com a influência andaluza nas artes e nas ciências de seu tempo. Se algum bom cientista ou intelectual surgisse em qualquer ponto de sua órbita, ele o puxava para junto de si. Foi assim que, entre outros, o negociante e matemático Leonardo Fibonacci, que estava revolucionando a notação matemática na Europa, foi cortejado e recebido por Frederico; ele presenteou o imperador com uma cópia (segunda edição, 1228) de seu já famoso *Liber abaci*, publicado pela primeira vez em 1202. Entretanto, Michael Scot continuou a ser a ligação mais vigorosa do imperador com o mundo das traduções, que, como Frederico previu, viria a dar ao universo uma nova forma nos anos por vir. Scot era, de certa maneira, a própria encarnação da tradução, e teve grande influência nesse processo: levou consigo de Toledo para a Sicília uma grande aura intelectual, anos de experiência trabalhando com os métodos mais avançados de tradução e o gosto (que Frederico sem dúvida já possuía) pela cultura racional intelectual que se desenvolvia naturalmente com a leitura e a tradução dos grandes clássicos da filosofia grega. Tanto direta como indiretamente, o homem de Toledo, que depois passou a ter terrível fama como mestre da magia negra, foi uma figura central no grande esforço de Frederico para fazer da tradução dos textos árabes uma forma de evangelização.

O imperador acabou por ser uma espécie de filantropo intelectual que tornou disponíveis manuscritos de valor inestimável para instituições que não se restringiam às da Sicília; esses textos incluíam traduções de obras polêmicas recentes escritas em árabe. As que mais se destacavam dentre estas, produtos da pena de Scot (e da magnanimidade de Frederico), eram as obras-primas da filosofia de dois andaluzes quase contemporâneos: Averróis e Maimônides. Michael Scot, que veio a ser imortalizado por Dante no *Inferno*, tornando-se assim o mais famoso dos tradutores medievais, morreu em 1236. Porém os volumosos projetos de tradução nos quais ele teve papel tão proeminente continuaram a florescer em Toledo, ainda que esta cidade estivesse a ponto de ser substituída como capital dos cada vez mais poderosos castelhanos.

Córdoba, 1236

As traduções de textos árabes para o latim tornaram-se um vultoso empreendimento justamente quando o domínio muçulmano na Península Ibérica perdeu sua força. Os cidadãos governados por omíadas — muçulmanos, judeus e até mesmo cristãos — não faziam proselitismo de sua própria cultura, tampouco da cultura filosófica grega que se havia tornado deles também ao longo dos anos; não tinham motivos para se importar com o fato de seus textos estarem ou não disponíveis para os povos que não liam o árabe. Até o século XI, os movimentos em larga escala de povos atravessando as fronteiras dos Pireneus, em ambos os sentidos, que se seguiram à derrocada dos califados e o subseqüente surgimento das taifas, pouco se sabia no mundo cristão latino, de um lado e do outro dos Pireneus, sequer do que pudesse haver naquelas bibliotecas e menos ainda como compreender seu conteúdo. Algumas traduções importantes de fato surgiram antes do final do século XI, mas foram muito poucas.

A situação começou a se modificar quando os cristãos do norte começaram a ir cada vez mais para o sul e a ter contato direto com as bibliotecas. Ao mesmo tempo, muitos dos novos cristãos dos domínios em expansão eram indivíduos que podiam tornar aqueles arsenais de saber disponíveis para os novos governantes. Quando Afonso VI conquistou Toledo em 1085, estava tomando posse também de uma imensa riqueza em livros e — dádiva ainda maior — de comunidades inteiras de toledanos poliglotas, principalmente de mozárabes e judeus, que lhe serviriam de tradutores. No início do século XII, o enorme interesse pelas traduções já havia chegado bem mais longe e por muitos motivos. As comunidades cristãs latinas vinham se dando conta, cada vez mais, dos tesouros de informação tecnológica e filosófica que havia nas bibliotecas árabes. Essa percepção foi crescendo na medida em que os centros monásticos — sendo Cluny o mais proeminente — foram se expandindo nos territórios recém-abertos ao sul dos Pireneus. A ironia da história é que a influência intelectual da cultura árabe (que havia incorporado parte da grega através de traduções e comentários de Bagdá) crescia na mesma proporção em que decrescia o poder político do que ainda restava de al-Andaluz.

Em meados do século XII, as atividades de tradução na Espanha estavam ainda longe de atingir seu florescimento máximo. Em 1142, quando Pedro, o Venerável, para lá se dirigiu à procura de tradutores para seu projeto, tinha precisado suplicar, negociar e, por fim, oferecer fortunas para conseguir alguém daquela primeira geração de tradutores, desorganizada e espalhada pelo norte da Espanha, que se dispusesse a colaborar com seu intento. As primeiras condições para que o trabalho prosperasse foram criadas pelo arcebispo Raimundo de Toledo no quarto de século de seu episcopado, de 1126 a 1151. Raimundo era o poderoso primaz de toda a Espanha cristã e viveu e trabalhou naquela cidade cheia de livros que aguardavam o momento de poderem ser lidos pelos cristãos. De origem francesa, Raimundo era um representante à altura daquelas fronteiras cada vez mais diáfanas entre partes isoladas da cristandade. Era típico, também de um tipo de religiosos — como Abelardo e Pedro, o Venerável — de amplos horizontes intelectuais e foi o responsável pelo apoio e a organização inicial de um grupo desarticulado de estudiosos que compunham a "escola de tradutores" de Toledo. Os resultados de seu interesse e seus esforços nesse sentido não foram muito visíveis até a segunda metade do século, depois de sua morte em 1151, e só o foram, de fato, após a dramática troca de poder nas regiões islâmicas da península. Foi na transição de um regime islâmico para outro que a Espanha cristã acidentalmente adquiriu os recursos humanos de que necessitava para levar a atividade de tradução a um nível mais alto.

Após a conquista de Toledo por Afonso em 1085, os almorávidas endureceram ainda mais suas relações de colonizadores com os andaluzes, que se ressentiam da perda de independência e da versão hostil do islamismo que lhes era imposta. Os andaluzes jamais tiveram sucesso em seus levantes contra os almorávidas — nem mesmo naqueles em que fizeram aliança com seus vizinhos cristãos, a começar pelo próprio Afonso VI, o mesmo cuja expansão eles haviam tentado impedir com o auxílio dos almorávidas. Entretanto, os almorávidas acabaram sofrendo um revés nos seus centros no norte da África, quando foram destituídos por um outro regime ainda mais repressivo, que era o dos berberes almóadas. Com isso, chegou ao fim o domínio almorávida de al-Andaluz, após pouco mais de cinqüenta anos muito instáveis. O novo regime foi sensivelmente pior: os novos islâmicos fundamentalistas impuseram mudanças dramáticas em sua província andaluza, das quais a mais transformadora talvez tenha sido a expulsão imediata dos judeus de muitas das cidades andaluzas.

Os fragmentos dessa explosão do núcleo mesmo da comunidade andaluza espalharam-se por um raio muito grande de território; em certo sentido, aquilo resultou, paradoxalmente, em dádivas distribuídas a outras partes do mundo muçulmano, bem como aos reinos cristãos do norte. Nas cidades cristãs do norte, muitas das quais haviam sido taifas até bem pouco antes e, antes ainda, cidades do califado, os imigrantes judeus encontraram uma sociedade onde não se sentiam isolados em sua maneira arabizada de ser e onde foram capazes de prosperar graças, em parte, à sua familiaridade com a cultura muçulmana. Em lugares como Toledo, os judeus continuaram a fazer parte de uma comunidade pluralista em termos religiosos e lingüísticos, ao lado de mozárabes (que viviam às turras com seus irmãos cristãos não-arabizados) e um grande número de mudéjares, muçulmanos que continuaram a viver nos territórios que haviam sido seus até serem anexados pelas forças cristãs. Até meados do século XII ainda havia comunidades estáveis de muçulmanos vivendo sob domínio cristão — apesar de muitas autoridades religiosas, tanto cristãs quanto muçulmanas, desaprovarem aquela situação —, e os mudéjares se tornaram uma parte importante da comunidade como um todo. Esses muçulmanos, com o passar do tempo, acabaram por se romanizar até certo ponto, enquanto, no sentido inverso do mesmo processo, alteraram a feição do mundo cristão em grandes e pequenas coisas. Na arquitetura, a palavra "mudéjar" passou a ser usada para designar uma ampla variedade de ornatos que compõem a estética islâmica incorporados pela cultura romano-cristã a partir do século XI.

Os judeus arabizados que, por pressão dos almóadas, começaram a se estabelecer em territórios cristãos, tornaram-se um importante elo, juntamente com os mudéjares, com o antigo universo andaluz, permitindo sua continuidade e sua transmissão. Foi então que começaram a ser traduzidos para o latim milhares de livros em árabe, e, ao cabo de cinqüenta anos os cristãos tinham a seu dispor maravilhas jamais imaginadas, como toda a obra de Aristóteles, acompanhada de extensos comentários feitos por muçulmanos e por judeus, bem como outros livros de apoio, antigos e contemporâneos. Ao contrário do que Pedro, o Venerável, havia encontrado, um homem como Michael Scot que chegasse a Toledo na virada do século XIII encontraria não apenas muitos tradutores qualificados, como toda uma cultura de tradução. Michael e muitos outros foram para Toledo aprender o árabe e treinar-se na técnica especial de tradução compartilhada lá desenvolvida. O procedimento mais usual era o de um judeu ir traduzindo o texto árabe em voz alta para a língua vernácula comum a todos, que era o castelhano, quando então um cristão ia passando aquela tradução para o latim. Mais do que a técnica, porém, o que Michael Scot e seus contemporâneos levaram daquela Toledo tão ricamente polimórfica de então foram o zelo com que se tratava todo o material e a tradução não apenas dos textos, como da cultura andaluza que estava por trás deles. Os tradutores da "escola" de Toledo, portanto, traduziam mais do que os textos em si — eles traduziam uma cultura. Os tradutores cristãos foram-se dando conta, cada vez mais, de que os livros com os quais trabalhavam, mesmo os que eram versões para o árabe de originais gregos, eram veículos da cultura andaluz e, em decorrência, veículos da cultura árabe centrada em Bagdá. A tradução, em si, assim como os textos sendo traduzidos, tiveram papel vital nas centenas de anos durante os quais os muçulmanos consideraram as ciências racionais e a filosofia essenciais em suas bibliotecas. E foi aquela cultura da tradução, necessariamente uma cultura de tolerância, que começou a cativar o cristianismo latino.

Ao mesmo tempo, as cidades e regiões de al-Andaluz controladas pelos almóadas começaram a perder algo que as havia tornado únicas. Suas antigas comunidades judaicas e cristãs partiram em exílio, e a interpretação estreita do islã fez com que seus estudiosos se tornassem leitores bem menos ávidos que muitos dos latinos do acervo científico e filosófico das bibliotecas, palácio das memórias dos abássidas e dos omíadas. Talvez o efeito mais negativo da ideologia almóada e de sua prática na Espanha tenha sido a dureza do seu regime islâmico estridentemente monolíngüe e purista. Esse regime teve grande responsabilidade no surgimento de um verdadeiro clima de antagonismo entre muçulmanos e cristãos, algo que até então era bem pouco importante quando comparado com outras instâncias de hostilidades e competição. A instabilidade política e a desunião criadas por aquele choque de estilos muçulmanos coincidiu com um extraordinário período de crescimento do poder papal e da influência de

Inocêncio III durante os anos de seu pontificado, de 1198 a 1216. Em 1212, com o apoio de Inocêncio e com as crescentes provocações e hostilidades dos almóadas, os cristãos da Espanha, até então em comunidades díspares e esparsas, uniram-se às taifas do norte para marchar contra os muçulmanos, acabando por expulsar os almóadas.

A batalha que teve lugar em 1212 em Las Navas de Tolosa, logo ao sul da Sierra Morena, entre as antigas rivais Toledo e Córdoba, marcou o início dos últimos dias do desastroso capítulo almóada da história da península, que durou 64 anos. Uma seqüência quase que ininterrupta de derrotas e recuos muçulmanos deu continuidade àquela batalha decisiva, e, assim, uma cidade após a outra foi sendo conquistada pelas tropas de Fernando III de Castela. Em 1236, ano da morte de Michael Scot na Sicília, Fernando entrou triunfalmente em Córdoba, centro maior e mais poderoso da memória de al-Andaluz. O homem que viria a ser canonizado como São Fernando (primo do também canonizado Luís IX, da França) tomou posse do lendário centro do esplendor omíada e, já no dia seguinte, rezou a seu Deus na reconsagrada Grande Mesquita que o fugitivo de Damasco Abd al-Rahman havia construído para ser a casa de seu Deus na nova terra.

Granada, 1236

Fernando não tomou Córdoba sozinho e tampouco recebeu auxílio de tropas cristãs vindas de fora. Na verdade, Fernando conquistou Córdoba no antigo estilo andaluz, fazendo aliança com um muçulmano. Depois da derrota dos almóadas de 1212, rivais de várias cidades que haviam sido taifas disputaram entre si para preencher o vazio deixado pelos detestados intrusos do norte da África. Dentre esses andaluzes rebeldes, o que teve maior sucesso foi Muhammad ibn Yusuf ibn Nasr, um personagem imponente que se orgulhava de sua antiga linhagem andaluza e cujo nome de família, Nasr, tornou-se famoso por vir a ser o da última dinastia muçulmana da Europa, os násridas. O primeiro násrida, conhecido em sua época como Ibn Ahmar, conseguiu derrotar seus rivais muçulmanos aliando-se ao cristão Fernando. O trato que os dois fizeram, em algum lugar nos arredores de Granada em 1236, foi relativamente simples:

Fernando deixaria a adorável cidade de Granada, toda cercada por cordilheiras, para Ibn Ahmar e seu povo, e Ibn Ahmar ajudaria Fernando a conquistar a cidade que este realmente almejava e que ficava às margens do Guadalquivir: Córdoba. Graças, principalmente, à proteção de Fernando, Ibn Ahmar foi capaz de lá se abrigar e a seus descendentes por 250 anos no relativo isolamento e na segurança da Sierra Nevada, num dos lugares mais maravilhosos do Ocidente, que era Granada. Nessa cidade, outrora conhecida como "Granada dos Judeus", foi criado o último reino muçulmano na Europa na Idade Média, um pequeno ornamento, versão em miniatura do que havia sido al-Andaluz. Tão logo mudou-se para Granada, Ibn Ahmar se deu conta da perfeição daquele local no alto da colina onde tinha se erguido o velho Forte Vermelho e começou a prepará-lo para que se tornasse a cidade palatina, reconstruindo as muralhas fortificadas e levando até lá a água das montanhas. Provavelmente, ele não viveu o bastante para ver muito mais que essas primeiras obras terminadas, porém seu filho assumiu a tarefa, e sob sua direção teve início a construção do mais espetacular de todos os palácios da memória islâmica na Espanha, o Alhambra.

Cerca de dez anos depois que Ibn Ahmar se estabeleceu em Granada, em 1248, Fernando conquistou Sevilha, a última das grandes cidades andaluzas que continuava em mãos dos muçulmanos — exceto Granada, naturalmente, que ele continuou a proteger. Quando ele entrou em Sevilha, os judeus lhe deram um molho de chaves da cidade com inscrições em hebraico, latim e castelhano. Sevilha era a adorável cidade das laranjeiras que os almóadas haviam feito sua capital e em cuja mesquita haviam construído um minarete famoso em todo o mundo. Lá também Fernando de Castela reconsagrou a Grande Mesquita, e nela rezou não apenas no dia seguinte, como pelo resto da vida. Ele foi o primeiro de muitos monarcas castelhanos que preferiu Sevilha, dentre todas as outras cidades, para fazer dela seu lar. Quando ele morreu lá, em 1252 — apenas dois anos após a morte de Frederico II, na Itália, deixando vago o trono do Sacro Império Romano —, Fernando foi enterrado em um túmulo erguido dentro da antiga e enorme mesquita almóada. O túmulo monumental foi criado por seu filho, Afonso X, que viria a se tornar o maior patrono das traduções na Europa medieval, e que passaria o resto da vida tentando inutilmente reclamar para si o prestigioso título de Frederico, como sucessor de Augusto, Constantino e Carlos Magno. O monumento funerário de Fernando tem inscrições nas três respeitáveis línguas da terra — o árabe, o hebraico e o latim —, bem como na língua vernácula que acabava de nascer, o castelhano, que Afonso se dedicaria a tornar uma língua tão valiosa quanto as outras.

Banido de Paris

Paris, 1277

... E de pé, sozinho, eu vi Saladino.

Quando ergui os olhos mais um pouco,
Vi o mestre daqueles que sabem,
Sentado com sua filosófica família

Que se voltava para ele, em homenagem.
E lá, bem junto a ele, diante dos outros,
Vi Sócrates e Platão...

Vi Dioscórides, um bom taxonomista
De plantas, e vi Orfeu,
Tully e Lino, e Sêneca, o moralista;

Euclides, o geômetra, e Ptolomeu,
Hipócrates, Galeno, Avicena,
E Averróis, do Grande Comentário.

— Dante, *Inferno*, IV, 129-44

EM 1210, UM SÍNODO EPISCOPAL EM PARIS BANIU OS COMENTÁRIOS SOBRE A obra de Aristóteles escritos pelo cordobês Averróis. Os comentários vinham sendo estudados na Universidade de Paris, que tinha então apenas dez anos de existência como instituição formalmente constituída, e quase um século depois que Abelardo provocou tanta polêmica com seus ensinamentos sobre a aplicação da lógica à fé. Averróis, como Ibn Rushd era conhecido nos círculos latinos onde seus trabalhos gozavam de enorme prestígio (como a homenagem ambígua de Dante atesta), havia morrido 12 anos antes, em 1198, exilado de Córdoba. Seus comentários sobre a obra de Aristóteles, rapidamente tornados disponíveis em tradução para o latim, haviam provocado enormes conflitos no mundo cristão ao trazerem à discussão a questão dos dogmas da fé ante uma clara compreensão da versão de Aristóteles para a maneira como o universo funciona. A Igreja reagiu com repetidas tentativas de proibição daqueles textos, o que revela sua dificuldade para controlar o enorme interesse por tais livros na nova universidade. Em 1215, passados apenas cinco anos da primeira proibição, os novos estatutos da universidade voltaram a proibir o estudo dos comentários, dessa vez incluindo na interdição a obra do próprio Aristóteles. Dentre os livros explicitamente excluídos das salas de aula da universidade constavam a *Metafísica* e seus tratados de ciências naturais. Quinze anos depois, o próprio papa interveio com a proibição do estudo dos textos de Averróis em Paris.

O "novo Aristóteles" — em traduções ainda bem frescas e enriquecidas por comentários de estudiosos muçulmanos e judeus — não seria despachado assim com tanta facilidade. Essa nova versão de Aristóteles havia chegado a Paris passando por Córdoba, cidade para onde tinha sido levada várias gerações antes, vindo de Bagdá. Tratava-se de uma ameaça bem diferente do pouco que se dispunha do "velho Aristóteles", que era só o que se conhecia na Europa em meados do século XII. Até então, só eram conhecidos alguns textos de menor importância, o Aristóteles que Abelardo conhecera — pouco mais que alguns textos de lógica do *Organon* traduzidos por Boethius. As diferenças entre o antigo e o "novo" Aristóteles eram gritantes: as poucas e vagas idéias que se tinha através de antigas traduções latinas de Aristóteles puderam ser substituídas pelo universo praticamente ilimitado do novo Aristóteles vindo do árabe, detalhadamente apresentado, linha por linha, livro por livro. Por volta de 1230, já estava claro que as repetidas proibições papais estavam tendo pouco resultado: Paris tornava-se uma cidade repleta de homens proeminentes que ensinavam publicamente o pensamento aristotélico e as idéias provocadoras de Averróis. A solução certamente não seria encontrada através da simples designação de determinados livros como frutos proibidos.

Em 1255, um "novo" Aristóteles, presumidamente "purgado" de seus erros, estava sendo ensinado aberta e oficialmente em Paris. O gênio havia sido liberado da lâmpada, pelo menos por algum tempo; e um certo desafio a um tipo de visão do que constituía a fé cristã era discretamente tolerado. Em decorrência disso, no quarto de século que se seguiu Paris tornou-se, de certa forma, o centro do universo, cintilante com sua vida intelectual excitante e intensa. Isso, porém, não duraria por muito tempo. Em 1270, Estêvão Tempier, bispo de Paris e autoridade máxima da doutrina para o professorado religioso da universidade, publicou uma lista de 13 proposições que não poderiam mais ser ensinadas. Em 1227, esse número já havia passado para 219 e incluía uma ampla gama de idéias acerca do universo, de seu funcionamento e das relações entre o mundo observável e o universo invisível de Deus. As especulações que tais proposições representavam — teorias, na verdade — revelavam a assimilação de um vasto corpo de pensamento racional por mestres e discípulos da Universidade de Paris a tal ponto ameaçadora que deu margem à sua condenação explícita como idéias heterodoxas. Ali estava, em suma, Aristóteles da forma como havia sido canonizado por quatrocentos anos na tradição árabe e então trazido para o Ocidente, da forma como Averróis, ou melhor, como seus intérpretes europeus andaluzes e os seus novos intérpretes em Paris e em outros lugares (os "averroístas", como eram chamados) queriam vê-lo compreendido.

Apesar de ser pouco lembrado e pouco compreendido, esse momento de crise intelectual em Paris era um oásis na vida cultural do Ocidente. Em seu centro encontra-se a obra do pensador andaluz Averróis, bem como todo o complexo intelectual e cultural da Espanha islâmica. Ironicamente, em 1227, restava muito pouco do que se poderia chamar de "Espanha islâmica" — apenas a cidade de Granada, que era um palco de lutas. Entretanto, seu impacto intelectual e cultural no resto da Europa atingia o ponto mais alto — talvez em nenhum outro lugar com tanta intensidade como nos salões onde filósofos e teólogos parisienses falavam sobre como os homens pensavam e como compreendiam e perguntavam-se sobre a natureza da verdade e da revelação.

No centro de toda a polêmica sobre o que seria aceitável para a compreensão cristã do universo estavam duas das teses de Aristóteles comentadas por Averróis: a de que a matéria e, portanto, o universo, é infinita e eterna; e a de que os espíritos das pessoas não o são. Ainda mais importante que isso, porém, e objeto central dos esforços de Averróis — igualmente o núcleo da obra de seu compatriota e contemporâneo Maimônides —, era a busca de um modelo das relações entre a filosofia, que significava não apenas o pensamento especulativo, como também o racional e científico, por um lado, e a teologia, ou pensamento limitado pela fé que aceitava os ensinamentos das Escrituras e de seus intérpretes oficiais, por outro lado. Esse problema já havia surgido para os estudiosos muçulmanos desde o final do século VIII com a tradução completa da filosofia grega: o da coexistência dessas duas maneiras potencialmente distintas e até mesmo contraditórias de interpretar o universo. Mais tarde, idêntica pergunta apresentou-se à comunidade judaica, que teve acesso às mesmas obras filosóficas nas bibliotecas árabes. Então, finalmente, em meados do século XIII, em Paris, ela reapareceu no mundo cristão latino.

Judah Halevi, como muitos antes e depois dele, tinha escolhido uma saída fácil. Ele simplesmente deixou de lado a filosofia e a própria idéia de tornar compatíveis razão e teologia, visão essa que viria a ser adotada por muitos homens de fé. Para os partidários da filosofia, naturalmente, era a fé que deveria ser rejeitada, por ser, em última análise, incompatível com a filosofia e a razão. Entretanto, um dos capítulos mais importantes da história cultural do Ocidente na Idade Média é aquele no qual os universos dos cristãos latinos, dos muçulmanos árabes e dos judeus árabes interpenetram-se de maneira muito feliz em um louvável esforço para produzir e manter uma cultura de primeira qualidade, cultura essa que foi capaz de manter, lado a lado e ao mesmo tempo, duas visões contraditórias do mundo.

A primeira parte dessa história teve lugar em Bagdá entre os séculos VIII e X e deu seqüência no Oriente à história da revolução abássida em

Damasco, que resultou na ida de Abd al-Rahman para o Extremo Ocidente, onde fundou al-Andaluz. Essa mesma revolução causou igualmente grandes mudanças no Oriente, a começar pela transferência da capital da antiga e venerável Damasco, na Síria, para a recente cidade de Bagdá, no Iraque. Essa mudança de eixo trouxe para o centro do islã a situação cultural de Bagdá, onde havia muito por fazer. Naquela fantástica cidade circular criada pelos abássidas — um povo ousado, porém profundamente arraigado às tradições —, os califas, que eram ao mesmo tempo líderes políticos e religiosos de sua comunidade, tornaram-se patronos do mais influente movimento de tradução da história. Por cerca de duzentos anos a tradução dos antigos textos científicos e filosóficos gregos foi o foco do mais extraordinário investimento da época, em termos de dinheiro e esforços. Esse enorme empreendimento cultural, que criou e absorveu energia vital, envolveu atores de origens as mais variadas, desde cristãos siríacos, que constituíam o principal corpo de tradutores efetivos, aos califas árabes, "sucessores do Profeta" e descendentes aristocratas dos *quraysh* de Meca, além de uma mistura de pessoas de outras origens, como a que se deu em al-Andaluz.

Os estudiosos ainda estão tentando deslindar as motivações e as condições que levaram a esse movimento de transformação cultural extremamente criativo, porém o principal resultado é evidente: nada menos que a tradução para o árabe do universo grego do saber. No século VIII, aquele corpo de saber, ainda fascinante, havia-se fossilizado em seu próprio local de origem no final da Antigüidade e estava em vias de cair no esquecimento, a exemplo das grandes perdas que ocorreram em outras culturas. Mas então, num lugar diferente e em mãos diferentes, ele adquiriu uma segunda vida, metamorfoseando-se em parte vital de um universo árabe jovem e vigoroso. Com a significativa exceção dos textos literários, os gregos reencarnaram como parte da notável cultura árabe que surgiu renovada pelos abássidas — e que de lá se espalharia para outros lugares, de onde acabaria chegando a Paris no século XIII. Embora a cultura grega, como a conhecemos hoje em dia, chegasse ao nosso mundo intelectual moderno por outra via e num tempo ainda por vir, pela metamorfose do Renascimento, a versão inicial foi possibilitada graças àquela primeira transmutação.

Como ocorreu com a poesia pré-islâmica e pagã dos árabes, a intensa e dispendiosa garimpagem da produção cultural grega foi parte de um movimento de libertação fundamental e criativo que se deu no interior do mundo islâmico, radicalmente monoteísta. No decorrer daqueles dois séculos em Bagdá, um novo modelo cultural surgiu e floresceu: o da intensa busca intelectual secular realizada num contexto inequivocamente religioso. Fez-se lá, às vezes conscientemente e às vezes não, o mesmo esforço difícil e prolongado que já havia sido feito pelo judeu Fílon e pelo cristão Agostinho: o de integrar o legado pagão à vida intelectual de uma cultura monoteísta. Esse empreendimento sistemático de tão grande porte que se fez do século VIII ao século X não foi um simples esforço de curadoria para "preservar" os gregos para a posteridade, como alguns querem crer.

De praticamente qualquer ponto de vista que se adote, o chamado movimento de tradução representa infinitamente mais que uma simples transmissão de um legado intelectual do Oriente para o Ocidente, quer em seu propósito imediato, quer no seu impacto de longo prazo. O esforço muçulmano de dois séculos para compreender e adaptar o universo intelectual helênico reintegrou a essencial visão clássica do mundo a uma cultura viva novamente. De várias maneiras, esse capítulo de "transmissão" cultural é um exemplo clássico de como coisas que estão morrendo em um solo nativo podem de fato sobreviver e até florescer quando transplantadas. Nesse caso, presente em Bagdá desde praticamente a fundação da cidade, esse transplante teve papel fundamental na formação de um novo hábitat islâmico. Daquele longo processo emergiu um novo modelo de transposição de textos gregos não apenas para outra língua — essa foi a parte relativamente mais fácil do problema —, mas também para uma cultura monoteísta, profundamente religiosa e, portanto, resistente à razão. Somos, por conseguinte, herdeiros de Bagdá de maneiras que transcendem em muito as traduções em si, traduções essas que acabaram sendo substituídas quando os textos gregos foram reintroduzidos na Europa por intermédio do império bizantino. O que de mais valioso nos foi legado por essa longa permanência dos gregos em Bagdá, que os levou também a uma extensa permanência em Córdoba, foi a idéia profundamente arraigada de que o pensamento grego é transcendentalmente valioso — e que é traduzível e adaptável a qualquer língua e a qualquer cultura, inclusive as monoteístas dos Filhos de Abraão.

Al-Andaluz passou pelos primeiros estágios do processo de tradução e absorção juntamente com o resto do mundo islâmico, e a princípio um passo atrás de Bagdá. Com o tempo, como aconteceu com outras atividades culturais, os intelectuais andaluzes acabaram por provar que eram bem mais do que simples colonos. Quando da morte do rei platonista Ibn Hazm em 1064, já era evidente que, mesmo no caos político que se seguiu à queda do califado de Córdoba — e talvez até graças a ele —, al-Andaluz já era, com suas taifas, a vanguarda cultural do mundo islâmico. A espiral política que acabou levando a Andaluzia a regimes cada vez mais repressivos (tanto cristãos quanto muçulmanos) no final do século XI foi acompanhada de uma intensificação da atividade filosófica. À medida que o tempo passava, mais evidente se tornava a disputa entre a fé e a razão que sempre esteve implícita no movimento de tradução.

O clímax dessa atividade de tradução ocorreu em al-Andaluz nos séculos XII e XIII, cerca de quinhentos anos depois de seu início em Bagdá, e deu-se num período de grande repressão. Ironicamente, a transformação da região em Estados onde prevalecia a tirania ideológica começou exatamente quando a cultura andaluza começava a irradiar para o norte distante alguns de seus produtos mais refinados e lá abrir horizontes antes inimagináveis. Essa infiltração deu-se através de instrumentos tão variados como o astrolábio, novos instrumentos musicais e a filosofia que acabaria sendo proibida em Paris em 1227. Nesse meio tempo, entretanto, os próprios andaluzes estavam perdendo muito da liberdade que havia tornado possível aquela civilização tão cheia de vida e tão imprevisível. O pior que aconteceu foi que aquela multiplicidade de culturas ao sul dos Pireneus começou a duvidar de uma idéia incorporada durante séculos, que era exatamente a da viabilidade de sua pluralidade. Aquela tradição começou a ser abalada não tanto por um único inimigo externo, mas por uma concatenação de vozes vindas de todos os lados clamando por pureza. A rejeição de Judah Halevi da cultura judaica andaluza, que ele confirmou ao abandonar literalmente o Sefarad em 1140 e com seus estridentes libelos contra a filosofia no *O livro dos khazares,* foi um presságio, surgido de dentro da própria cultura, que indicava o que estava por vir. Conquanto a partida de Halevi haja sido voluntária, o regime almóada que tomou o poder poucos anos depois desencadearia muitos exílios involuntários de al-Andaluz, e não apenas de judeus.

Já nas duas décadas finais do regime almorávida, nasceram em Córdoba dois homens extraordinários: Ibn Rushd (Averróis), em 1126, e Musa ibn Maymun (Maimônides), em 1135. Suas vidas e suas obras foram profundamente marcadas pela chegada dos almóadas e pelo regime de repressão que aos poucos passou a caracterizar a sociedade andaluza. Ambos foram vítimas, até certo ponto, da estreiteza intelectual que seus ancestrais não haviam conhecido. Suas obras monumentais — que, curiosamente, influenciaram mais a filosofia da Europa cristã posteriormente do que suas próprias culturas religiosas — tinham em comum uma visão básica que pode ser caracterizada como a de defesa da liberdade humana. Cada um, à sua maneira, centrou sua argumentação nos paradoxos que precisam ser aceitos para que a fé e a razão possam florescer em seus respectivos campos. Nem a fé nem a razão devem ter precedência (pois isso levaria necessariamente à tirania de uma sobre a outra), mas, ao invés disso, cada uma deveria ocupar, de maneira generosa e sem concessões, seu lugar à mesa onde compartilhariam do banquete da verdade.

Os comentários de Averróis, feitos linha por linha, da obra de Aristóteles e o hermético e provocador *Guia para os perplexos*, de Maimônides, são grandes livros que sobreviveram ao passar do tempo, e seus méritos e impacto transcendem de muito as circunstâncias históricas imediatas. Porém essas circunstâncias lançam luz sobre o teor e provavelmente também sobre as motivações de suas obras, que são, por si só, eloqüentes testemunhos de seus tempos. Esses dois homens de Deus e da filosofia estavam construindo heróicas defesas de uma visão do mundo no qual haviam nascido e que aprenderam, desde pequenos, a aceitar como natural, mas que, ao longo de suas vidas, foi desaparecendo. Foram ambos criados nas aristocracias intelectuais de suas comunidades: Averróis era filho e neto de renomados juízes cordobeses; Maimônides era filho de um rabino. Ambos receberam excelente educação e foram herdeiros da longa tradição andaluza de liberdade. Tinham ambos, também, um arraigado apego sentimental a al-Andaluz e morreram amargurados em seus exílios: Averróis, em 1198 em Marrakech (embora seu corpo tenha retornado a Córdoba para ser enterrado), e Maimônides, em 1204 em Alexandria, onde viveu por muitos anos.

A história da família Maymun é espantosa. Ela foi uma das muitas que fugiram de Córdoba em 1148, quando a cidade começou a ser governada pelos almóadas. Mas, em vez de fugirem para o norte cristão, muitos judeus embrenharam-se ainda mais fundo em território almóada. De Córdoba, foram primeiramente para Almeria, e de lá, em 1160, seguiram para a grande cidade de Fez. Esse capítulo do exílio da família sempre deu motivo a um certo mal-estar entre estudiosos judeus, já que, durante os anos passados no Marrocos, o centro do domínio almóada, é possível que a família Maymun se tenha convertido ao islamismo. Os almóadas eram extremamente intolerantes com os judeus, principalmente com os de al-Andaluz, pois achavam que a tolerância dos muçulmanos andaluzes para com os judeus era inaceitável. Uma conversão de conveniência certamente teria facilitado sua emigração para o leste, e talvez uma emigração naqueles anos não tivesse mesmo sido possível sem tal condição.

Os Maymun acabaram por deixar o Magreb, migrando para a Palestina e depois retornando ao Egito. Foi lá que o filho pródigo e brilhante da família, Musa (em hebraico, Moisés), passou a vida como médico famoso dos soberanos muçulmanos. Como Maimônides veio a se tornar não apenas o líder da comunidade judaica, mas também uma figura tão reverenciada da história dos judeus a ponto de ser chamado de "o segundo Moisés", a conversão de sua família, ainda que forçada e ainda que temporária, foi vista como uma ignomínia. Entretanto, Maimônides sempre sustentou ser contra a idéia de mártires judeus. Muitos líderes religiosos estimulavam o martírio voluntário como preferível à conversão, porém Maimônides discordava deles veementemente e elaborou uma defesa aberta da falsa conversão para que os judeus pudessem sobreviver em períodos de perseguição religiosa. O conceito de identidade de Maimônides não deixava muito espaço para qualquer espécie de unidade imposta ou para qualquer consistência trivial na vida do intelecto. Ele era, para início de conversa, andaluz demais, e sua identidade cultural e intelectual era misturada demais (por sorte, diferentemente de Halevi) para que ele defendesse idéias simplistas. Esquece-se com freqüência que toda a sua obra foi escrita em árabe, com a única exceção da *Segunda Lei*, ou *Mishneh Torah*, sua sistematização enciclopédica e prática das leis judaicas.

Maimônides seguiu a tradição dos intelectuais andaluzes que o precederam mas que, até o advento de Halevi, não haviam imaginado que algum dia alguém tivesse que escolher entre ser judeu e ser arabizado e secularizado, ou mesmo entre ser judeu e ser filósofo. Na verdade, uma forma de se tentar compreender a decisão da família Maymun de fazer aquela perigosa viagem ao coração do regime almóada em Fez, em vez de fazer a viagem bem mais fácil para os territórios cristãos do norte, é aceitar que ela se deveu a uma profunda percepção de sua geração acerca do "mundo árabe". Para os andaluzes cultos, o mundo arabizado era o da civilização e da luz; era a cultura na qual se lia Aristóteles, como o jovem "segundo Moisés" havia aprendido a fazer; e era também a terra natal da língua dos judeus civilizados das gerações mais recentes. O islã podia ser muitas coisas: para os judeus, podia ser o abrigo ou a perseguição; e essas possibilidades conflitantes existiam para os muçulmanos também.

O autor do difícil *Guia para os perplexos*, obra que sem sombra de dúvidas destinava-se apenas à elite intelectual, tem quase tudo em comum com seu colega muçulmano, também cordobês e estudioso de Aristóteles. O principal tratado filosófico de Averróis foi igualmente escrito para uma elite, sob o título mordaz *A destruição da destruição*. Essa obra-prima de Averróis foi uma refutação ao trabalho de um dos luminares da teologia islâmica do século XI: *A destruição dos filósofos*, de al-Ghazali. Como outros muçulmanos muito lidos em círculos cristãos, al-Ghazali recebeu também um nome latino, *Algazel*. Ele lecionou em Bagdá e morreu em 1111. O livro de Algazel que Averróis refutou era, por sua vez, uma resposta a Ibn Sina, outro filósofo muçulmano, que foi também médico, conhecido por seu nome latino de *Avicena*. Nascido em 980, Avicena havia sido um dos filósofos mais proeminentes do mundo islâmico, um homem cosmopolita, muito viajado, de ampla visão e extremamente prolífico em sua obra. Por várias razões, era considerado o produto mais importante de vários séculos de assimilação do saber científico e filosófico dos gregos. No Ocidente latino, era reverenciado como filósofo original e perspicaz, bem como o autor do *Cânon*, que se tornou um dos principais textos de medicina na Europa medieval.

Avicena havia proposto a famosa tese sobre a possibilidade de o pensamento científico produzir verdades independentes que seriam compatíveis com as verdades reveladas. Tal proposição, uma defesa aristotélica da validade do pensamento científico, foi o que Algazel refutou em seu livro. Algazel assumiu o ponto de vista radical segundo o qual o Deus dos filósofos não era o Deus do islã — daí a "destruição" da filosofia para um muçulmano. A obra de Algazel era um ataque frontal à própria filosofia, que ele via como absolutamente incompatível com as revelações fundamentais do Alcorão. Averróis, portanto, foi o terceiro nessa seqüência de escritores que debateram entre si enfaticamente através do tempo e do enorme espaço por onde se espalhava o mundo islâmico. Sua vigorosa defesa de Avicena e seu ataque à "destruição" de Algazel fez dele um herói para muitos dos parisienses que lutaram durante todo o século XIII para conseguir usar esse seu livro e seus comentários aristotélicos nas salas de aula da universidade.

Porém em sua própria cultura Averróis foi recebido de maneira bem diferente. Morreu em Marrakech em circunstâncias suspeitas, mas é quase certo que estivesse em prisão domiciliar decretada pelo regime almóada. Sua morte foi, de certa forma, a morte simbólica de uma importante característica de al-Andaluz. Averróis e Maimônides causaram tamanha agitação à elite intelectual parisiense (pertencente, em sua maioria, à hierarquia da Igreja) porque suas obras — nas quais comentavam e refutavam a idéia de que a fé era o único meio de acesso à verdade — refletiam profundamente a herança aristotélica de quatro séculos da cultura árabe. Toda a sua argumentação tinha a autoridade de vários séculos de intensos e frutíferos estudos, algo inimaginável para os cristãos europeus do norte. Com Averróis e Maimônides deu-se a última florada de uma tradição que tivera início na Bagdá de Harun al-Rachid no século VIII e, de muitas maneiras, atingira seu apogeu naquele momento inóspito da história andaluza.

O destino de Averróis na memória do segmento devoto da comunidade islâmica acabou lhe sendo bastante favorável. Nesse contexto, as suspeitas e as perseguições sofridas por Averróis no fim de sua vida são tratadas como pouco importantes e com certa dissimulação. Na verdade, uma das ironias dessa história tem a ver com Paris e o fato de lá terem banido a obra de Averróis: o impacto desse filósofo na vida intelectual dos que o leram em latim no final do século XIII foi bem maior do que aquele causado nos que o leram na sua própria língua. E esse foi também o destino de Maimônides, o filósofo que escrevia em árabe. Já o Maimônides em hebraico, o "segundo Moisés" que deu as leis aos judeus do Egito de seu tempo, cujo *Mishneh Torah* foi estudado pelos devotos em sua própria língua, esse teve outro destino. Entretanto, para alguns desses devotos Maimônides excedeu-se em sua arrogância e beirou a heresia ao escrever a "segunda" Torá.

Em meados do século XIII, Paris tornou-se o centro da vida intelectual européia, como Abelardo havia prenunciado. A cidade e a universidade testemunhavam as idas e vindas dos grandes intelectuais da época, entre os quais contava-se o inglês Roger Bacon, que foi, em várias ocasiões, "confinado" por seus escritos hereges e que, no resto do tempo, dedicava-se a retiros espirituais como um bom franciscano. Lá esteve também Alberto Magno ("o Grande"), que na verdade foi o primeiro a se dar conta de que a sobrevivência do cristianismo requeria a compreensão do cânone aristotélico. Havia também um aluno de Alberto, um jovem aristocrata chamado Tomás, originário da cidade de Aquino, que foi o mais influente de todos. Tomás de Aquino chegou à conclusão de que não bastava relacionar o que havia de errado na visão dos defensores de Averróis. Afinal de contas, *de que maneira* Aristóteles seria compatível com o Deus de Abraão?

Embora a grande obra de síntese aristotélica de Tomás de Aquino, a *Summa theologica*, nos pareça, à distância em que estamos, o extremo da ortodoxia, nem sempre foi assim percebida. Em certas partes, ela parecia flertar perigosamente com a heterodoxia, pelo menos até que começasse a ser lida através de espessas camadas de comentários ortodoxos. Tomás pisava em solos perigosos, assim como vários de seus contemporâneos, dentre os quais destacavam-se Maimônides e Averróis. Porém Tomás de Aquino tinha certas vantagens. Antes de chegar à cena parisiense, foi beneficiado por uma excelente educação de estilo andaluz na Itália de Frederico II, onde leu a tradução latina do *Guia para os perplexos* de Maimônides, considerada uma das obras prediletas de Frederico. O livro havia sido primeiramente traduzido do árabe para o hebraico pelo toledano Judah al-Harizi e, na corte de Frederico, Michael Scot coordenou uma equipe que o traduziu para o latim. Tomás de Aquino teve acesso a outras fontes também. A partir de 1260, provavelmente por iniciativa do próprio Tomás, um dominicano flamengo que trabalhava com o latim e o grego foi incumbido de uma nova tradução do grego, literal e acurada, da obra de Aristóteles e de comentários sobre ela. Isso possibilitou a Tomás libertar-se de seus informantes muçulmanos e judeus para ter aceso ao pensamento do filósofo grego. Ainda assim, muitas das teses de Tomás de Aquino parecem estar incluídas na lista das duzentas e dezenove censuradas pelo bispo Tempier em 1277, e muitos dos seus escritos foram de fato proscritos até 1325, pouco antes de ele ser canonizado.

O que se passava em Paris no século XIII assemelhava-se ao que havia ocorrido no mundo de fala árabe nos séculos X e XI, com a grande diferença de os cristãos de um mundo ainda latino não terem que começar da estaca zero; eles puderam contar com a tradução das grandes obras gregas que lhes chegavam por al-Andaluz. Alberto Magno e Avicena deram o que pode ser considerado como o primeiro passo na direção da "adaptação", fornecendo as paráfrases estruturais necessárias, ao mesmo tempo em que construíam suas reputações como teólogos, de forma a evitarem as suspeitas da heterodoxia. Conseguiram, ambos, realizar o mesmo feito: intelectuais acima de qualquer suspeita que eram, valendo-se de seus bons nomes, introduziram por vias indiretas em sua própria cultura religiosa as principais formas de raciocínio helênicas, bem como a maneira grega de interpretar o mundo. A partir de então, Aristóteles, que assim entrou sem ser notado, já não mais pôde ser ignorado. As reações dos teólogos viriam, naturalmente: Algazel e Tomás de Aquino, que assumiram a defesa da fé, eram profundos conhecedores de Aristóteles e tiveram condições de fazer muito mais do que simples listas de idéias que não poderiam ser pensadas. Os teólogos lograram reintroduzir a teologia com toda sua carga, porém já então utilizando-se da poderosa linguagem e do lastro intelectual que sua formação filosófica lhes havia assegurado.

Visões de Outros Mundos

Ávila, 1305

NO CORAÇÃO DE CASTELA UMA MULHER AGUARDAVA O RETORNO DE SEU marido. Naqueles últimos 15 anos, haviam feito seu lar na cidade de Ávila, cujos muros da catedral eram parte das espessas muralhas que a cercavam. Por muitos anos haviam vivido em Guadalajara, a cerca de cem quilômetros a leste dali, ainda em Castela, porém já próxima a Aragão e a meio caminho da Catalunha. Naquele tempo passado em Guadalajara, o marido dela fora, um importante membro da veneranda comunidade judaica castelhana, respeitado como intelectual e autor de muitos livros. Mas depois ele começou a agir de maneira estranha, como se fosse um vendedor ambulante, passando mais tempo na estrada do que em casa. Ela temia que ele estivesse meio louco. Ele passou a vender panfletos que escrevia numa língua que se parecia com sua língua sagrada, o hebraico, mas que não era o hebraico em absoluto; era uma outra língua que só os rabinos compreendiam. Ele dizia a quem quisesse ouvir que o que estava vendendo eram fragmentos de sabedoria copiados de um antigo livro sagrado, mas ela sabia que aquilo não vinha de livro algum e que provavelmente saía da cabeça dele. Certa vez ela lhe perguntou por que ele se dizia um mero copista e não o autor daqueles panfletos que vendia, cada vez mais, em suas andanças pelas estradas. "Se as pessoas soubessem que sou eu o autor", respondeu ele, "não me dariam atenção nem gastariam a menor moeda sequer com estes livros. Diriam que são apenas o produto de minha imaginação. Mas ao ouvirem dizer que eu os copio do livro de *Zohar,* que Simeon ben Yohai escreveu sob inspiração do Espírito Santo, pagam um bom preço por eles, como você sabe."

Havia vários anos que Moisés de Leon vagava pela Castela Antiga, no noroeste, na direção de Leão, terra de seus ancestrais, bem como pela Nova Castela, ao sul e a leste, por lugares onde a maioria dos judeus ainda falava o árabe. Naquele dia de 1305, sua mulher esperou em vão que ele retornasse a Ávila com o produto da venda daquela mercadoria incrível que eram os tais livrinhos. Dessa vez ele tinha ido para o norte, para Valladolid, onde os reis de Castela às vezes estabeleciam residência. Foi sua última viagem. Moisés de Leon morreu a caminho de casa. Pouco tempo depois, sua viúva recebeu a visita de um dos judeus mais ricos de Ávila, que ofereceu a mão do filho em casamento com a filha de Moisés em troca de um dote bem estranho: o manuscrito do *Zohar* do qual o rabino Moisés havia transcrito, por 15 anos, os ensinamentos do rabino Simeon ben Yohai da Galiléia, escritos no século II. Mas a viúva e a filha tiveram que explicar que tal livro jamais existiu — sabe-se lá se revelaram isso envergonhadas, desesperadas, ou achando aquilo divertido.

O *Zohar* de Moisés é um livro volumoso, ou, mais precisamente, uma enorme coleção de panfletos que Moisés havia produzido em série e que veio a ser a própria essência da tradição mística judaica conhecida como *Cabala*. "Tradição" — algo transmitido de uma geração a outra — é o que significa a palavra "Cabala". Ali estava sendo "transmitida" uma grande quantidade de teoria e de práticas esotéricas, algumas das quais visivelmente gregas, junto a outras, recolhidas de uma antiga tradição de magia que circulava já por vários séculos nos círculos rabínicos. Embora o *Zohar* seja visto como produto da genialidade e da imaginação daquele judeu castelhano que viveu e escreveu no final do século XII, o que Moisés afirmava em sua ficção religiosa era que ele apenas transcrevia a obra do reverenciado Simeon ben Yohai. Essa história da origem do livro foi adotada como verdadeira desde a época em que ele passou a ser lido por toda parte, no final do século XV (cerca de duzentos anos depois que Moisés o divulgou), até os séculos XIX e XX, quando estudiosos modernos foram capazes de identificar seu verdadeiro autor. Por que motivo Moisés teria sentido necessidade de atribuir a um suposto autor do livro aquele tipo de autoridade que ele julgava não possuir e que não seria negada a um remoto rabino perdido na história? O que tinha de especial aquele livro que fez com que fosse tão reverenciado entre judeus, o único livro escrito depois do Talmude a adquirir *status* canônico e ser lido juntamente com a Bíblia e o Talmude como um dos textos sagrados judaicos até quase o final do século XIX? E se, afinal, ele não reflete a cultura de um judeu culto da Palestina do século II, e sim o de um judeu castelhano do século XIII, o que podemos inferir do mundo de Moisés de Leon, o mundo no qual o *Zohar* foi concebido?

Como Judah Halevi havia feito cerca de 250 anos antes dele, Moisés rebelou-se contra grande parte do racionalismo arabizado de muitos dos membros das comunidades judaicas a seu redor. Como Halevi, também, decidiu abdicar de sua educação nos moldes da velha Andaluzia. Ele, também, havia iniciado sua vida intelectual estudando a "religião grega", porém acabou por achar que a busca filosófica do saber era estéril e que os judeus de Sefarad eram excessivamente materialistas, excessivamente interessados no sucesso e, portanto, espiritualmente preguiçosos. Entretanto, Moisés tampouco estava satisfeito com a maneira convencional como sua religião era praticada e desdenhava os judeus tradicionalistas que jamais iam além da Mishna positivista e do Talmude legalista, o conjunto de leis canônicas e de comentários canonizados que regiam a vida dos judeus desde o século III até seus dias. Para Moisés, essas visões aparentemente contraditórias do universo — a filosófica e a religiosa-normativa — tinham em comum o fato de serem incapazes, tanto uma quanto a outra, de levar a uma compreensão das verdadeiras complexidades de Deus e da existência.

Diferentemente de Halevi, Moisés não abandonou sua cultura nem sua terra natal e tampouco afastou-se do convívio social e humano, a exemplo de muitos outros indivíduos de inclinações místicas, para atingir uma comunhão pessoal com seu Deus. Em vez disso, Moisés tornou-se um misto de poeta e doutrinador místico, um mestre que dispunha de um método e de um texto que apelava mais para a imaginação do que para as análises sistemáticas ou as regras elaboradas que os judeus chamam de *halakah*. Ele não divulgou sua mensagem de uma só vez, mas aos poucos e através da voz de um antigo sábio imaginário, um rabino do século II cujas discussões com seus discípulos e com alguns personagens da Bíblia ele transcrevera. Moisés estava seguro de que aquele seria o caminho de luz pelo qual todos se aproximariam de Deus e da Torá, e ele o chamou de *O Livro do esplendor*, ou *Sefer ha-zohar*.

Esse extenso livro, descrito como a Bíblia da Cabala, ou uma midrash mística, e até mesmo como um romance esotérico, foi escrito por Moisés (cujas línguas eram o hebraico, o castelhano e o árabe) em uma espécie de pseudo-aramaico pontilhado aqui e ali com expressões hebraicas, castelhanas e árabes. O uso do aramaico, língua da antiga e remota Galiléia, teve o propósito evidente de fazer crer que se tratava de um texto do século II. Ademais, uma grande ousadia do *Zohar*, com sua escandalosa pretensão de substituir a Mishna como comentário canônico judaico da Bíblia, revela-se na sua própria estrutura: a obra é composta de cinco livros de exegeses correspondentes aos cinco livros da Torá (Gênesis, Êxodo, Levítico, Números e Deuteronômio). Moisés sentiu necessidade de invocar uma autoridade bem mais antiga, um pretenso texto perdido havia muito e então encontrado, escrito num tempo quando o judaísmo ainda escrevia seus textos canônicos. Dessa maneira ele poderia apresentar uma visão que, se apresentada em sua própria voz, a de um castelhano do século XIII, teria sido de difícil aceitação.

A ousadia mais radical de Moisés com seu *Zohar* foi precisamente o fato que ele tentou obscurecer com sua distribuição parcelada — ou seja, a de que haveria um texto completo para substituir a tradicional abordagem legal para a interpretação do Talmude. Ali não estava uma interpretação isolada e diferente ou algumas análises avulsas do texto, e sim uma visão totalmente distinta, uma penetração gnóstica das Escrituras, uma abordagem mística e poética que se opunha à da Mishna e com ela rivalizava-se. A grande força do livro de Moisés não reside na absoluta originalidade de abordagem por si mesma, mas em algo que poderia ser chamado de codificação — se é que tal palavra possa ser usada para algo tão resistente à codificação — da forte tradição cabalística que floresceu nas comunidades judaicas dos ancestrais de Moisés e de seus vizinhos. Esse Moisés foi também um codificador, um legislador poético de seu tempo, que pertenceu tanto à linhagem visionária quanto à cultura racional da época em que viveu.

Já desde antes dessa época e continuando nos tempos de Moisés de Leon, uma rica tradição mística prosperava nas comunidades judaicas que viviam nos dois lados dos Pireneus e que compartilhavam a língua vernácula comumente chamada de provençal. Nos séculos XI e XII, aqueles territórios, que tinham íntimos laços com as cortes cristãs ainda arabizadas da Catalunha e Aragão, foram um terreno fértil para indivíduos e grupos que não se adaptavam às instituições vigentes. Foi lá que surgiu a primeira geração de poetas que tentaram substituir o latim como língua literária pelo vernáculo que poucos anos depois viria a ser chamado pelo nome poético de *langue d'oc*, a "língua do sim", por Dante Alighieri em Florença, não muito longe dali. Lá ficava também a sede dos místicos e esotéricos judeus que chamamos de cabalistas. Em termos culturais, assemelhavam-se muito a seus irmãos andaluzes; porém, no que se referia à fé, discordavam da abordagem intelectual e filosófica daqueles. Aquela "terra do sim" parecia ter vocação para dizer não, e foi lá também que surgiu a heresia dos cátaros ou albigenses, seita maniqueísta que se considerava a "Igreja dos Purificados", que Roma começou a perseguir seriamente em meados do século XII. Os cátaros, em suas cidades fortificadas do Languedoc, foram objeto de uma Cruzada feroz sancionada pelo papa quase ao mesmo tempo em que exércitos de cristãos de toda parte ajudavam os cristãos da Espanha a destruir os almorávidas.

Antes mesmo da batalha de Las Navas de Tolosa contra os muçulmanos em 1212, essa outra guerra vinha sendo travada com igual ferocidade por Inocêncio III e suas tropas de choque de dominicanos contra o inimigo no interior da cristandade. Embora os fascinantes detalhes políticos e religiosos da Cruzada Albigense não sejam de relevância direta para esta história, seus resultados, que reverberaram por toda a primeira metade do século XIII, o são. As cortes do Languedoc, outrora prósperas e independentes, foram devastadas e passaram a ser controladas politicamente pelos franceses do norte — o que significa que as estradas que levavam ao sul logo se encheram de refugiados das perseguições sociais e religiosas que se seguiram. Entre essas incluíram-se as decorrentes da Inquisição papal, estabelecida em 1233 para erradicar as heresias associadas aos cátaros. Entre os que emigraram para as terras mais tranqüilas da adjacente Catalunha, onde a língua falada era bem semelhante àquela falada ao norte dos Pireneus, havia judeus que cultivavam a cabala, além de cátaros e de trovadores. Em lugares como Gerona, cidade distante uns duzentos quilômetros de Toulouse, um dos principais redutos dos cátaros e ainda mais perto de muitas cidades menores também devastadas nos últimos anos da Cruzada Albigense, prósperos enclaves de imigrantes judeus conseguiram restabelecer-se, fora da zona conflagrada.

Como não podia deixar de ser, essas comunidades de refugiados começaram a mesclar-se com as de judeus ibéricos estabelecidos há mais tempo nas áreas adjacentes de Aragão e Castela. Moisés de Leon, pois, nasceu em um mundo onde as crenças místicas da cabala eram parte da herança cultural e das práticas da parte ocitana (de fala *oc*) da comunidade, que incluía veneráveis rabinos como Namânides.* Portanto ele teve acesso, antes de escrever seu *Zohar*, ao principal texto cabalístico de sua época, o *Sefer ha-bahir*, ou "O Livro da Luminosidade", que veio de algum daqueles territórios de fala *oc*, talvez da própria Gerona. Mas o que também se percebe no *Zohar*, naquela tentativa bem-sucedida de sistematizar o que seus predecessores julgavam não ser passível de sistematização, é aquele outro lado de Moisés. Ele de fato fazia parte de uma antiga cultura judaico-castelhana que cultivava com orgulho sua herança andaluza altamente racional, filosófica e científica, uma cultura que ainda se lembrava do Maimônides do *Guia para os perplexos* como um dos seus, e que continuou a ser um componente vital do vibrante cenário intelectual de Afonso X, conhecido como "o Sábio", centrada em Toledo, terra natal da mais importante comunidade judaica.

Uma das primeiras provas das preocupações e dos interesses de Moisés de Leon é sua aquisição, em 1264, de um exemplar da tradução para o hebraico do *Guia para os perplexos* de Maimônides. Não se tratava de uma tradução antiga do livro que já vinha afetando dramaticamente o pensamento re-

*Namânides, ou Moisés ben Nahman, como era de fato conhecido, foi um dos mais eminentes rabinos medievais. Ficou famosa sua defesa do judaísmo em um debate público convocado pelo rei Tiago de Aragão em Barcelona no ano de 1263, debate esse que fazia parte da tradição dos diálogos entre representantes das diferentes religiões (da filosofia, inclusive) que produziu o *Diálogo* de Petrus, *O livro dos khazares* de Halevi e muitos outros. Há também relatos desses debates públicos que tiveram lugar nas cortes abássidas em tempos tão remotos como o de Harun al-Rachid.

ligioso de judeus e de cristãos no Ocidente desde que o *Guia* havia sido traduzido do árabe em que fora originalmente escrito para o hebraico no início do século, e então passado para o latim por um grupo de tradutores da corte de Frederico II, que trabalhava sob a direção de Michael Scot. Em 1264, ano em que essa versão hebraica estava sendo copiada para Moisés de Leon, o texto já havia sido estudado em latim por Tomás de Aquino, na universidade de Frederico em Nápoles. Porém a cópia de Moisés de 1264 foi, de certa forma, emblemática da cultura local da Espanha cristã, esta dominada pela figura histórica complexa de Afonso X, que havia assumido o trono de Castela em 1252, com a morte do pai, Fernando III.

No início de seu reinado, Afonso tentou estabelecer um novo centro de estudos árabes e latinos em Sevilha, a antiga capital almóada que foi a última cidade a ser tomada pelos castelhanos. Estes realmente se encantaram com a cidade onde Fernando, santificado, foi enterrado no seu túmulo emblemático com as inscrições nas quatro línguas do reino. Entretanto Afonso, que, apesar de toda sua cultura, não tinha talento político para governar, falhou em sua tentativa de criar um centro que teria rivalizado com Toledo, já internacionalmente conhecida pelas traduções que lá se faziam. Toledo já era, havia muito mais tempo, o principal lugar de assimilação castelhana do saber árabe e hebraico. Afonso viu frustrada sua tentativa de criar uma escola sevilhana com sua marca e sob seu controle, e isso foi motivo para que ele tentasse menosprezar a velha escola de Toledo, que por 150 anos vinha sendo mantida pelos arcebispos da cidade. Entretanto, a despeito de qualquer má-vontade ou rivalidade com a Igreja, Afonso percebeu que, na época em que viviam (meados do século XIII), restava pouca novidade cultural à tarefa de traduzir para o latim o muito que ainda restava da biblioteca científica e filosófica árabe. O trabalho precisava continuar, mas já não era mais a essência da vanguarda cultural.

A jogada brilhante de Afonso foi abandonar o latim, por essa já não ser um idioma adequado a uma sociedade moderna e a seu reino. Afonso foi capaz de perceber a importância fundamental de um vernáculo que servisse não apenas como um veículo para as manifestações líricas ou épicas da sociedade que eram a grande forma de entretenimento de então. O modelo mais próximo era, naturalmente, o árabe que o recém-dissolvido império islâmico lhe oferecia, com seu uso praticamente universal da língua. Mais de quatrocentos anos depois que Alvarus se rebelou contra o abandono do latim pelos cristãos de Córdoba, o castelhano, parente próximo do mozárabe que os cordobeses falavam, começou a caminhada que o levaria a prevalecer sobre os principais vernáculos descendentes do latim na Península Ibérica. Sob a tutela direta de Afonso e com seu intenso envolvimento pessoal, o castelhano começou, em Toledo, a deixar de ser a língua tosca e apenas falada por uma população predominantemente analfabeta. Foi aos poucos se transformando em uma língua também escrita que atendia às necessidades institucionais de uma sociedade civilizada e moderna: registrar suas histórias e suas leis, transmitir a ciência e a educação e tornar-se o veículo apropriado para a escrita de textos literários e até mesmo religiosos — e não apenas para os cristãos.

No período em que Afonso reinou, desde sua ascensão ao trono em 1252 até sua morte em 1284, Toledo tornou-se o primeiro laboratório da Europa dedicado a fazer nascer uma nova língua, um vernáculo que substituiria o latim em todas as funções, à exceção daquelas puramente eclesiásticas e litúrgicas. O antigo processo de tradução de Toledo envolvia equipes multirreligiosas cuja língua comum era sempre a língua materna, o vernáculo castelhano local. Os judeus e os muçulmanos formavam geralmente o núcleo central através do qual se tinha acesso direto aos textos árabes. Sua tradução oral para o castelhano era então, no passo seguinte, passada para o latim escrito pelos membros cristãos da equipe. No seio dessa prática tradicional de Toledo situavam-se as bases da revolução que estava por vir. O latim foi posto de lado como a última etapa desse trabalho por ser antiquado e extrínseco, sendo substituído pelo castelhano, que deixou de ser meramente instrumental no processo de tradução. A língua materna na qual as pessoas se comunicavam oralmente, a verdadeira língua franca daquela comunidade multirreligiosa, transformou-se em uma nobre língua escrita.

Afonso foi perspicaz ao identificar a precariedade inerente a tal ousadia. As múltiplas dificuldades que seriam encontradas no trabalho penoso de forjar uma nova língua escrita levaram-no a planejar um ataque por múltiplas frentes. Juntamente com as traduções do árabe que começavam a aparecer em castelhano (em vez do latim), surgiram também textos recém-escritos naquele vernáculo que buscava um novo *status*. Esses textos não eram traduções diretas do árabe, e sim parte de um processo mais amplo de tradução de uma civilização para outra: obras alentadas de história geral (com o propósito de chegar ao nascimento do castelhano como língua dominante), coleções de estatutos legais e tratados científicos que significavam um passo adiante em relação à antiga prática de tradução. Por fim, juntamente com as novas traduções e adaptações para o castelhano vernáculo, começaram a surgir obras de uma outra natureza que nunca eram traduzidas para o latim: eram obras de ficção. Os primeiros clássicos da ficção castelhana começaram a aparecer nessa época, em meio a tantos outros textos. Eram versões novas do tipo de história que Petrus Alfonsi havia divulgado como textos de instrução para o clero. Todas elas eram extraídas do eclético tesouro de contos que o império islâmico havia acumulado a partir do século VIII, desde os ciclos indianos de fábulas de animais até o texto-mestre, originário da Pérsia e adaptado por Bagdá, da tradição a que chamamos de *As mil e uma noites*.

Essa metamorfose não diferia muito daquela pela qual o hebraico havia passado vários séculos antes, naquela mesma terra, quando havia renascido como uma língua que podia ser escrita e cantada fora da sinagoga e também ser lida dentro dela. O papel de Afonso como promotor do dialeto castelhano foi decisivo. Ele o transformou de uma das muitas línguas vernáculas românicas que disputavam entre si na península em uma língua legitimada pela autoridade e pela história, ao fazer dela a língua escrita oficial para a qual passaram a ser traduzidos os textos árabes e as formas literárias islâmicas. Aquele rei extremamente culto estava criando intencionalmente um novo latim, em uma versão contemporânea e viva do latim que seria a língua do novo império que ele julgava vir a governar. Tanto no caso dos judeus quanto no dos cristãos, o rompimento lingüístico que se fez foi em relação ao árabe e a tudo que podia ser escrito nessa língua. Uma lição havia sido absorvida: a de que um grande povo de uma civilização historicamente central tem que falar uma língua inteligível não apenas para Deus, mas para a própria história. Quando Afonso mandou escrever histórias, tratados científicos e códigos de leis em castelhano, sem falar dos muitos escritos astronômicos e astrológicos e das cartas celestes que seriam uma espécie de best sellers por toda a Europa, o que estava sendo substituído era, no sentido mais imediato, o latim. Entretanto, num sentido cultural mais amplo — e de acordo com a visão histórica cultivada pelo próprio monarca —, o que estava sendo substituído era, claramente, o árabe, a língua ainda viva do império mais antigo que Afonso quis derrotar. Afonso viu suas aspirações políticas serem miseravelmente frustradas; morreu abandonado por seus aliados políticos, brigado com a família e dela afastado e sem sequer aproximar-se do título de Imperador do Sacro Império Romano. Mas seu sonho audaz acerca das línguas do futuro acabou dando certo.

Dentre as dezenas de livros polêmicos que saíram das oficinas de Afonso, talvez nenhum outro tenha sido tão provocador quanto aquele que se chamou de *O livro da escada*, ou *Miraj* no original árabe. Ele pode ser datado de 1264, exatamente o mesmo ano da tradução do *Guia* de Maimônides que foi feita para Moisés de Leon. Esses livros foram produzidos em lugares bem próximos: um deles, em Toledo e o outro, nos arredores de Guadalajara, cerca de 130 quilômetros a nordeste. A tradução afonsina do *O livro da escada* para o castelhano, feita por um tal "Abraão de Toledo, um judeu", acabou por perder-se. Mas pelo menos duas outras traduções foram feitas, dado o interesse incomum criado por aquela obra apócrifa e altamente literária que relatava a famosa "viagem noturna" do Profeta Maomé de Meca a Jerusalém. A essa viagem ter-se-ia seguido sua ascensão (pela "escada" a que o título se refere) aos nove círculos do paraíso e sua descida ao inferno. Toda essa viagem teria sido guiada pelo arcanjo Gabriel e é narrada na primeira pessoa pelo próprio Maomé.

As duas traduções que sobreviveram, uma em francês e a outra em latim, ambas de 1264, foram feitas diretamente da tradução escrita em castelhano, em vez do original árabe, e revelam a maneira nada sutil com que Afonso havia conseguido destituir o latim de seu posto de língua principal para textos escritos. Essas traduções revelaram também as grandes limitações de tal destituição, como a opção por uma língua nacional em vez de uma que fosse internacional. Embora o castelhano viesse a ser, no século XVI, a língua de um império, no tempo de Afonso ele era de uso limitado ou era absolutamente inútil fora dos limites territoriais daquele monarca, onde se faria necessário um outro vernáculo (nesse caso o francês) ou o próprio latim para que o texto fosse lido. A tradução francesa — e provavelmente a latina também — foi feita por um homem chamado Boaventura, da famosa cidade toscana de Siena. Boaventura era um dos diplomatas italianos e tradutores mais proeminentes da corte de Afonso, muitos dos quais eram refugiados de sangrentas guerras civis — entre os guelfos e os gibelinos e, mais tarde, entre os Negros e os Brancos — que, desde a época de Frederico II, haviam posto em lados opostos os defensores do papado e aqueles que eram favoráveis a um império mais autônomo. Afonso estava indiretamente envolvido nessas disputas, posto que reivindicava o direito de suceder a Frederico como imperador.

Dentre os proeminentes toscanos na corte de Afonso, nenhum foi mais lembrado na posteridade que um florentino chamado Brunetto Latini. Em 1267, três anos após as traduções do *O livro da escada*, Brunetto sentiu-se inspirado pela magia de Toledo, com toda aquela metamorfose lingüística e todo aquele impulso criativo. Escreveu então um livro chamado o *Tesouro*. Tratava-se de um misto de enciclopédia e manual de retórica para um outro dos novos vernáculos, que era o dialeto do norte da França (a *langue d'oïl*), para onde ele foi depois de sua permanência em Toledo e onde passou alguns anos ainda exilado pelas guerras civis incessantes em Florença. Brunetto Latini não entrou para a história graças a seu próprio livro seminal, senão pelo papel que desempenhou na obra vernácula de importância mais transcendental do período, *A divina comédia*, que Dante Alighieri começou a escrever mais ou menos na mesma época em que Moisés de Leon morreu, ainda deslocando-se de um lugar a outro para divulgar seu *Zohar* em Castela. Nos primeiros anos de um exílio que duraria por toda a vida, Dante abandonou inacabada sua defesa teórica do uso de vernáculos em literatura. Em *Da eloqüência dos vernáculos*, Dante dividia o mundo das línguas românicas em três partes, segundo a maneira como diziam "sim". Mas, ao deixar de lado essa obra, pôs-se a escrever o poema que narra sua própria viagem ao inferno, ao purgatório e ao céu. Dante, que nasceu em 1265, quando Brunetto se encontrava em Toledo, imortalizou seu compatriota florentino como um mestre a quem reverenciava, uma benevolente figura paterna e fonte de inspiração, ainda que no *Inferno* ele o tenha condenado ao círculo dos sodomitas, num ato literário que deixa perplexos os estudiosos de sua obra. Porém nenhuma questão causa mais indagações aos que estudam Dante que uma envolvendo Brunetto. Entre os muitos tesouros que o viajado Brunetto revelou ao jovem Dante estaria incluído o livro que havia tido tanto sucesso na corte de Afonso e que fora traduzido por um outro compatriota toscano: a surpreendente visão do outro mundo narrada por Maomé em pessoa, a história da sua viagem ao céu e ao inferno.

Dignitários Estrangeiros nas Cortes de Castela

Sevilha, 1364

UM DIA, EM 1364, UM JOVEM DIPLOMATA APARECEU NA CORTE DE PEDRO DE Castela (lembrado como Pedro, o Cruel, por aqueles que escreveram as histórias de seus rivais e dos descendentes destes). O jovem, que se chamava Ibn Khaldun, havia chegado de Granada para encontrar-se com Pedro em Sevilha, a cidade predileta do monarca dentre suas várias cidades régias, onde, aliás, ele estava terminando a construção de um novo Alcázar. A antiga palavra árabe para designar palácio, *al-qasr*, era como os castelhanos chamavam suas esplêndidas moradias régias. O trabalho requintado de alvenaria que decorava praticamente cada centímetro das paredes internas do Alcázar ainda acabava de secar, e o emissário muçulmano de Granada passou por salas que pareciam imitar os palácios recém-construídos da cidade islâmica que ele acabava de deixar. Pedro, um dos filhos de Afonso XI e tetraneto de Afonso X (o Sábio), que havia morrido naquela cidade, tinha motivos para orgulhar-se daquele exemplo de sua fortuna, de seu gosto e de sua visão. Esses três dons podiam ser apreciados naquele tributo sevilhano ao que havia de mais recente no estilo arquitetônico da Espanha. Ibn Khaldun não poderia deixar de perceber que os novos palácios de Pedro, com seus arcos de múltiplas volutas trabalhadas e sua decoração de arabescos absolutamente brancos por toda a superfície disponível, eram uma homenagem ao estilo dos násridas, de quem ele era um enviado. Lá, naquela planície ampla e ensolarada, bem ao lado da gigantesca e antiga mesquita almóada de Sevilha — a mesquita havia sido reconsagrada mais de um século antes, tornando-se a catedral daquela capital cristã —, estava uma evocação pura e simples dos palácios-fortalezas que havia no topo da montanha rochosa atrás da qual se escondia Granada, o último e solitário estado islâmico da Península Ibérica.

Ibn Khaldun não era andaluz, embora fosse descendente de uma antiga linhagem de andaluzes (os nomes árabes terminando em *-un* costumavam designar as famílias dos primeiros convertidos ao islamismo na península). Sua família, proeminente e rica, havia fugido da região de Sevilha, onde vivia originalmente, nos últimos e turbulentos anos do regime almóada, indo estabelecer-se em Túnis. O bem-sucedido Ibn Khaldun estava visitando Granada quando lhe foi solicitado que viajasse a Sevilha. As impressões dessas viagens devem ter sido muito intensas para o jovem futuro historiador, que conhecia bem as histórias de al-Andaluz, quer por suas leituras, quer pelos relatos da família. Ele chegou à terra de seus ancestrais mais de um século depois do triunfo quase total dos Estados Cristãos, sob a liderança de Castela, sobre os almóadas e todas as grandes cidades de al-Andaluz, à exceção de uma: o refúgio montanhoso de Granada, onde Ibn Ahmar, em entendimentos com Fernando III — a quem havia ajudado a tomar Córdoba dos almóadas — estabeleceu seu reino. O que Ibn Khaldun viu em Sevilha foi provavelmente algo bem diferente do que imaginara, algo que não se coadunava com o que lhe haviam ensinado em Túnis. Em Granada, vivendo em relativo isolamento e segurança, os descendentes de Ibn Ahmar, os násridas, tinham podido dispor de tempo e dinheiro para dar curso a sua inclinação e criaram uma cidade de incrível beleza no alto de uma montanha, com palácios cor de pérola cercados por uma muralha de saibro vermelho. Era esse o seu grande triunfo naquele cerco semelhante ao da *Ilíada*, a Alhambra, um surpreendente eco dos vermelhos e brancos alternados da Grande Mesquita de Córdoba, um testemunho de sua própria visão da solidão como o último estado islâmico em todo aquele território que fora outrora o grande califado omíada. Na antiga capital almóada de Sevilha, o Alcázar de Pedro ficava ao lado da antiga mesquita transformada em catedral, local onde estavam o túmulo de São Fernando e o de seu filho Afonso, que lá também morrera.

Ibn Khaldun, assim como o historiador Gibbon, não deixou passar um único detalhe importante dos dramáticos momentos de transformação que presenciou. Certamente aquela sua viagem de 1364-1365 pelos territórios que haviam sido al-Andaluz foi importante na formação da extraordinária sensibilidade histórica do mais influente filósofo da história que escreveu em árabe. Aquele homem — que escreveria com tanta eloqüência sobre a tarefa do historiador como sendo a de compreender não apenas os fatos, mas também suas relações com a história e a política — pôde observar diretamente as múltiplas camadas de trágicas e cruentas guerras civis que havia por todo lado à sua volta, mal terminando uma e já outras começando. Diferentemente de Roma, da qual Gibbon tratou, a arruinada al-Andaluz que Ibn Khaldun viu não era apenas um lugar pontilhado de templos abandonados que passaram a ser ocupados por frades descalços; era também um lugar cheio de templos recém-construídos cuja arquitetura era uma homenagem à antiga civilização derrotada, lugares absolutamente surpreendentes como o Alcázar de Sevilha. Para um homem que se dedicava a compreender os problemas dos ciclos da história, o que teria significado aquilo tudo? Que compreensão teria levado consigo o jovem Ibn Khaldun ao deixar as terras outrora gloriosas de seus ancestrais e por eles abandonada? Que momento da história, que imagens do passado e do futuro lhe teriam ocorrido naquela sua viagem a Granada e, em seguida, a Sevilha em meados do século XIV?

Ibn Khaldun havia encontrado refúgio em Granada quando, depois de alguns desentendimentos em Fez, onde morava, uma cidade politicamente bizantina, ele acabou por sentir-se desprestigiado lá. Foi parar em Granada graças às políticas igualmente bizantinas e perigosas da dinastia násrida. Muhammad V, o jovem governante de Granada, havia conhecido o também jovem e impetuoso intelectual alguns anos antes em Fez, quando o meio-irmão de Muhammad o depôs e o enviou exilado para o norte da África. A *entourage* de Muhammad incluía seu vizir, um homem chamado Ibn al-Khatib que já era um intelectual de peso, famoso em todo o mundo árabe. Ibn al-Khatib conheceu e gostou muito de Ibn Khaldun. Os granadenses puderam depois retornar a Granada, livrando-se daquele exílio graças, principalmente, a Pedro, o Cruel. (Os dois príncipes, o muçulmano e o cristão, assim como o ancestral de Pedro, Fernando, e o ancestral de Muhammad, Ibn Ahmar, tinham feito uma aliança de defesa mútua —

e de conveniência — e Pedro partiu em auxílio de Muhammad quando este vivia seus momentos de grande dificuldade.)

De volta a Granada, Muhammad e seu vizir Ibn al-Khatib lembraram-se de Ibn Khaldun e poucos anos depois ofereceram-lhe um porto seguro onde poderia abrigar-se das agitações políticas em Fez. Ibn Khaldun sentiu-se bem à vontade em seu exílio em Granada: o násrida estava novamente no trono a que tinha direito e seu meio-irmão insurgente havia sido eficientemente despachado por Pedro; e a vida intelectual da corte era vibrante sob a influência de Ibn al-Khatib, o vizir de surpreendente saber. Ibn Khaldun fez grande sucesso por onde passou e, por algum tempo, teve-se a impressão de que ele acabaria ficando na terra de seus ancestrais. Em 1364, Muhammad enviou Ibn Khaldun em visita a seu velho benfeitor, Pedro, que, como o próprio Muhammad alguns anos antes, via-se envolvido numa disputa cada vez mais acirrada e perigosa pelo trono de Castela, também com um meio-irmão, Henrique de Trastamara, filho de uma amante do pai de Pedro, Afonso XI.

Em Sevilha, também, o visitante Ibn Khaldun fez grande sucesso. Ele se inseriu perfeitamente na *realpolitik* do momento e logo pareceu ser uma parte tão essencial da cena política, em confraternização cultural tão exuberante, que Pedro decidiu que o queria lá para sempre. O monarca cristão ofereceu-se para restituir-lhe as propriedades de seus ancestrais nas cercanias de Sevilha se ele concordasse em abrilhantar com sua presença a corte e o reino de Sevilha, em ser seu conselheiro, diplomata e filósofo — em ser, enfim, seu vizir. Ibn Khaldun declinou do convite e retornou à corte de Muhammad V em Granada. Na verdade, como se descobriu depois, ambicionava ser todas aquelas coisas, mas não para o rei de Castela; queria ser tudo aquilo para o jovem príncipe násrida, que, àquela altura, ainda poderia ser levado a convidá-lo. O posto, porém, já estava ocupado por Ibn al-Khatib, que já vinha sendo há algum tempo o conselheiro, o mestre e o sábio político dos násridas. Esse grande senhor é lembrado na história da literatura árabe como um dos seus escritores mais eminentes e prolíficos e foi, ele mesmo, a inspiração da obra que veio a ser a principal fonte da história islâmica na Espanha.* Ibn al-Khatib ainda era muito atuan-

*O mais importante historiador da Espanha islâmica, al-Maqqari, escreveu uma crônica essencial sobre os monarcas da Espanha quase que por acaso, pois seu grande interesse era pelo vizir da Granada násrida no século XIV. A história dos governantes andaluzes de al-Maqqari, escrita em Damasco entre 1628 e 1630, tinha por objetivo apenas servir de introdução a seu projeto central, que era uma minuciosa biografia de Ibn al-Khatib, situando-o na história.

te na corte e o interesse de Ibn Khaldun pelo vizirato o desagradou. Embora o poderoso ministro tivesse a princípio recebido muito bem o jovem ambicioso — na verdade havia sido dele a idéia de oferecer-lhe refúgio em Granada —, algo mudou claramente depois que Ibn Khaldun retornou de sua visita à Sevilha de Pedro.

Ibn Khaldun terminou por ser levado a desistir de seus planos para Granada e a abandonar a cidade. Retornou, então, ao norte da África. Seria interessante saber se na década seguinte não teria havido alguns dias nos quais Ibn Khaldun se sentiu arrependido de sua escolha, se não se teria perguntado como a história seria diferente se ele se houvesse tornado conselheiro do rei de Castela e de Leão. Em meio a uma campanha militar mal aconselhada em 1369, passados apenas poucos anos, Pedro foi assassinado por Henrique, seu meio-irmão bastardo. Pouco depois, em 1375, o rival de Ibn Khaldun junto ao rei násrida, Ibn al-Khatib, foi exilado para o norte da África, vitimado pela complicada política daquela corte e pelo crescente despotismo de Muhammad. O Magreb, porém, não foi um porto seguro para o grande senhor das letras andaluzas: num desfecho trágico de sua história, ele lá foi acusado de heresia, principalmente por sua tolerância em relação aos sufis e por seu amor à filosofia. Ele foi assassinado na prisão enquanto aguardava a decisão de seu destino.

Há alguma evidência de que Ibn Khaldun tenha pensado em voltar atrás, desesperado com a loucura dos ciclos de violência política no norte da África. De fato, ele tentou voltar à terra de seus ancestrais, onde sua presença tinha sido tão grata não muitos anos antes. Porém já era tarde demais. Àquela altura, Pedro já estava morto e a Espanha cristã estava nas mãos de um monarca de temperamento muito diferente. Muhammad V já não era mais o mesmo jovem dócil; na meia-idade, havia-se transformado em um tirano, capaz de ter aprovado (quiçá de ter ordenado) o assassinato de seu velho mestre e conselheiro. Ele não recebeu de bom grado Ibn Khaldun em Granada, e assim o historiador atravessou o estreito de Gibraltar pela última vez e abandonou também o Magreb para sempre. Estabeleceu-se permanentemente no Oriente, onde escreveu seu grande *Muqaddimah* (traduzido como *Prolegômenos*, ou *Introdução à História*), lido ainda hoje juntamente com as obras de grandes historiadores como Vico e Gibbon. Essa famosa reflexão acerca da nova ciência da história trata de seus inescapáveis ciclos, da ascensão, do declínio e do fim das sociedades, e de como tudo recomeça novamente, de maneira distinta porém sempre ecoando a versão anterior. O livro foi escrito longe de al-Andaluz no que se refere a tempo e espaço, porém o autor certamente jamais se esqueceu das visões, dos odores e dos sabores de Sevilha nos tempos de Pedro, o Cruel.

De Pedro, Rei da Espanha,
Nobre e honrado Pedro, glória da Espanha,
A quem a Sorte tão alto ergueu em majestade,
É a triste morte que aqui lamentamos;
Teu irmão te expulsou de tua pátria
E depois, em um circo, por meios torpes,
Foste traído e levado a teu irmão
Para ser morto por suas próprias mãos, quando então
Apossou-se dos teus bens e do teu reino.

— Geoffrey Chaucer, *Os contos de Canterbury*

Em Sevilha, no ano de 1364, Pedro havia recebido com honrarias o enviado de Granada nos salões do novo Alcázar, construído sobre as fundações dos palácios fortificados que os almóadas haviam abandonado ao partir de sua capital mais de um século antes, em 1248. Havia muitos séculos os castelhanos amavam Sevilha e acabaram fazendo-a sua. Haviam transformado a Grande Mesquita construída pelos almóadas no final do século XII em sua catedral e nela rezavam. Assim como seus predecessores muçulmanos haviam feito, Pedro podia seguir por uma passagem privada do Alcázar, onde trabalhava e vivia, diretamente para a Casa de Deus onde dizia suas preces. Teria Ibn Khaldun acompanhado a *entourage* real por aquela passagem privativa até a catedral? Ou teria, ao invés disso, feito uso da entrada pública, com seu encantador pomar de laranjeiras com uma fonte de abluções visigoda, ou talvez romana, ao centro? Como quer que tenha entrado, o visitante muçulmano teria observado que a mesquita se transformara em um santuário cristão.

Havia um século — e em alguns lugares, até mesmo dois séculos — que a política dos monarcas castelhanos vinha sendo a de não destruir os monumentos do passado islâmico, e sim deles apropriar-se com leves "sobrescritas" arquitetônicas. A mesquita dos almóadas em Sevilha passara a ser a igreja de Pedro, assim como a de Córdoba se transformara na catedral de Afonso X. Em Córdoba, na última metade do século XIII, Afonso havia contratado os melhores artesãos mudéjares que pôde encontrar. Aqueles muçulmanos que permaneceram na Córdoba cristã construíram para ele um altar e uma cripta, pequenos e esteticamente harmoniosos, no interior da Grande Mesquita, a maior e mais bela de todas as mesquitas do mundo islâmico, ela mesma um testemunho das várias culturas que estava substituindo. Aquele aspecto do passado islâmico para os cristãos era algo que deveria servir de base para ainda uma outra camada, a sua. Há uma interessante história apócrifa sobre os castelhanos que assumiram o controle de grande parte da península no século XIII, homens que teriam sido ancestrais de Pedro, quer literalmente, quer em sua visão cultural. Conta a história que Afonso X, antes mesmo de ter sido coroado rei, quando comandava os exércitos do pai, Fernando III, ouviu dizer que os muçulmanos de Sevilha — os que haviam lá ficado quando os almóadas partiram —, tomados por pânico e revolta, ameaçavam derrubar o minarete para não o deixarem para os cristãos. Conta-se que Afonso conseguiu evitar que isso fosse feito ameaçando matar todos os muçulmanos de Sevilha caso alguns tentassem destruir o minarete. Foi assim que a Grande Mesquita de Sevilha sobreviveu, com minarete e tudo, e era lá que Pedro fazia suas orações. (Tem-se por certo que foi lá que Afonso assistiu à sua última missa, já que morreu cercado em Sevilha.) A imponente mesquita ocupava o mesmo espaço enorme atualmente ocupado pela catedral, que é a maior catedral gótica do mundo, construída sobre os alicerces da mesquita depois que ela foi destruída no século XV. Porém, como se ainda estivesse protegido pela ameaça de Afonso, o minarete jamais foi destruído pelos sevilhanos, embora estes o tenham modificado. O famoso minarete passou a ser chamado de "la Giralda" e sobrevive como o campanário da catedral e um dos principais pontos de atração turística da região.*

*Um minarete gêmeo desse magnífico exemplo de arquitetura almóada foi construído em Marrakech no final do século XII, aproximadamente na mesma época em que a Grande Mesquita de Sevilha foi construída. Chama-se *Kutubiyya*.

Muitos dos antigos palácios que os almóadas haviam abandonado centenas de anos antes já estavam em situação tão ruim que Pedro só conseguiu aproveitar deles as fundações, algumas paredes externas e materiais de construção. O estilo desses palácios reconstruídos diferia tanto daquele que predominava em Sevilha como do estilo omíada, mais antigo, da catedral de Córdoba. Os novos palácios que Ibn Khaldun viu e onde trabalhou em sua permanência em Sevilha haviam sido construídos segundo o gosto de Pedro, de acordo com a imagem que ele fazia de si mesmo como monarca, de sua estatura política e de seu legado. Os novos palácios de Pedro ainda cheiravam à argamassa recém-colocada pelos artesãos násridas que ele mandara vir de Granada. Várias gerações desses artesãos trabalhavam incessantemente nos prédios extravagantemente ornamentados da cidade palatina chamada a Alhambra. A partir de então, quem visitasse a corte de Pedro poderia maravilhar-se com o trabalho em argamassa, intricado e belo, recobrindo as paredes e os tetos, por vezes formando estalactites. Até mesmo ali, na capital dos cristãos, as superfícies eram recobertas com uma escrita na língua do Deus do Alcorão, assim como por toda a Alhambra.

A nova moda na arquitetura distinguia-se pelo uso intenso do que hoje chamamos de arabescos. Ibn Khaldun deve ter meditado sobre a ironia do fato de os pobres násridas se terem tornado, em última análise, os árbitros dos novos estilos da Espanha cristã. Ibn Khaldun certamente compreendeu que várias gerações de násridas devem ter-se voltado para dentro de si mesmos e para sua solidão, sabendo-se os únicos remanescentes de um enorme e imponente califado, de um ornamento ali colocado para ser admirado pelo mundo todo. Excepcionalmente na história islâmica da península, a Granada násrida era inteiramente muçulmana, sem uma comunidade dhimmi, sem cristãos e com pouquíssimos judeus. Profundamente cientes da condição anacrônica de sua presença ali, os násridas fizeram do ornamento seu último ato e testamento. As paredes recobertas de arabescos falavam a língua do próprio Deus. Para onde quer que se olhe, vêem-se paredes todas escritas na Alhambra, dizendo de seu passado e de seu futuro. As paredes estão recobertas com a frase encantatória "Deus é o único vencedor", obsessivamente repetida nos termos do Alcorão, mas pode-se também ler ali a poesia das cortes násridas, de forma que o último capítulo da poesia árabe na Espanha foi literalmente escrito nas paredes daquele palácio da memória.

Foi essa visão, essa estética, que os poderosos monarcas de Castela desejaram recriar para si, aquele estilo novo que havia surgido das condições espirituais de um povo sitiado. É essa a impressão causada também pelo Alcázar de Sevilha, onde até mesmo a frase em árabe *Wa la ghalib ill Allah* — "Deus é o único vencedor" — enfeita repetidamente as paredes. E se Ibn Khaldun tivesse ido a Toledo, também cidade de Pedro, teria visto palácios de memória cristãos semelhantes àquele. Foi em Toledo, afinal, que a escrita árabe foi usada para decorar a Igreja de San Roman, no cume do monte mais alto, mais de cem anos depois que Afonso, ancestral de Pedro, fez daquela cidade sua capital cristã.

Toledo, 1364

No século XIV, não eram apenas os cristãos que amavam o estilo da Alhambra, com escritos que recobriam toda e qualquer superfície possível e que se tornaram sinônimos de decoração. Os judeus da Espanha cristã, principalmente os de Toledo, também admiravam aquele estilo. Pedro preferia Sevilha para morar, porém Toledo era também uma cidade ancestral muito amada pelos monarcas castelhanos. Sua próspera comunidade judaica era tão rica e tão culturalmente avançada que foi a primeira fora de Granada a erguer um prédio em estilo násrida. Como não há qualquer registro da presença de Pedro na Alhambra, é bem possível que tenha sido o tal prédio em Toledo, construído pelo tesoureiro e conselheiro de Pedro, que lhe tenha chamado a atenção para a força expressiva do estilo.

Em 1360, Samuel Halevi Abuláfia construiu uma sinagoga em estilo násrida para si e para sua comunidade, coberta e recoberta com aquele relevo em estuque absolutamente assombroso e, evidentemente, com a tal escrita entalhada, de maneira intricada e brilhante, em estuque absolutamente branco. Alguns dos escritos dessa sinagoga são em hebraico. Outros, porém, surpreendentes, eram em árabe, língua ainda nostalgicamente amada pelos judeus cultos de Castela e ainda utilizada em sua comunicação do dia-a-dia, como outra língua materna além do castelhano. Já haviam-se passado muitos anos desde os tempos em que os judeus viviam no auge do bem-estar cultural e político com os omíadas e, depois, na maioria das taifas. Entretanto, a memória vívida daquela herança foi inscrita nas paredes da portentosa sinagoga, cujas inscrições em árabe incluem versos do Alcorão.

A nova sinagoga construída por Abuláfia em Toledo, com sua sofisticada e abundante ornamentação, era muito diferente da circunspecta sinagoga de pedra, do século XIII, que ficava pouco adiante, na mesma rua. Santa Maria la Blanca (como é chamada pelos cristãos até hoje) havia sido construída em estilo bastante sóbrio, quando comparado ao da outra, inspirado na estética almóada, daquele mesmo regime repressor que expulsara os judeus de muitas cidades andaluzas, forçando seu deslocamento para cidades cristãs do norte, como Toledo. Os judeus pareciam considerar os almóadas como meros avatares da verdadeira cultura que fizera deles uma comunidade tão próspera e que tanto tinha influenciado sua sensibilidade estética. Porém a nova sinagoga, a de Abuláfia, era no estilo de Granada, também um lugar de legendárias memórias para os judeus. Os palácios násridas que lhe serviram de inspiração haviam sido construídos no alto de uma colina, em local a princípio destinado para uma cidadela fortificada pelo judeu Samuel, o Nagid, e seu filho Joseph. Em meados do século XIV, a memória de um vizir judeu e de sua poesia em hebraico estavam enterradas em uma camada profunda da própria Granada, que infelizmente se tornara um estado islâmico isolado, destituído de cidadãos judeus e cristãos. Porém a memória entre os judeus ainda estava vívida, a tal ponto que, quando, o próspero e bem-relacionado Samuel Halevi Abuláfia decidiu construir uma sinagoga suntuosa numa ampla área do coração de Toledo, quis que ela falasse a língua que os judeus outrora haviam compartilhado com os muçulmanos andaluzes.

Ao construir sua sinagoga que falava de maneira tão clara a nova língua dos násridas, Abuláfia fez mais do que expressar a nostalgia dos judeus por sua perdida Sefarad — nostalgia que cresceria com o passar do tempo e que permanece ainda forte no mundo moderno. Embora ele não tivesse como saber disso, sua impressionante sinagoga foi também um último testamento, tanto pessoal quanto dos judeus de Toledo. O irascível Pedro, a quem Abuláfia servia, logo convenceu-se de que as enormes somas gastas com a sinagoga haviam sido subtraídas do tesouro real, e mandou matar seu conselheiro; poucos anos depois, o sucessor de Pedro (e seu meio-irmão) fomentou terríveis manifestações contra os judeus e praticamente de um dia para o outro dizimou a venerável comunidade judaica de Toledo. Porém, quando Abuláfia construiu a sinagoga, ele o fez com estilo — o que fez com que ele fosse também muito castelhano, muito toledense, já que a valorização do estilo era da maior importância para a tradição castelhana desde 1085. A comunidade judaica sempre estivera envolvida com os castelhanos no que concernia a estilo — na criação, no cultivo e na tradução de todas as suas linguagens, antigas e novas. A comunidade que rezava na sinagoga de Abuláfia compreendia, como castelhana e judaica, que o estilo era o casamento da linguagem intelectual com a artística, e desprezava os dialetos pobres da ideologia religiosa. No século anterior, Afonso X havia feito de Toledo um lugar onde os cidadãos se vissem como os andaluzes de mais estilo. Se não tanto, seriam pelo menos os mais capazes de reivindicar como herança sua as tradições dos altos estudos e do brilho cultural que haviam pertencido aos andaluzes muçulmanos que os precederam. Eram as tradições que haviam deixado perplexa a cristandade latina desde os tempos em que Gerbert de Aurillac havia levado notícias do astrolábio que vira no califado omíada do norte, do outro lado dos Pireneus. É interessante registrar que na década de 1360, quando Abuláfia construiu sua sinagoga, havia ainda grandes estudiosos ao norte dos Pireneus escrevendo livros sobre astrolábios.

Naturalmente, Ibn Khaldun não foi o único visitante estrangeiro a ver cristãos adorando seu Deus em antigas mesquitas e a sentir o cheiro da argamassa fresca nos palácios recém-construídos para guardar as complexas memórias de al-Andaluz. Muitos desses visitantes estrangeiros não chegavam lá vindos do norte da África como ele, mas do norte da Europa. Naquela época, os Estados ao norte mantinham intrincadas relações com os reinos ao sul dos Pireneus por meio de laços nupciais e de outros laços políticos. Nem os laços nupciais nem as políticas bizantinas de então respeitavam fronteiras nacionais ou divisões territoriais como as que conhecemos agora. Muitos dos visitantes vindos do norte gostariam de ter passado bastante tempo na Toledo de Pedro, atraídos não tanto pelo odor de argamassa nova da sinagoga de Abuláfia, mas pelos livros, antigos e novos, pelo odor da mais preciosa biblioteca de saberes apenas vislumbrados, de ciência e de magia da Europa.

Os descendentes intelectuais daqueles pioneiros do século XI que haviam feito a árdua viagem até Toledo para suplicar, roubar ou tomar emprestado o conhecimento da língua árabe para a tradução dos primeiros tratados sobre matemática e astrolábios podiam agora permanecer em Paris ou em Londres e comprar muitos daqueles livros lá mesmo, vários, inclusive, em versões atualizadas. Ainda assim, uma viagem à biblioteca original, à própria Toledo, era um grande luxo. Deve ter sido assim para um homem que já conhecia e amava os livros que haviam saído de lá, principalmente os de astronomia e as cartas celestes que foram produzidos na Toledo de Afonso, o Sábio, para um homem que viria a escrever, ele mesmo, um livro sobre astrolábios. Geoffrey Chaucer começou seu *Tratado sobre o astrolábio* em 1391, porém não chegou a concluí-lo. Apenas duas das cinco partes planejadas foram completadas. Sua percepção da cultura do astrolábio foi, como a de Pedro, o Venerável, adquirida não apenas nos livros: ele viajou para os territórios de Pedro, o Cruel, em 1366, dois anos depois que Ibn Khaldun lá esteve, e três anos antes de Pedro ser assassinado por Henrique de Trastamara.

Chaucer foi lá por causa das terríveis guerras civis travadas entre Pedro e Henrique, posto que os ingleses eram fortes aliados de Pedro contra as pretensões de Trastamara e também por causa da complicada rede de relações entre o monarca castelhano e os dois homens mais importantes da vida de Chaucer. O primeiro deles foi Eduardo, o "Príncipe Negro", talvez o mais importante aliado de Pedro, que esteve freqüentemente na Espanha ao longo de sua brilhante carreira militar. As freqüentes viagens de Chaucer pela Europa faziam-se a serviço de Eduardo, e a de 1366 foi também em serviço diplomático. Além dessa, porém, Chaucer tinha uma ligação bem mais íntima com Pedro, o Cruel, através de seu próprio cunhado, John of Gaunt, duque de Lancaster, herói de peças de Shakespeare ambientadas nos primórdios da história inglesa. Poucos anos após a morte de Pedro, o próprio John tornou-se feroz inimigo e rival de Trastamara pelo direito ao trono de Castela, através de seu casamento com a filha de Pedro, Constança. As alianças de Chaucer com o Pedro castelhano — a quem chamava de "nobre e honrado", não de "cruel" — e com a linhagem de Pedro vieram a ser, dessa maneira, íntimas e familiares, bem como políticas e diplomáticas.

Em *Os contos de Canterbury*, no "Conto do Monge", encontramos o tributo do grande escritor inglês àquele homem cujo destino político Chaucer havia acompanhado de perto e com o qual chegara a envolver-se diretamente em certas ocasiões. Infelizmente, o resto da história das viagens de Chaucer à Espanha permanece desconhecido, como se coberto por várias camadas de véus. A história de Pedro de Castela perdeu-se também, embora permaneçam alguns exemplos emblemáticos dos laços que uniram as belezas da Granada násrida aos ingleses, através de seu aliado comum, Pedro: um dos presentes de Pedro ao Príncipe Negro, um rubi posteriormente descrito por Elizabeth I como sendo do tamanho de uma bola de tênis. Esse rubi, com o qual Muhammad, o príncipe násrida agradecido, havia presenteado Pedro, foi parar na coroa da Inglaterra. Entretanto, as maravilhas que Chaucer certamente viu não estão ao nosso alcance conhecer. Não sabemos sequer em quais das cidades de Pedro, Chaucer encontrou-se com ele, portanto ignoramos em quais dos palácios ele possa ter se hospedado e quais teria visitado. Porém, onde quer que ele tivesse estado no reino de Pedro, teria sentido o odor dos livros antigos que conhecia tão bem, livros das velhas bibliotecas árabes traduzidos para línguas que homens como ele podiam ler, bem como o cheiro fresco do estuque novo entalhado em arabescos de escrita árabe.

Na Alhambra

Granada, 1492

Suas majestades e seus sucessores comprometem-se para sempre a permitir que [os granadenses] vivam de acordo com sua própria religião, e a não permitir que suas mesquitas lhes sejam tomadas, nem seus minaretes, nem seus muezins, a não interferir nos meios e recursos de que dispõem para tal fim e tampouco perturbá-los no exercício dos usos e costumes que observam.

— do capítulo 6 do Acordo de
Capitulação da Cidade de Granada

NO DIA 2 DE JANEIRO DE 1492, OS GOVERNANTES DA ESPANHA (QUE, A PARTIR dessa data e por decreto papal, passariam a ser conhecidos como os *Reis Católicos*), subiram as escadarias das colinas sombreadas que conduziam à cidade palatina de Alhambra. A subida até o cume era árdua, e os palácios que davam para o vale abaixo eram pesadamente fortificados. Porém o rei e a rainha de Castela e Aragão — primos distantes descendentes dos meio-irmãos rivais Pedro, o Cruel, e Henrique Trastamara, ela tetraneta de Pedro e ele tetraneto de Henrique — não tiveram que enfrentar oposição. Aquela tomada da praça forte muçulmana era apenas cerimonial, já que todo o território encontrava-se dominado pelos militares castelhanos. Paramentados em seus mais ricos trajes, suas vestes mouras, como relatam os cronistas, a rainha castelhana e seu consorte aragonês adentraram os suntuosos salões násridas e proclamaram-nos sua nova *casa real*, a residência dos monarcas da Espanha. Ao encenar esse episódio, vestidos em seus melhores trajes árabes e indo de um palácio a outro como se tivessem sido seus donos desde sempre, Isabel e Fernando revelaram o quão profundamente eram ligados à herança cultural árabe que aqueles palácios representavam. Isabel havia sido coroada rainha em Sevilha e estava familiarizada com o Alcázar, lar ancestral de sua família. Quando ela viu a Alhambra pela primeira vez, seus olhos puderam reconhecer as verdadeiras origens de toda aquela beleza. Sua sensibilidade estética permitiu-lhe logo sentir-se à vontade naqueles salões e nos pátios, com suas fontes monumentais. As garantias de liberdade religiosa oferecidas pelos monarcas cristãos vencedores aos habitantes muçulmanos de Granada devem ter parecido tão razoáveis quanto o fato de os monarcas estarem vestidos à moda dos granadenses. Isabel ainda não havia aberto as arcas da Alhambra, seu novo lar, porém seus ancestrais já tinham esquadrinhado arcas por centenas de anos e ela sabia o que fazer. Os muçulmanos tinham motivos para duvidar da proteção que lhes era oferecida, sem dúvida alguma. Mas tinham também motivos de esperança.

O Acordo de Capitulação com os termos da rendição daquela cidade que fora uma praça de resistência muçulmana por 250 anos havia sido negociado vários meses antes, no outono de 1491, em uma negociação secreta entre o último governante násrida, chamado Muhammad XI e mais conhecido como Boabdil, e os Reis Católicos. Não houve derramamento de sangue na cidade e nenhuma agressão foi feita aos preciosos palácios. A conhecida expressão "o último suspiro do mouro" refere-se à tristeza de Boabdil ao partir de Granada, cidade dos násridas por quase três séculos. Conta uma historinha que, ao ver Boabdil suspirando de tristeza à saída de Granada, sua mãe o repreendeu dizendo que ele não deveria chorar como uma mulher por um lugar que não tinha defendido como homem. Porém naquele momento histórico não havia condições para Boabdil lutar "como um homem". Àquela altura já nada mais se poderia fazer por Granada, pois tudo estava contra ela — e contra o próprio Boabdil, cujo filho fora preso como refém —, e a rendição foi inevitável.

Boabdil entregou as chaves da Alhambra a Fernando e Isabel em cerimônia no dia 2 de janeiro. Quem pode imaginar os pensamentos que teria sobre o destino do povo que ele deixava e dos muitos milhares de muçulmanos em Granada? Entretanto, apesar de nossa perspectiva histórica, poderíamos imaginar um desfecho diferente daquele imposto por Fernando e Isabel pouco depois de sua chegada triunfal. Em curto espaço de tempo, os Reis Católicos revogaram o Acordo de Capitulação que haviam assinado com Boabdil. Os termos de rendição da cidade, e portanto do reino, incluíam explicitamente o compromisso de permitir que os muçulmanos praticassem sua fé livremente e sem qualquer espécie de constrangimento por parte do novo Estado Cristão, do qual continuariam a ser cidadãos de pleno direito. Esse compromisso nada tinha de revolucionário; os muçulmanos viviam nos novos estados cristãos e naquela mesma terra havia séculos, ao longo dos quais o cenário político se havia modificado de maneira tão complexa. Os cristãos ibéricos já tinham absorvido os princípios da dhimma que os omíadas trouxeram para a Ibéria, e em lugares como Toledo — o coração da Espanha cristã e uma das capitais dos monarcas castelhanos — as comunidades judaicas e mudéjares continuavam a existir e eram mesmo componentes vitais do seu tecido cultural. Naturalmente, nunca deixou de haver conflitos e em tempos de crise os mudéjares eram maltratados; as crises eram sempre precipitadas por suas rebeliões. As autoridades religiosas decretavam, com freqüência, que a presença de muçulmanos em um reino cristão era inaceitável e profana. Porém as condições de coexistência, ainda que frágeis, permitiam que a situação se sustentasse, graças aos complexos e profundos laços culturais que os uniam. Os muçulmanos desempenhavam importantes papéis sociais, econômicos e políticos nos estados cristãos. Eram poucos — apenas os de ideologia mais radical — os que acreditavam ser possível dispensar os muçulmanos, e há indicações de várias naturezas de que os espanhóis cristãos, em sua maioria, consideravam os muçulmanos de seus territórios tão espanhóis quanto eles. Ao longo de quase cinco séculos, desde a queda do califado omíada, os mudéjares haviam-se tornado parte do cenário social e cultural da península, tão visíveis e comuns quanto os prédios que ajudaram a erguer por toda a Espanha cristã. Porém para a maioria dos granadenses aquelas terras do norte pareciam estar a milhares de quilômetros de distância, e não logo além daqueles cumes sempre cobertos de neve que eles viam todo o tempo. Para aqueles muçulmanos — Boabdil sabia disso —, as mudanças necessárias seriam muito difíceis, já que eles, diferentemente dos que viveram sob o regime omíada ou o das taifas, não haviam convivido com cristãos ou mesmo com judeus.

Tão logo receberam de Boabdil as chaves da cidade palatina, os cristãos passaram a agir de acordo com o que sua tradição medieval, principalmente a tradição castelhana, lhes havia ensinado. Não apenas ocuparam os palácios násridas, como também a piedosa Isabel mandou consagrar a mesquita e lá passou a dizer suas preces. Assim assenhorearam-se plenamente de seu patrimônio com grande naturalidade, pois tudo aquilo lhes era familiar e nada havia de estranho naqueles lugares cujas paredes eram recobertas de escrita árabe. Bastava um gesto ritual com a mão para transformar uma mesquita em uma igreja perfeitamente adequada. Os reis, como a maioria dos monarcas espanhóis cristãos que os sucederam, mantiveram os suntuosos palácios da memória násridas relativamente bem-cuidados no decorrer do tempo, e eles sobrevivem como os palácios islâmicos da Idade Média mais bem-cuidados em todo o mundo. Porém o descumprimento do acordo e a dura perseguição aos muçulmanos que logo teve início transformaram em língua interdita a fantástica língua que recobria praticamente toda a superfície das paredes dos palácios — e aqueles que soubessem lê-la deixariam de ser espanhóis, por decreto. Os muçulmanos foram obrigados a converter-se e passaram a ser chamados de mouriscos; a leitura de livros em árabe foi proibida e muitos dos livros foram queimados.

O edito expulsando os judeus da Espanha cristã foi assinado pelos novos ocupantes da Alhambra apenas três meses depois da capitulação de Granada. Será que os Reis Católicos sabiam que os palácios násridas haviam sido construídos sobre os alicerces colocados por uma próspera comunidade judaica dos séculos X e XI, quando o vizir da taifa islâmica, e também comandante de suas tropas, era o grande poeta Samuel, o Nagid? A assinatura do Edito de Expulsão no dia 31 de março de 1492 causou grande consternação e desespero em toda a comunidade judaica, e o choque provocado desmente versões posteriores da história que afirmam terem sido expulsos os judeus muito tempo depois. Em nenhum outro lugar esse evento foi visto como mais apocalíptico do que nos círculos mais cultos, onde judeus e cristãos-novos — como eram chamados os judeus convertidos ao cristianismo — ainda trabalhavam nos níveis mais elevados do governo cristão, como haviam feito durante séculos. Antigos conselheiros de Isabel e Fernando, alguns até bastante íntimos, viram-se de uma hora para outra na extraordinária situação de ter que suplicar pelo simples direito de permanecer em seu próprio país e continuar a servi-lo.

O mais eloqüente e persuasivo dos judeus que tinham acesso direto aos monarcas, Isaac Abravanel, fez o que lhe foi possível fazer. Em seu desespero quase cósmico diante da iminente tragédia, a perda da terra natal onde judeus haviam prosperado como em nenhum outro lugar, Abravanel buscou uma saída no simbolismo litúrgico. Ele conseguiu negociar o dia da partida dos judeus da Espanha, 31 de julho (quatro meses após a publicação do edito), adiando-o um pouco para uma data simbólica, o dia 2 de agosto. No ano de 1492, o segundo dia de agosto correspondia ao nono dia de *Ab* no calendário judaico, que era o aniversário da destruição do Templo em Jerusalém e, portanto, do início da primeira diáspora. Embora alguns historiadores ponham em dúvida o relato do próprio Abravanel sobre essa coincidência crucial de datas, a verdade é que Abravanel — e certamente não apenas ele — compreendeu o alcance da tragédia como algo sem paralelo na história judaica desde a destruição do Templo. Como não conseguiu persuadir Isabel e Fernando a revogar a expulsão, aquele que era o mais influente judeu da corte conseguiu pelo menos fazer com que a história registrasse aquela segunda diáspora associando-a dramaticamente à primeira. Abravanel quis deixar claro, para sempre, que a expulsão da Espanha, a que chamavam Sefarad, assinalou o final cataclísmico de uma longa permanência dos judeus em uma terra prometida.

A partir do nono dia de Ab os *sefardim*, judeus da Espanha, espalharam-se por todo lado, levando consigo o pouco que puderam amealhar naqueles quatro meses que tiveram para partir. Entre seus bens mais preciosos levados na diáspora havia alguns do mais puro simbolismo representando seu amor pelo lugar: as chaves de suas casas e o castelhano do século XV que falavam. Entre os que partiram havia alguns homens da estatura de Abravanel, que passaram a interpretar a tragédia em termos apocalípticos, e começariam a prever a chegada iminente de um novo Messias. Há algo bastante comovedor em seus lamentos pelo terrível exílio dos judeus, escritos em Safed, no norte da Palestina. Devido ao êxodo da Espanha, Safed tornou-se um famoso centro da Cabala, uma cidade em cujas ruas ouvia-se o vernáculo românico falado pelos judeus exilados, uma língua que eles chamavam *ladino*, que queria dizer "latim" — ou seja, não era o hebraico nem o árabe — e que reconhecemos como uma forma do espanhol antigo. Entretanto, o som da língua da terra perdida não servia de consolo para Abravanel e outros da primeira geração de expulsos da Espanha. Para eles, a própria Palestina, apesar de lá estar Jerusalém, ficava distante da sua verdadeira terra prometida, Sefarad. Aquele seria o destino de quem sofria o mais doloroso dos exílios: jamais poder ver novamente as casas cujas chaves eles guardavam, palácios da memória cujos emblemas cabiam nas palmas de suas mãos. Mas havia uma alternativa, e muitos a escolheram: a conversão por conveniência, algo que o próprio Maimônides defendera. Foi esse o outro caminho escolhido em 1492 e nos anos seguintes. Era um caminho aberto para eles, já que as especificações relativas à expulsão eram claras quando tratavam de judeus convertidos, que eram chamados de "conversos" ou "marranos" (termo esse correspondente à palavra vulgar para "porcos"). Não se sabe quantos se foram e quantos ficaram. Afirmam alguns que a maioria partiu, mas há também quem afirme o contrário. Os que ficaram converteram-se ou fingiram converter-se. Esses e seus descendentes, bem como as complexas adaptações que tornaram suas vidas um tanto secretas, passaram a integrar o novo tecido social da Espanha cristã, tanto na Espanha propriamente dita como nas terras ainda sequer sonhadas nos primeiros meses de 1492.

Luis de Torres partiu do porto de Palos no dia 3 de agosto de 1492. Os dias que precederam o 2 de agosto, o nono dia hebraico de Ab, haviam sido dolorosos e caóticos, com milhares de judeus desesperados fazendo o possível para cuidar dos aspectos materiais de suas vidas antes de partir. Milhares de outros judeus estavam sendo batizados às pressas: o decreto de Granada estipulava que a conversão de judeus ao cristianismo era seu objetivo, portanto os judeus batizados poderiam ficar. A exemplo do que ocorreu com as garantias de tolerância religiosa dadas aos muçulmanos, essa promessa, também, viria a se provar ilusória. Quase todos os cristãos-novos acabaram sendo suspeitos de má-fé em sua conversão forçada e por isso passaram a ser perseguidos. Porém, no dia 3 de agosto, os últimos daqueles cuja escolha havia sido por sua fé ainda se apinhavam em todos os portos.

Luis de Torres partiu juntamente com um dos homens que estiveram presentes à assinatura do Edito de Expulsão. Eram três os navios que zarpavam de Palos naquela manhã, um porto abaixo de Sevilha, bem menor e menos equipado que o de Cádiz, a 130 quilômetros a leste ao longo da costa. Porém quem precisa pedir não tem condições de escolher, e foi assim que Cristóvão Colombo partiu, levando em um de seus três navios um tradutor judeu, talvez oficialmente batizado para que pudesse acompanhar a expedição espanhola, talvez não. Qualquer que fosse o caso, Torres foi levado na viagem para falar a língua que Colombo achava que seria compreendida no lugar para onde acreditava estar indo. A língua franca das Índias certamente seria o árabe, como ocorria em todo o resto do mundo infiel porém civilizado. É difícil decidir se o resultado de tantas voltas irônicas do destino foi engraçado ou triste. Passado algum tempo, ao chegar a uma grande ilha que parecia ser o destino desejado, e ao ouvir as pessoas de lá falarem em "cubanacan", Colombo pensou que eles se referiam ao "Grande Khan" que ele queria encontrar. Enviou então Torres em sua primeira visita diplomática oficial entre europeus e os povos do Novo Mundo americano. No interior daquela ilha, Torres encontrou não o senhor dos mongóis, mas sim um chefe tribal de Cuba. Os dois homens, o chefe tribal e o judeu que falava árabe acabaram se entendendo de alguma forma.

As conversas no outro lado mundo naquele ano decisivo de 1492 logo se fariam num universo no qual os tradutores eram dispensáveis e até mesmo vistos com suspeição, onde o castelhano passou a ser a língua do "cristão antigo". Não era mais *uma* língua, e sim *a* língua. No verão daquele ano extraordinário, enquanto Colombo e milhares de judeus preparavam-se para partir em direção ao desconhecido, foi publicado o primeiro livro de gramática de uma das línguas da Europa moderna. A *Gramatica de la lengua castellana* foi dedicada à rainha Isabel por seu autor, Antonio de Nebrija, que comparou sua obra não a um palácio antigo e tampouco a um palácio da memória, mas a um edifício muito moderno. A antiga era dos tradutores chegava ao fim; ali iniciavam-se uma nova era e um novo império, com uma nova língua para substituir todas as outras. As antigas guerras haviam sido ganhas, escreveu Nebrija no prefácio de seu famoso livro; as antigas religiões, postas de lado; e as antigas línguas, traduzidas. "Só o que resta para ser cultivado é a paz."

Em Algum Lugar de La Mancha

1605

AS RUAS DE TOLEDO ESTÃO ABANDONADAS, FANTASMAS DO QUE HAVIAM SIDO outrora. Um homem chega à cidade vindo do interior à procura de um livro, um livro cujo nome não sabe ainda, mas no qual ele tem certeza que encontrará uma história perdida. Ele perambula pelas ruas estreitas e tortuosas daquela cidade que havia sido uma biblioteca e chega, talvez, a seu ponto mais elevado. É possível que dê uma volta, curioso, em torno da Igreja de San Roman, no alto daquela antiga capital abandonada. Mas sabe que o melhor lugar para procurar o que deseja é o antigo bairro judeu, apesar de nenhum judeu morar lá há mais de um século. Ou, pelo menos, nenhum judeu que admita ser judeu, o que é bem diferente. Se alguém quer dizer que algo é um moinho de vento quando você sabe muito bem que se trata de um gigante, o que se há de fazer?

O velho bairro judeu é cheio desses truques e o homem sabe disso. Anda-se pela rua e vê-se o Convento de Santa Maria La Blanca. Dizem que por dentro parece uma mesquita e que, como a Igreja de San Roman, parece sustentar-se em uma série de arcos em forma de ferradura. Qualquer um que tenha ido em direção ao sul até Córdoba já viu como esses arcos sustentam a catedral de lá, um após outro, parecendo nunca terminar. Mas todos naquela parte da cidade dizem que ali havia mesmo uma sinagoga, nos tempos em que os judeus podiam dizer abertamente suas preces, quando havia uma dezena de sinagogas sempre cheias naquela parte da cidade. Há também a magnífica Igreja do Trânsito, com suas paredes brancas entalhadas, naquela mesma avenida ampla que acompanha as muralhas junto à encosta. Todos os bons cristãos antigos e novos, que oram lá hoje em dia — em sua maioria ricos, pois trata-se de um lugar suntuoso —, dizem que ela se parece com os palácios reais de Granada, e todos reconhecem, embora finjam não notar, a caligrafia que cobre todas as paredes. E dizem que era ali que os judeus ricos outrora rezavam, aqueles judeus que sabiam ler o que estava escrito nas paredes, em ambos os tipos de escrita.

O homem continua a caminhar pelas ruas e chega ao bairro dos "sebos", o antigo bairro dos livros e dos homens que escreviam e traduziam livros, pois o mundo tornou-se um lugar onde os livros que não devem mais ser lidos são transformados em polpa. O homem vê um menino com uma pilha de papéis que está tentando vender a um velho mercador doente, e pode notar que estão escritos em árabe. É uma língua perigosa de se conhecer; ninguém mais a compreende, a não ser os Velhos Muçulmanos que, como os Velhos Judeus, andam por aí a dizer que não são o que são e sim que são Cristãos-Novos. Mas quem lhes dá crédito? Onde já se viu alguém dizer que é o que apenas parece ser? E quem parece ser o que sem dúvida alguma é?

Alguma coisa naquela pilha de papéis chama a atenção do homem. Seria mesmo aquilo, seria aquele o livro que ele estava procurando, ali, a ponto de ser vendido para ser transformado em farrapos? Como não sabe ler o que está escrito, ou, pelo menos, não gostaria de ser visto naquelas ruas estranhas lendo aquilo, precisa encontrar um *mourisco aljamiado*, um desses cristãos-novos que ainda sabem ler aquela língua antiga. Mouriscos ("pequenos mouros") é como eles chamam os antigos muçulmanos, aquela gente que deveria ter ido embora. Mas todos sabem, ou pelo menos pensam que sabem, o que as pessoas, na verdade, são e o que não são. Ao final do dia, todos sabem a diferença entre gigantes e moinhos de vento. E aqueles mouriscos não são cristãos coisa alguma, e é por isso que ainda sabem ler a língua que chamam de aljamiado, seja lá o que isso signifique. Por que não a chamar logo de árabe e pronto?

O homem não precisa afastar-se daquele bairro — que se chama Alcana, nome que, dizem, outrora significava alguma coisa em uma daquelas línguas que não deveriam mais existir — e encontra um daqueles mouriscos. O homem não parece surpreso; não é difícil encontrar um tradutor para aquela língua ali. "Ainda que eu precisasse de um para uma das línguas melhores e mais antigas, teria encontrado", pensa ele. Qualquer pessoa sabe, na verdade, que os velhos judeus ainda sabem ler o hebraico, assim como os velhos muçulmanos lêem o árabe. Isso só prova que as pessoas dizem ser uma coisa e que são outra — e quem nota a diferença?

O homem pede ao mourisco que encontrou para começar a traduzir para ele. É arriscado estar assim parado no meio da rua, lendo uma língua proibida, porém tanto o homem que procura um livro quanto o mourisco parecem por um instante não se importar com isso, animados que estão pela possibilidade de uma descoberta. Vamos deixar que o próprio homem conte o resto da história. Afinal de contas, é a história dele e ninguém é capaz de contá-la melhor. Comecemos do ponto em que ele entrega o livro ao mourisco, em plena rua:

> Ele o abriu pelo meio e, depois de ler um pouco, pôs-se a rir. Pedi-lhe que me dissesse do que se ria, e ele respondeu que era de algo escrito na margem do livro como uma anotação. Pedi que me dissesse o que era e ele, ainda a rir-se, respondeu: "O que está escrito na margem é o seguinte: 'Dizem que Dulcinéia del Toboso, tantas vezes mencionada nesta história, tinha a melhor mão para salgar carne de porco dentre todas as mulheres de La Mancha.'"
>
> Quando ouvi o nome de Dulcinea del Toboso fiquei surpreso e atônito, pois logo me dei conta de que aqueles livros deveriam conter a história de Dom Quixote. Pedi então que ele lesse o início, e quando o fez, traduzindo do árabe para o castelhano, disse que o título era: História de Dom Quixote de la Mancha, escrita por Cide Hamete Benengeli, historiador árabe. Precisei controlar-me muito para disfarçar a alegria que senti quando o título do livro chegou a meus ouvidos. Corri até o mercador de seda e comprei todos os papéis do menino por um *real*, mas se ele tivesse idéia do quanto eu os desejava, poderia muito bem ter pedido, e recebido, mais de seis *reales* pela venda. Fui então com o mourisco para o claustro da catedral e pedi-lhe que me traduzisse para o castelhano tudo que houvesse naqueles livros relativo a Dom Quixote, sem acrescentar nem omitir coisa alguma; e ofereci-me para pagar-lhe o que me pedisse.

Miguel de Cervantes publicou a primeira parte de *Dom Quixote de la Mancha*, considerado seu romance mais canônico, em 1605. Quase que imediatamente, o romance tornou-se um best seller. A segunda parte foi publicada em 1615, pouco depois de uma seqüência espúria que havia circulado, quando alguém quis aproveitar-se da extraordinária popularidade — e, portanto, das vendas — do romance original. A abertura de Cervantes para a continuação das aventuras de seus personagens, sua própria segunda parte, começa com uma denúncia meio irônica do falso autor de um Quixote que não é, evidentemente, o autêntico. Trata-se de uma brincadeira histórica, digna de um grande romancista espanhol, e algumas pessoas chegaram a observar que, se Avellaneda e sua seqüência falsificada não tivessem existido, Cervantes talvez tivesse que os inventar. Graças ao surgimento daquele impostor, Cervantes terminou por meditar, mais abertamente que nunca, sobre a questão das relações entre ficção e realidade que tanta importância tiveram no romance original, fazendo dele um best seller absoluto na Espanha e fora dela, principalmente nas florescentes colônias do Novo Mundo.

Dentre as outras ironias que a segunda parte de *Dom Quixote* expõe diante de nós com tristeza, talvez nenhuma seja tão aguda quanto uma que é puramente histórica e que se reflete na concepção original do romance, que é narrada naquele capítulo em que o narrador conta como procurou e encontrou a história de Dom Quixote de la Mancha. Segundo a complexa ficção de Cervantes, o romance é, na verdade, da autoria de um historiador árabe, Cide Hamete Benengeli. Segundo ele, também, o livro que conta a verdadeira história de Dom Quixote de la Mancha tinha sido escrito em árabe, que se havia perdido e que depois fora encontrado no decadente bairro judeu de Toledo, entre pilhas de trapos para serem reciclados tornando-se papel novo, sendo então traduzido para ele por um mourisco que perambulava pelas ruas de Toledo e ainda sabia ler a antiga língua. Porém em 1615 já não havia mais mouriscos na Espanha. Entre 1605, quando *Dom Quixote de la Mancha* veio à luz, e 1615, quando Cervantes publicou sua continuação, o governo espanhol havia expulsado os mouriscos, os cristãos-novos, dessa forma pondo fim a um século de conversões impostas aos muçulmanos aos quais, em 1492, havia sido garantida a liberdade religiosa. A ironia quixotesca desses acontecimentos políticos encontra-se na declaração do governo, afirmando que aquelas conversões, exigidas pelas autoridades quando revogaram as garantias de liberdade religiosa constantes do Acordo de Capitulação de 1492, não eram satisfatórias.

O *Quixote* de Cervantes publicado em 1605, a primeira parte do romance, foi escrito com profunda consciência histórica da enorme e complexa tragédia que a cena de Toledo representava. Lá a glória do passado de Toledo — e da Espanha — como o grande centro de confluência inter-religiosa e como inigualável centro de traduções para toda a Europa é referida através de suas ruínas que ali se expunham no início do século XVII. Os manuscritos e livros que haviam constituído a grande riqueza de Toledo valiam então tão pouco que, se surgissem na rua, seriam vendidos como papel velho. E aqueles que restaram eram os relativamente poucos que haviam sobrevivido às fogueiras. A queima de livros que tivera início na virada do século anterior, depois da capitulação de Granada, é evocada em outra cena altamente alusiva e conhecida do excepcional romance de Cervantes, no capítulo 5, com a famosa "Inquisição dos Livros". Não apenas os livros, evidentemente, mas também o conhecimento das línguas daqueles livros, o árabe e o hebraico, haviam desaparecido na época de Cervantes — os saberes que outrora haviam tornado possíveis a construção e a transmissão do conhecimento e que haviam feito de Toledo o centro do universo para muitos povos civilizados. Eram exatamente os mesmos saberes que seriam necessários, no interior do brilhante universo do romance de Cervantes, para que pudesse ser lido o único manuscrito daquele romance que havia sobrevivido.

O palco armado por Cervantes encheu-se de uma grande variedade de maneiras de se fazer uma pergunta — a de se as coisas seriam o que parecem ser, o que se dizem ser, o que queremos que sejam ou o que outros precisam que sejam. Esse tema, tão intricadamente explorado ao longo de todo o romance, é sintetizado de maneira muito interessante no personagem do tradutor do manuscrito árabe que contém "a verdadeira história" de Dom Quixote. O anônimo *mourisco aljamiado* é a personificação histórica quase perfeita da proposta de interação realidade-ficção que é central a esse romance. Os mouriscos eram os descendentes dos últimos muçulmanos que haviam tido liberdade religiosa até a unificação da Espanha cristã em 1492. Em 1499, as garantias de liberdade religiosa asseguradas pelo Acordo de Capitulação assinado por Fernando e Isabel em Granada haviam sido violentamente revogadas. O cenário cultural da Espanha, em decorrência disso, foi radicalmente redesenhado pelas conversões forçadas dos muçulmanos e pela queima pública de livros escritos em árabe no decorrer do século seguinte. Esse foi também o século durante o qual o Novo Mundo foi explorado e em seguida colonizado por homens oriundos, em sua grande maioria, das províncias do sul da Espanha que haviam sido o território de al-Andaluz. Nos cem anos subseqüentes (um século cujo nome o grande intelectual espanhol Américo Castro achava que deveria ser *La Edad conflictiva*, em vez de "Idade de Ouro" como querem os hispanistas), os mouriscos eram e não eram espanhóis, assim como os conversos, seus equivalentes judeus.

Muitos espanhóis das mais variadas procedências descobriram-se em um enlouquecido mundo de espelhos que refletiam diferentes realidades, criado por uma série de editos que exigiam das pessoas uma falsidade permanente, situações de ambigüidade que levavam a um estado de autodestruição digno do criativo gênio literário de Cervantes. A reivindicação da identidade de cristãos-novos, exigida dos muçulmanos sob pena de morte ou expulsão, passou a ser vista como um ato de falsidade, devidamente punido. Sua língua, outrora sagrada, passou a ser proibida, e seus livros eram queimados. Assim, lenta porém inexoravelmente, chegou-se à situação do essencial capítulo 9 de *Dom Quixote*, quando o narrador encontra o mourisco que descreve como *aljamiado*. No século XVI, aquele era o último vestígio da língua que havia sido, na Espanha medieval, a própria marca da cultura. Embora desse a impressão de ser árabe em um universo no qual as pessoas não sabiam lê-lo, o aljamiado não era em absoluto a língua árabe, porém a escrita árabe utilizada para escrever o vernáculo românico que se havia tornado a língua nativa e praticamente a única daqueles espanhóis.

O aljamiado foi mais uma das excentricidades de natureza quixotesca, assim como as imitações de escrita árabe na decoração da Igreja de San Roman no alto da montanha em Toledo — embora sua origem nada tenha a ver com a admiração dos cristãos por sua beleza, que fez da escrita árabe decoração adequada para uma nova igreja cristã no século XII. Assim como o ladino falado pelos judeus espanhóis vivendo em exílio permanente de Sefarad, o aljamiado era o castelhano com mistura de palavras e expressões árabes (como o ladino com seus hebraicismos), mas não deixava de ser castelhano, ainda que com trajes árabes e escrito na bela escrita árabe que evocava algo já não mais real. Era a língua nativa dos pobres mouriscos, muitos dos quais eram de fato criptomuçulmanos, esforçando-se por permanecerem muçulmanos e por manterem sua língua árabe sem, contudo, ter sucesso em um universo onde a língua dos livros, e até mesmo as pessoas, acabavam em fogueiras. O aljamiado, como os próprios mouriscos, é parte do repertório cervantino de trágicos jogos de identidade. Mas esse Cervantes não precisou inventar, pois, como ocorreu com Avellaneda e sua falsificada "parte dois", a realidade histórica cuidou de providenciar para ele. Trata-se apenas da aparência do árabe, porém nem por isso é menos perigoso que o árabe de verdade. O fato de os mouriscos se haverem apegado, com orgulho e tenacidade, a seu falso árabe é, por si só, um ato de fé quixotesca — ou de loucura. Eles corriam o risco de serem apanhados lendo e escrevendo o que podia ser tomado por árabe, arriscando-se a conseqüências fatídicas, embora por baixo daquela fantasia, daquela camada de encenação, a língua fosse, afinal, o que chamavam de *cristiano*. Orgulhosamente, os sefardins exilados falavam seu *cristiano* ou "latim" também, e o ladino, o espanhol dos judeus do século XV, é falado na diáspora sefardim desde então.

Os próprios fundamentos do romance moderno e o tipo de complexas questões literárias encontrados nos descendentes de *Quixote* — desde Emma Bovary até os mágicos contadores de histórias do gênero que chamamos de realismo mágico — são cuidadosamente trabalhados como um dos derradeiros palácios da memória da Espanha medieval. O anônimo tradutor do livro árabe, a "história verdadeira" perdida e encontrada que Cervantes procurava, é um dos personagens mais exemplares do romance porque é sua figura mais verdadeira. Ele sai diretamente do universo que Cervantes nos diz ser o cerne da ficção, mais difícil de ler que qualquer fantasia: a própria história. Quem é, afinal, aquele tradutor senão um criptomuçulmano com uma leve camada de verniz cristão, decifrador de uma língua que é um criptocastelhano com um leve verniz árabe? Ironicamente, profeticamente, ou tragicamente, ou tudo isso a um só tempo, quando Cervantes publica a segunda parte de *Quixote*, os mouriscos com seus escritos aljamiados, o pseudo-árabe no qual escreviam histórias apocalípticas sobre o fim da história, sobreviviam apenas no interior da singular obra de ficção que é o romance de Cervantes.

Dom Quixote é lembrado principalmente como alguém cuja relação com a realidade é mediada até uma espécie de loucura por sua aparente crença em textos literários. Entretanto, Cervantes pinta um universo no qual a literatura não é um refúgio das exigências de engajamento político, e sim a mais poderosa arma contra certas realidades, acima de tudo contra a tirania em suas formas mais extremas. Como seria inevitável, Cervantes foi produto da história do tempo e do lugar onde viveu, quando a queima de livros não era uma figura de retórica, e sim uma realidade muito vívida. Sua obra de arte, que permeia todo o cânone ocidental, dá-nos a medida do poder que tem a ficção para alterar a realidade. Mas é também uma visão saturada de realidade histórica e profundamente envolvida com o problema de como lidar com realidades trágicas. *Dom Quixote* é lido por muitos como um livro obcecado pela literatura "em si", por sua história e suas funções — a literatura seria como os gigantes que substituem as "realidades" dos moinhos de vento. Lido assim, Dom Quixote de alguma forma escaparia da história e das contingências do momento. Mas não seria uma ilusão — bem ao estilo de Cervantes — imaginar que podemos ler o romance desconsiderando seu complexo contexto histórico, um contexto que não precisa ser detalhado em *Dom Quixote* precisamente porque faz parte do cotidiano de seu autor e de seus leitores e que talvez não pudesse ser descrito sem que o livro corresse o risco de ser queimado?

O problema da Idade Média, do ponto de vista do admirável mundo novo do século XVI, era que a religião *era, de fato,* apenas uma questão de fé. Quem saberia distinguir um judeu, um muçulmano e um cristão se eles se vestissem da mesma maneira? Um dos muitos ingredientes diabólicos que entravam na composição das famigeradas idéias de "pureza do sangue" da Espanha inquisitorial e do Novo Mundo era exatamente o fato de não haver diferenças raciais visíveis. Se os judeus e os muçulmanos não pareciam diferentes dos cristãos, mas essa diferença era crucial, então era necessário — como nos diz Dom Quixote repetidamente — que ela estivesse em um lugar onde não fosse visível. Estava, sem dúvida alguma (podemos ouvir Quixote nos dizer), no sangue — por obra talvez dos poderes malévolos da magia. Havia comportamentos estranhos, naturalmente, mas esses podiam ser disfarçados, como todos sabiam. Se alguém fosse um criptojudeu, podia aprender a comer em público alimentos proibidos, ciente de que não o fazer revelaria sua verdadeira natureza e ele terminaria nas fogueiras da Inquisição. A arte altamente sofisticada do disfarce praticada por conversos e mouriscos, principalmente no que se referia a hábitos alimentares dos cristãos, resultou, com o passar do tempo, no obsessivo consumo público e ritualístico do presunto como demonstração de autenticidade cristã.

É a compreensão lúcida e irônica de Cervantes desse tipo de escamoteação de identidade e da realidade tão violenta da sociedade em que vivia que faz com que o mourisco dê uma gargalhada ao começar a ler o manuscrito que o narrador encontrou e lhe deu para traduzir. O mourisco põe-se a rir quando chega à anotação acerca de Dulcinéia. A camponesa rústica que Quixote, maravilhosamente iludido, imagina que seja uma dama, é, na verdade como algum anônimo anotou, talvez em uma denúncia, na margem do manuscrito, "a melhor mão para salgar porco dentre todas as mulheres de La Mancha". Em outras palavras, é de uma boa linhagem de conversos. Na Espanha do século XVI e, portanto, nessa obra-prima da ficção que trata da "verdadeira história" com doses mais ou menos equivalentes de desespero e de humor, as coisas encontram-se freqüentemente invertidas e mal disfarçadas: quanto mais ostensivamente Dulcinéia fizesse aquelas coisas cristãs, mais provável seria que ela estivesse apenas fingindo ser cristã. Ou, o que era pior e mais trágico: que seus pais e seus avós também estivessem fingindo ser cristãos para sobreviver. E quanto a ela, bem, quem sabe o que lhe acontecerá, passado algum tempo? Na geração seguinte, acaba-se por esquecer por que se acendiam todas aquelas velas secretamente nas noites de sexta-feira; acaba-se sem saber ao certo se comer todo aquele porco salgado faz parte do que se deveria fazer ou do que não se deveria.

Depois de 1492, as religiões de uma parte significativa da população da Espanha foram violentamente reprimidas e, por fim, extintas. Das fogueiras de idéias, de livros e de gente nasceu a ilusão de que poderia existir uma identidade nacional e religiosa pura. Essa ilusão transformou-se em poderosa matéria de fé com a qual todos teriam que viver. Conquanto a famosa cena da queima da biblioteca de Dom Quixote seja considerada por muitos como mera auto-referência literária, será que podemos nos esquecer de que ela foi escrita em uma época na qual não apenas livros, os mais inflamáveis dos palácios da memória, mas também pessoas estavam sendo queimadas? *Dom Quixote* torna-se, dessa maneira, um posfácio para a história de um lugar de primeira grandeza, o mais triste lamento pela perda daquele universo, um último capítulo alusivo, irônico, agridoce, quixotesco. É esse talvez o derradeiro, o melhor, o mais sutil dos palácios da memória espanhola. Nada a ele se compara. O castelhano é descendente direto daquela língua de Castela criada por pequenos grupos de muçulmanos, de cristãos e de judeus que trabalhavam juntos, em Toledo, para traduzir a magnífica biblioteca árabe primeiro para o latim e, depois, para o idioma castelhano, que era a língua materna de todos eles e na qual falavam uns com os outros. O aljamiado e o ladino, as formas do castelhano nativo faladas por descendentes dos tradutores de Toledo, eram, eles mesmos, quixotescos e desafiadores palácios da memória, as línguas do exílio e da perseguição que falavam a judeus e a muçulmanos de sua condição de espanhóis.

A história da Espanha do século XVI, geralmente contada como a história de seu notável império americano, ou como a da explosão de uma moderna estética literária em textos que rivalizam com os de Shakespeare, é igualmente a história da trágica extinção das duas outras religiões que haviam constituído a Espanha. Porém esta história trágica — a história do esquecimento do passado de Toledo onde uma igreja cristã foi construída com dizeres árabes em suas paredes, onde uma suntuosa sinagoga do século XIV foi erigida de forma a parecer-se com a Alhambra de Granada, onde ficavam as mais ricas bibliotecas da Europa e onde trabalhavam os mais exímios tradutores de textos filosóficos e científicos — essa história é inseparável das outras dessa era que culmina com *Dom Quixote de la Mancha* e com a expulsão dos mouriscos. O romance de Cervantes nos é apresentado com um fruto — um fruto disfarçado, para não ser proibido — dessa história: livros árabes estão sendo vendidos a peso como trapos a um pobre mercador numa rua do bairro judeu onde judeus estão proibidos de viver; e esses livros serão traduzidos pelo mais destituído remanescente dos muçulmanos, um homem que precisa fingir-se cristão e que, tragicamente, não sabe ler o árabe. As histórias ocultas e suas escorregadias relações com as histórias visíveis são o elemento central da estética literária moderna de onde surgiu o romance moderno. De maneira igualmente complexa e até mesmo mais intricada, esse mundo medieval meio paramentado e meio escamoteado entra na história do império americano, a princípio explorado e povoado por um grande número de imigrantes vindos de todas as províncias de al-Andaluz. Os baús levados para o Novo Mundo eram carregados de coisas que os andaluzes vestiam, usavam, comiam e do que achavam que deveriam ter em suas casas. É por isso, naturalmente, que os pátios internos de Cuba e do sul da Califórnia parecem-se tanto com os pátios de Córdoba, estes, por sua vez, reminiscências saudosas de Abd al-Rahman de sua terra natal: voltados para o interior das casas e azulejados em azul e branco, e, se uma palmeira pudesse ser conseguida, lá estaria com uma profusão de flores que cercavam a fonte. Os americanos do Novo Mundo espanhol são descendentes de andaluzes legítimos.

O romance de Cervantes é uma obra-prima em parte porque pode ser lido fora do contexto histórico que lhe deu origem, e podemos compreender a luta do autor para lidar com o problema do indivíduo contra o mundo "real". É a história de qualquer ser humano, em qualquer momento histórico, que precisa defrontar-se com a realidade brutal que o cerca, a história do que acontece com os ideais quando batem de frente com a força bruta da desilusão. Para tanto, valem-se talvez da literatura e do jogo das palavras. O idealismo — que chamamos de idealismo quixotesco por ser tão bem retratado por Cervantes — é um ato da imaginação e, talvez, um ato condenado ao fracasso. A pergunta que fica no ar é se, afinal, trata-se de uma coisa boa ou má. O que está em questão é a pergunta ética e estética de como lidar com a realidade e a história à nossa volta. O romance moderno forjou-se no fogo muito real das fogueiras da Inquisição, em uma calamidade histórica à qual só se refere por meias palavras, e ele nos pede, entre outras coisas, que contemplemos as maneiras como a ficção pode se tornar um refúgio, não apenas no sentido da fuga da realidade, mas também como um lugar onde escondê-la. Como leitores, resta-nos fazer uma opção quanto a *Dom Quixote*: usaremos a leitura dessa grande história para nos esquecermos da história ou para relembrá-la?

Epílogo: Fragmentos Andaluzes

O QUE ACONTECEU? COMO E POR QUE UMA CULTURA DE TOLERÂNCIA SE DESfaz? Como pôde um povo abandonar uma cultura enraizada numa ética do sim e do não, que tão prontamente é capaz de amar e adotar a arquitetura e a poesia de inimigos políticos ou de rivais religiosos, tão desejoso de ler bons livros, sem se importar de que biblioteca vieram? Todas as respostas são um emaranhado de contradições. O feito realizou-se muito facilmente, ao que parece, mas, ao mesmo tempo, houve enormes dificuldades. O fim era absolutamente previsível desde o começo, entretanto deu-se de maneira súbita, praticamente de um dia para o outro, de maneira quase que inimaginável na ocasião. Na verdade, os acontecimentos poderiam ter sido bem diferentes. Talvez a única coisa que se possa afirmar com certa convicção é que, nas espetaculares vitórias e derrotas dessa história, encontram-se avisos de perigo e incentivos à luta.

É importante notar que os primeiros casos significativos de puritanismo cultural na Península Ibérica foram importados de outros lugares que nada tinham a ver com a experiência andaluza. Os muçulmanos berberes do norte da África nunca chegaram a compreender a aplicação da dhimma pelos andaluzes, e desaprovavam profundamente a cultura sincrética que dela resultou. A partir do saque dos berberes a Córdoba no início do século XI, uma grande variedade de movimentos de "reforma" atravessou o Estreito de Gibraltar em direção ao norte, ameaçando a política e a cultura andaluzas em relação a sua interpretação do islã. Ao mesmo tempo, a visão estreita e preconceituosa dos berberes manifestava-se também na incompreensão com a qual os cristãos da península eram vistos por seus correligionários ao norte dos Pireneus. Isso se tornou mais evidente quando Castela começou a expandir-se para territórios que haviam pertencido aos muçulmanos por três ou quatro séculos, e a incorporar suas populações profundamente arabizadas — muçulmanos, judeus e cristãos mozárabes indistintamente. Uma grande diferença na maneira de ver o mundo se havia estabelecido entre a Igreja Romana que se havia desenvolvido fora da península e as comunidades cristãs da Ibéria. E essas diferenças tornaram-se mais acentuadas nas décadas e nos séculos que se seguiram à expansão cristã em direção ao sul. A Nova Castela (como as terras conquistadas passaram a ser chamadas) caracterizou-se pela acomodação relativamente fácil das comunidades judaicas e muçulmanas em cidades como Toledo, pelo ostensivo cultivo do florescente estilo arquitetônico mudéjar e pelo movimento de tradução.

Na segunda metade do século XII e no início do seguinte, versões ainda mais puritanas dessas culturas convergiram para a península. As forças da cristandade latina determinadas a levar avante suas Cruzadas e os berberes almóadas igualmente fanáticos tornaram-se parte importante da cena histórica e acabaram, inevitavelmente, por se encontrar, frente a frente, na planície entre Nova Castela e a velha al-Andaluz. A batalha de Las Navas de Tolosa, em 1212, teve resultados desastrosos para os almóadas. Os efeitos da longa presença de duas ideologias religiosas em expansão, ambas originalmente alheias à ética andaluza, transformaram a natureza dos conflitos em questão. Transformaram a guerra ideológico-religiosa em realidade, a ortodoxia cultural numa possibilidade real e a identidade monocromática em um ideal realizável. Entretanto, é necessário reconhecer que nem os cristãos castelhanos nem os muçulmanos násridas de Granada jamais proclamaram essas idéias, embora certamente ambas as sociedades caminhassem para níveis mais ostensivos de segregação e intolerância religiosa. Contudo, continuaram a lidar entre si de maneira que poderia ser chamada de *realpolitik* e mantiveram uma abertura cultural tal que levou à construção do Alcázar de Sevilha em pleno século XIV.

Uma força externa de natureza bem distinta também atuou negativamente de maneira decisiva. A devastadora Peste Negra, a praga bubônica que varreu a Europa e dizimou suas populações em meados do século XIV, constitui uma das explicações convencionais mais plausíveis para o crescimento da intolerância religiosa na Península Ibérica — como, de resto, por toda a Europa medieval. Os tumultos quase inimagináveis e o desespero desencadeado pela súbita morte de 20% da população total da Europa foram relatados de maneira bastante vívida por um escritor italiano contemporâneo chamado Giovanni Boccaccio. O *Decameron*, sua obra-prima, escrito logo após o auge da peste, em 1348, começa com a descrição de seus horrores. A devastação física já seria suficientemente terrível, mas pior que ela foi a destruição dos esteios sociais e cívicos que eram (e são) a espinha dorsal de qualquer civilização. As estruturas comunitárias e familiares foram devastadas pela doença que se espalhou com uma velocidade incrível. Os cadáveres eram atirados às ruas e a maioria das pessoas morria sozinha, abandonada por suas famílias e seus amigos aterrorizados e impotentes. Esse solapamento catastrófico e de enormes proporções da ordem social e religiosa resultou, entre outras coisas, na transformação de certas comunidades minoritárias em bodes expiatórios — os judeus, de maneira mais ostensiva —, bem como no sacrifício da própria tolerância. Ao procurar resposta para os motivos que Deus teria para fazer aquilo a Seu povo, foi fácil para algumas vozes responder, baseando-se nas próprias Escrituras, que a sociedade estava certamente sendo punida por falta da verdadeira fé e pela tolerância em relação aos infiéis.

Essa explicação para a Peste Negra parece ter sido facilmente aceita, já que em toda a Europa, inclusive na Espanha, as sociedades se reestruturaram de maneira significativa no período que se seguiu à peste, na segunda metade do século XIV. E o que se viu surgir, por toda parte, foram estruturas de intolerância religiosa, bem como idéias fortemente defendidas de pureza cultural que seriam a marca do período pós-medieval. Podemos ver com clareza, em retrospecto, que o fim do longo período de prosperidade para os judeus na velha Espanha teve início no *annus terribilis* de 1391: violentas manifestações contra os judeus espocaram por toda a Ibéria, principalmente em Castela, dizimando as comunidades judaicas. Os que não foram assassinados (calcula-se que uns cem mil devem ter morrido) converteram-se ou fugiram para territórios muçulmanos. A transformação de Toledo, até bem pouco antes chamada de "a Jerusalém do Ocidente", é bem eloqüente: onde tinha havido cerca de dez sinagogas prósperas, inclusive aquela semelhante à Alhambra construída por Abuláfia uns trinta anos antes, só restavam umas poucas depois de 1391, que logo se reduziram às duas sobreviventes até hoje. Mais ou menos na mesma época, vemos o início das mudanças de atitude que seriam fatais para o passado islâmico dos reinos cristãos e para a herança árabe da cultura cristã. Pouco depois da virada do século, a Grande Mesquita de Sevilha, já reconsagrada, na qual os Reis Cristãos haviam adorado seu Deus e onde estava o túmulo de Fernando III, foi demolida para dar lugar a uma catedral de estilo bem diferente.

Mas há que ser feita uma importante ressalva em relação à peste. Não foi ela a responsável pela intolerância religiosa e tampouco pelas atitudes puristas sobre a interação cultural que produziram Alvarus de Córdoba em meados do século IX, ou Judah Halevi com sua rejeição amarga da poesia árabe e da filosofia grega no início do século XII, nem ainda o desrespeito dos almóadas pelo preceito islâmico da dhimma também naquele século. A peste, com tudo de ruim que trouxe, principalmente a criação de bodes expiatórios e de tumultos sociais, não foi capaz de erradicar a virtude da tolerância de uma vez por todas, e talvez não deva ser ela mesma transformada em bode expiatório para o comportamento pelo qual os povos e as sociedades são, afinal, responsáveis. A mudança de circunstâncias num dado momento qualquer revela que os indivíduos e seus valores têm um papel crucial na história, a despeito das grandes forças incontroláveis. Pedro, o Cruel, viveu e governou quando grassava a peste, e seu Alcázar, bem como a sinagoga de seu chefe das finanças em Toledo, foram construídos depois de 1348. E se o mesmo Pedro mandou executar Abuláfia, foi porque suspeitou que ele tivesse desviado recursos do tesouro para sua suntuosa sinagoga, e não porque ele fosse judeu. As violentas manifestações antijudaicas que começaram a ocorrer pouco depois foram fomentadas por indivíduos ligados ao assassino e sucessor de Pedro e por ele protegidos, seu meio-irmão ilegítimo, Henrique de Trastamara, cujas atitudes em relação aos judeus de Castela e a estilos islâmicos em prédios cristãos eram diametralmente opostas às de Pedro.

Porém mais significativo foi o fato de muitos dos valores da Espanha medieval ainda estarem vivos um século depois. Isso nos faz pensar em como teria sido fácil que os acontecimentos tivessem tomado uma outra direção bem diferente. Os descendentes de Pedro e Henrique, Isabel de Castela e Fernando de Aragão, subiram, imponentes, a colina da Alhambra para tomar posse de Granada formalmente ostentando seus mais refinados trajes árabes, e foi na presença de muitos de seus conselheiros judeus que eles assinaram um tratado assegurando aos muçulmanos o direito de continuar a professar sua religião. Uma interpretação cínica dessa cena talvez considerasse tudo aquilo uma impostura, um ardil. É possível que tenha sido. Mas parece mais plausível ver nessa cena o que se pode ver em todas as histórias contadas aqui: a possibilidade de tolerância cultural e religiosa existiu de fato. Às vezes triunfava e às vezes era derrotada. Os Reis Católicos poderiam muito bem ter desconsiderado os conselhos que receberam da Igreja (por mais que suas atitudes coincidissem com tais conselhos) e que os levaram a expulsar os judeus de suas terras e descumprir os tratados que haviam assinado com seus súditos muçulmanos. A Espanha cristã poderia assim ter entrado na Era Moderna com uma experiência exemplar de tolerância religiosa e com uma política cultural que daria seqüência às tradições de seus antepassados castelhanos a partir de Afonso VI.

O fato de Fernando e Isabel não terem optado pela via da tolerância é visto como um exemplo da inevitabilidade da intolerância, principalmente na era pré-moderna. Porém sua maneira de agir pode ser compreendida como a incapacidade de tomar uma decisão bem mais difícil, que seria a de ter coragem para cultivar uma sociedade que pudesse conviver com suas flagrantes contradições. Em vez disso, eles escolheram trilhar o caminho que o mundo moderno estava trilhando, aquele definido por uma ética de unidade e harmonia e que não tolerava contradições. O caminho mais fácil era, sem dúvida, o que tomavam as nações de uma só língua e uma só religião, transformação essa que se situa no início do período moderno e que chega aos nossos tempos. Porém não apenas a decisão dos Reis Católicos poderia ter sido outra, como não foi nada fácil erradicar muitas das atitudes incorporadas havia muito e que os próprios monarcas pareciam personificar, como o gosto pelos banhos árabes e por suas vestimentas e a confiança em médicos judeus.

A Inquisição Espanhola foi instaurada para curar os males criados por quinhentos anos de existência de uma sociedade que sabia conviver com contradições de toda natureza. Mas não foi fácil. Apesar da idéia generalizada de que a intolerância na Espanha foi das mais autênticas e ferozes quando comparada com a do resto da Europa pré-moderna, e de que os acontecimentos de 1492 foram a culminação triunfal de séculos de "Reconquista" e de virulento anti-semitismo, a história não foi bem assim. Os antigos costumes andaluzes estavam tão profundamente arraigados que foi necessária muita violência exercida por mais de um século, com a queima de milhares de bibliotecas e a insistente propagação das idéias cristãs, risíveis então, de pureza racial, para que os espanhóis finalmente se curassem de sua "medievalidade".

Dois "instantâneos" provenientes do álbum da família real podem nos dar uma idéia de como se passou a seguir. Foi no século XVI, durante o reinado de Carlos V, neto de Fernando e Isabel, que a combinação letal de estética renascentista e ideologia nacionalista resultou na demolição de partes da Alhambra para possibilitar que um discípulo de Michelangelo construísse o palácio neoclássico que ainda hoje se encontra, tão esquisito, na entrada principal do antigo complexo palatino islâmico. Foi também nessa mesma ocasião, em meados do século XVI, que teve lugar a destruição parcial do interior da Grande Mesquita de Córdoba. A mesquita havia sido transformada em igreja, mantendo-se porém o estilo mudéjar que se harmonizava com aquela obra de arte omíada. Os cristãos medievais haviam sabido respeitar o estilo islâmico que tanto admiravam e amavam. Da mesma forma, o árabe não tinha sido para eles uma língua a ser temida ou desprezada, ainda que os muçulmanos fossem seus adversários políticos ou rivais religiosos.

Entretanto, alguns dos cristãos da era que se iniciava, julgando-se representantes da única religião verdadeira, passaram a achar que não poderiam dizer suas orações estando cercados pela língua de uma religião à qual se opunham. Por isso, criaram para si um espaço separado e puro no centro da venerável igreja que já fora transformada em templo cristão havia quase três séculos. Alteraram todo o conjunto arquitetônico de maneira destoante e peremptória, com a construção de uma alta capela italiana que lá se encontra, bem no centro, como uma intrusa. Até mesmo o próprio Carlos, diz-se, ficou horrorizado com o resultado. O monarca que reinou no período mais repressivo da Inquisição, durante o qual os livros em árabe eram regularmente queimados, sentia-se, na verdade, como seus piedosos avós, bastante atraído pelos encantos do antigo estilo árabe. Quando foi coroado Imperador do Sacro Império Romano em 1519, Carlos vestiu-se para a cerimônia com os trajes reais de seu predecessor imperial, Frederico II, trajes esses no estilo islâmico que Frederico tanto apreciava. Seu enorme manto era bordado em toda a volta com escritos em árabe, sem dúvida evocações do Único Deus Verdadeiro.

Em 1991, Salman Rushdie publicou seu primeiro livro de ficção depois da notória *fatwa* proclamada em 1989 pelo aiatolá Khomeini. O decreto acusava o escritor de blasfêmia em seu romance *Versos satânicos*, condenando-o, na verdade, à morte. A fatwa foi chamada, como seria de se esperar, de medieval, ou seja, retrógrada, anacrônica e obtusa. Esse livro pós-fatwa, tão esperado, recebeu o título de *Haroun e o mar de histórias* e de um modo geral foi visto como uma fuga para o universo da fantasia, ou um livro para crianças. Dedicado ao próprio filho de Rushdie, que ele não via desde que passara a viver escondido, temendo por sua vida, *Haroun* provavelmente permitiu que Rushdie se desse um descanso, naquele mundo de entretenimento relativamente tranqüilo, do perigoso universo político no qual seus *Versos satânicos* o haviam atirado. Um ou outro crítico fez menção à óbvia conexão de *Haroun* com o clássico medieval *As mil e uma noites*, porém essas observações parecem ter tido pouco eco no contexto político que reagiu com furor aos *Versos satânicos*. Não se deu importância à possibilidade de que essa relação sugerisse alguma intencionalidade de fazer de *Haroun* não uma obra de escapismo, mas sim uma declaração de esperança na história.

O herói epônimo de *Haroun* recebeu seu nome em homenagem ao califa abássida que foi um dos grandes patronos do movimento de tradução da filosofia grega para o árabe, e também uma homenagem a um personagem de *As mil e uma noites*, livro que adquiriu grande parte de sua forma moderna em Bagdá, durante o reinado de Harun al-Rachid. Mas as alusões difusas de Rushdie são também uma evocação da cultura responsável por ter feito das investigações filosóficas e da literatura parte integrante da tradição ocidental. Petrus Alfonsi (que, como Rushdie, viveu como imigrante na Inglaterra) foi o primeiro a levar essa espécie de conto para a cultura da Europa latina e foi seguido por dezenas de outros, em sua maioria andaluzes anônimos que coletavam e traduziam esses contos. Em meados do século XIII, as traduções dessas histórias árabes para o latim e para os vernáculos haviam-se tornado best sellers na Europa e, por sua vez, preparavam o terreno para algumas das obras seminais dos primórdios da ficção européia. Se as estruturas dessas obras apresentam sempre alguma forma de tirania — refletindo direta ou indiretamente a difícil situação de Sherazade —, as histórias contadas dentro delas representam a esperança que a ficção pode oferecer, já que, por sua própria natureza, as histórias resistem a interpretações simplistas e tendem a revelar diferentes maneiras de se perceber a verdade e a realidade. Em sua insistência quanto ao propósito dos contos, da literatura, ser o de propor questões difíceis em vez de dar respostas fáceis ou apenas moralmente "edificantes", essa tradição é parte central do legado andaluz à cultura européia subseqüente.

Um dos mais brilhantes descendentes dessa tradição, e um dos mais nobres predecessores de *Haroun*, é o *Decameron* de Boccaccio, uma obra-prima que trata do poder das histórias e dos contadores de histórias diante da morte. A brutal descrição que essa obra italiana do século XIV faz da Peste Negra serve de prelúdio para uma centena de contos sobre a vida, muitos dos quais fazem referências às felizes e complexas misturas religiosas e culturais do mundo medieval. Tem-se a impressão de que Boccaccio sabia que muito daquele mundo, com seu deleite nas contradições, estava a ponto de morrer também com a peste, além de um número incalculável de pessoas. Dentre suas histórias, nenhuma é mais representativa que "Os Três Anéis", na qual Saladino pergunta a um judeu em sua corte qual das três religiões dos Filhos de Abraão é a verdadeira. Na tradição dos contos estruturados dentro de outros, o judeu responde a Saladino com uma história que pode ser interpretada de várias maneiras: Era uma vez um rei que tinha três filhos a quem amava igualmente, e como não conseguia decidir-se a qual dar o anel que simbolizava a herança do reino durante muitas gerações, mandou que um joalheiro talentoso fizesse dois anéis idênticos àquele. Dessa maneira, os três filhos herdaram seu reino dividido e ninguém foi capaz de saber qual deles ficou com o anel original. O leitor compreende que a própria pergunta de Saladino nasceu em um universo acostumado àquele tipo de dificuldade, e não de uma mente simplória ou de uma ortodoxia monocromática.

Rushdie também acredita que a Idade Média andaluza tinha a natureza de uma jóia, e é lá que situa muitos de seus escritos. Às vezes o faz com o simples título de um romance (*O último suspiro do mouro*), às vezes explora de maneira elaborada aquele período em que um conto ("Cristóvão Colombo e a Rainha Isabel da Espanha Consumam suas Relações, Santa Fé, Janeiro de 1492"). Dessa maneira, Rushdie revela seus muitos amores pelo islã medieval, principalmente por al-Andaluz — para ele um ícone, uma vítima do fundamentalismo, uma versão perdida daquela religião e a Idade de Ouro da civilização islâmica. E Rushdie não está sozinho ao apresentar a experiência andaluza do islã como modelo. Numa cena memorável do filme *Lawrence da Arábia,* vemos um eloqüente reflexo dessa percepção de al-Andaluz como um momento sem par da história dos árabes. O príncipe Faissal acusa Lawrence de ser um daqueles "ingleses que amam o deserto", enquanto os árabes amam as fontes e os jardins — e o epítome desse amor, a maravilha que havia brilhado intensamente enquanto o resto da Europa ao norte vivia na penumbra, logo entra na conversa quando o príncipe, já cansado de lutar e preparando-se para a luta, evoca a memória dos "jardins de Córdoba que se foram para sempre". Referia-se, naturalmente, às ruínas de Madinat al-Zahra, que na poesia árabe vêm sendo, há séculos, um complexo tropo para o píncaro das realizações culturais e também para as profundezas incomensuráveis de uma perda trágica.

São incontáveis os fragmentos do universo andaluz que podem ser vistos no nosso universo, e alguns deles têm conexões palpáveis com as realizações culturais extraordinárias que outrora adornaram seu universo, nosso universo. Os poetas andaluzes que escreviam em hebraico tornaram-se os heróis de vários de seus eminentes sucessores no século XX, esses pioneiros de nossa era que, novamente, aperfeiçoam o hebraico de forma a fazer dele — como no tempo de Davi e em Sefarad — uma língua vernácula tanto quanto uma língua litúrgica. Essa complexa fraternidade com os andaluzes, que os poetas israelenses consideram seus ancestrais, assim como Davi o foi para os andaluzes, pode ser freqüentemente percebida logo abaixo da superfície da linguagem poética. Essas relações talvez só sejam visíveis por aqueles que conhecem as complexidades da história lingüística, mas às vezes tornam-se transparentes para praticamente qualquer pessoa. Elas se tornaram especialmente notáveis quando um poeta israelita como o falecido Yehuda Amichai, o mais eminente mestre da nova linguagem poética judaica, escreveu poemas nos quais homens como Judah Halevi e Samuel, o Nagid, misturam-se naturalmente com outros personagens poéticos de Amichai.

Ao lado de conexões explícitas como essas, há também ressonâncias mais complexas do passado andaluz em nosso presente, quando um paralelo histórico pode ocorrer com um quê de ironia. À sombra dos novos poetas judeus espalhados por todo o cenário de variadas identidades culturais de Israel, podemos ver muitas situações semelhantes às da Andaluzia. O legado vive e floresce em um grande número de situações, desde o surgimento de uma geração de escritores israelenses-palestinos que adotaram o hebraico — quer seja em substituição ao árabe ou juntamente com ele — como sua língua literária, com férteis resultados literários e curiosas conseqüências ideológicas, até a controversa concessão do Prêmio de Israel em 1986 a Emile Habibi, por seu notável romance árabe cujo sugestivo título é *O pessotimista*. Mesmo quando as circunstâncias políticas e ideológicas caracterizam-se por litígio, a vida artística e intelectual floresce e reinventa-se em espaços criados pela tolerância cultural. E quando se dá o entrelaçamento cultural, quem poderá dizer que não existe maneira melhor de se encontrarem soluções para as diferenças ideológicas e políticas aparentemente insolúveis? A história da Andaluzia nos revela as inevitáveis tensões entre nosso desejo de coerência cultural, por um lado e, por outro, a vitalidade instigante das contradições dentro de nós mesmos e em nosso meio.

O que nos ensina a Andaluzia, nesse sentido, é que cada um de nós tem um Judah Halevi dentro de si e, portanto, o temos dentro de nossas comunidades. Halevi voltou-se contra seus próprios triunfos poéticos e os de outros porque acreditava em uma ideologia que rejeitava a língua de um Deus que não o seu, e para nós, da mesma maneira, tal rejeição pode ser à arquitetura de um estado tirânico, ou às estátuas dos pagãos, ou aos romances de uma cultura repressora que nos deixam desconfortáveis. Será que a poesia — ou a língua, ou a filosofia, ou a música, ou a arquitetura, até mesmo a de nossos templos — precisam realmente dançar a mesma música de nossas convicções políticas e de nossas crenças religiosas? Será a perfeita harmonia de nossas identidades culturais uma virtude superior àquelas que possam advir da acomodação das contradições? As histórias da Andaluzia nos permitem ver de relance um longo e extraordinário capítulo da nossa história no qual as três principais religiões monoteístas enfrentaram, com sucesso e sem sucesso, a questão da tolerância entre si. Uma outra questão, igualmente importante e da mesma natureza, para essas três religiões tão dominantes em nossa cultura, é a da tolerância no interior de cada uma delas e de suas comunidades de fiéis, sempre tão variegadas. Essa foi também uma questão insistentemente presente em al-Andaluz. Uma infinidade de outras questões continua a ecoar: Os muçulmanos têm condições de se integrar satisfatoriamente às nações européias contemporâneas e seculares? Devem os cristãos fundamentalistas expor seus filhos aos ensinamentos da razão tanto quanto aos da fé, às teorias evolucionárias tanto quanto à verdade como se apresenta nas Escrituras? Podem os católicos croatas, os sérvios ortodoxos e os bósnios muçulmanos coexistir nos Bálcãs? Como é possível a tolerância e a intolerância coexistirem?

No dia 25 de agosto de 1992, o exército sérvio começou a atirar contra a Biblioteca Nacional de Sarajevo. Propositalmente. Mais de um milhão de livros e mais de cem mil manuscritos foram deliberadamente destruídos. Três meses antes, o mesmo exército havia atacado o Instituto Oriental daquela cidade, com sua magnífica coleção de manuscritos islâmicos e judaicos, queimando mais de cinco mil desses documentos. Por quê? Desde quando as bibliotecas são alvos militares estratégicos? Mas as guerras, naturalmente, são lutas em muitas frentes, e o ataque àqueles palácios da memória em Sarajevo deu-se por razões que não diferem das que levaram à queima de tantos livros na Espanha do século XVI, e da destruição e da mutilação de incontáveis palácios da memória de al-Andaluz. Os livros, como os prédios, como as obras de arte, como as canções e, às vezes, até mesmo como as linguagens das orações, freqüentemente nos falam de complexidades da tolerância e da identidade cultural, de complexidades que os puristas ideológicos negam, quer enquanto realidade imediata, quer como uma possibilidade futura. Os livros — bem como os outros frutos da imaginação humana de mesma natureza — costumam nos revelar que, por trás das fachadas até mesmo das mais tirânicas das tiranias oficiais, o intercurso social e cultural continua a existir. Os artefatos, os livros e os prédios que conseguem sobreviver são, eles mesmos, atos de tolerância e de resistência ou, pelo menos, seu melhor exemplo concreto.

Um punhado de tesouros foi salvo da terrível destruição de 1992, que se deu, por uma coincidência fantástica de datas, precisamente aos quinhentos anos da capitulação de Granada e da expulsão dos judeus. Pouco sobreviveu nas ruínas da magnífica biblioteca e do museu de Sarajevo, mas, entre os preciosos itens que escaparam, está o famoso manuscrito conhecido como a *Haggadah de Sarajevo*. Haggadah é um livro de orações e de histórias: contos para serem contados e preces para serem ditas na Páscoa judaica, lembrando o Êxodo. Apesar do nome, o manuscrito, com fantásticas iluminuras, considerado da mais alta qualidade dentre todos os que há no mundo, não é "sarajevo", em absoluto mas, assim como as duas sinagogas sobreviventes em Toledo, é resultado do casamento "misto" que foi o mundo na Idade Média na Espanha, politicamente cristão porém culturalmente neo-islâmico. O livro foi feito em algum território cristão em fins do século XIII ou no início do século XIV — talvez, quem sabe, em alguma cidadezinha por onde Moisés de Leon tenha passado vendendo seu *Zohar*.

O livro já havia sido salvo uma vez das fogueiras do esquecimento quando foi levado da Espanha no Êxodo de 1492 por judeus sefarditas que foram se estabelecer no Império Otomano. Lá a Haggadah foi valorizada e protegida por quase quinhentos anos. Mas então o precioso livro teve que ser salvo uma segunda vez durante a Segunda Guerra Mundial. É fato conhecido em círculos intelectuais que um certo curador muçulmano da biblioteca de Sarajevo salvou a Haggadah sefárdica das atrocidades dos nazistas, que certamente a teriam queimado. Durante muitos anos, sempre que eu falava sobre esse assunto, comentava, ao término da história, que o tal muçulmano — cujo nome eu não sabia e julgava ser desconhecido — salvara aquele lindo livro provavelmente porque sabia de sua origem. Como muitos muçulmanos até hoje, ele com certeza tinha um lugar especial no coração e na memória para o que havia sido al-Andaluz. Eu costumava sugerir que ele deveria ser um tipo quixotesco, um descendente honorário daquele anônimo mourisco que Cervantes encontrou por acaso certo dia em Toledo, aquele que traduziu uma história verdadeira, escrita em uma daquelas línguas misturadas da Espanha, o livro com a história de Dom Quixote que estava em vias de ser destruído, transformado em pasta de papel.

No dia 2 de maio de 1999, descobri que, afinal, o tal muçulmano não era anônimo. Cerca de sete anos depois de o livro haver sido salvo da violência em Sarajevo, a primeira página do *New York Times* publicou uma história que o próprio Cervantes gostaria de ter contado. Dentre os milhares de "albaneses étnicos", um eufemismo comum para designar os muçulmanos europeus que foram expulsos do Kosovo como gado no início de abril de 1999, havia uma mulher que, como a maioria deles, só pôde levar consigo alguns poucos pertences ao partir. Como os refugiados costumam fazer, o que ela escolheu para levar para o exílio foram lembranças de valor puramente sentimental, das quais a mais preciosa, que ela levou dentro da roupa, em vez de colocar em uma das duas maletas que carregava, era um pedaço de papel escrito em uma língua que, como Cervantes diria, ela podia reconhecer, mas não sabia ler. Só o que ela sabia, vagamente, era que se tratava de um prêmio que o pai havia recebido e ao qual dava muito valor. No outro lado da fronteira da Macedônia, depois de uma viagem angustiante, a mulher teve a idéia de mostrar seu precioso papel a membros da comunidade judaica local, um grupo que prestava auxílio humanitário aos kosovares. Ela pegou o papel e lhes mostrou, porque sabia que aquilo era hebraico e achava que talvez fosse a chave para decifrar alguma história.

E de fato era. O documento foi tão valioso para ela quanto para Cervantes o foi a descoberta de que o manuscrito em aljamiado era a história perdida de Dom Quixote. O papel era um elogio que o pai havia recebido do governo de Israel por ter salvo não apenas a Haggadah de Sarajevo, mas também, como se ficou sabendo, a vida de vários judeus iugoslavos da perseguição nazista. O bibliotecário muçulmano, que era um herói para os bibliógrafos por ter conseguido salvar aquele símbolo de séculos de tolerância medieval da destruição pela barbárie do século XX, havia também escondido judeus de Sarajevo em seu apartamento durante a Segunda Guerra Mundial. O que se ficou sabendo em maio de 1999 foi que ele era pai de uma mulher assustada e desesperada, uma dentre milhares de vítimas de mais uma barbárie do século XX. A filha, que pouco sabia do que o pai tinha feito, sentiu-se grata pelo asilo oferecido a ela e à sua família naquela hora de grande necessidade. Ela foi levada daquele campo de exilados e daquela zona de guerra na Europa ocidental, indo então para Israel. Foi recebida no aeroporto de Tel Aviv e levada para a casa de um homem que a saudou como a um parente querido, pois ele era filho de uma das mulheres que haviam sido salvas pelo bom bibliotecário, juntamente com o livro de orações da Páscoa judaica. "Meu pai fez o que fez de bom coração, sem pensar em ser retribuído. Cinqüenta anos depois, a história se fecha como um círculo."* O círculo remonta de bem mais longe em tempo e espaço do que a filha do bibliotecário talvez imagine, e está intimamente entretecido com muitas histórias que podem ser encontradas no interior do nosso palácio andaluz apenas meio escavado. Lá, tanto nas ruínas quanto nas maravilhas daquele edifício que sobreviveram, em livros destruídos e em livros salvos, encontram-se camadas sobre camadas de nossa memória e de nossas possibilidades culturais.

*"Israel, Agradecido, Abriga Família de Albaneses do Kosovo", *New York Times*, 2 de maio de 1999.

Posfácio

NO DIA 11 DE SETEMBRO DE 2001, ALGO DE VIOLÊNCIA INIMAGINÁVEL, absolutamente inesperado, explodiu no centro da vida americana. Embora alguns poucos analistas tenham afirmado o contrário, logo ficou evidente que os ataques a Nova York e Washington, D.C., eram frutos de uma intolerância religiosa radical que a maioria dos americanos, eu, inclusive, diria ser uma questão de pouca relevância em seu dia-a-dia. Como estávamos equivocados, todos nós. E quão definitivamente transformou-se aquele nosso universo com o surgimento, pela porta da frente de nossa casa, numa bela manhã de início de outono, de uma versão feroz do islã.

Algumas semanas antes, eu acabara de escrever este livro, um tributo à tolerância cultural levada à Europa pelos omíadas. Mas o livro, como não poderia deixar de ser, é também um relato do que fizeram as forças da intolerância que estiveram sempre presentes e que, por fim, triunfaram. Assim como nossos estereótipos acerca de rivalidades religiosas não nos deixam perceber efetivamente o fato de ter havido um período longo e influente da história no qual predominou uma cultura de tolerância, com extraordinárias realizações intelectuais e materiais, esses mesmos estereótipos impedem que vejamos as profundas divergências existentes no interior de cada uma das religiões. O complexo problema que se situou no centro da história cultural da Europa medieval foi, acima de tudo, o de como as grandes religiões monoteístas dos Filhos de Abraão — religiões essas que têm dentro de si fortes tradições de violência — esforçaram-se por definir o que eram e o que poderiam vir a ser. Quando conseguiram descobrir em si mesmas o potencial de grandeza, abriram as comportas para notáveis realizações. Foi então que homens como Samuel, o Nagid, puderam ser vistos por toda a parte, igrejas como San Roman foram construídas e filósofos como Ibn Rushd foram reverenciados. Mas quando, ao contrário, a tolerância não foi capaz de se sustentar, o resultado foi, quase sempre, a irreparável destruição, desde o saque a Madinat al-Zahra no século XI por tropas berberes fundamentalistas até a demolição, no século XV, da antiga mesquita almóada que havia servido de catedral para os monarcas castelhanos em Sevilha.

E depois dos acontecimentos de 11 de setembro, que nos fazem ver as coisas de maneira diferente — em especial, naturalmente, qualquer coisa que tenha a ver com o islã e suas relações com outras religiões e culturas —, parece impossível compreender a história do que foi outrora, de fato, um ornamento do mundo sem ver os reflexos daquela história à porta de nossa casa. Cada leitor extrairá diferentes conclusões das histórias contadas neste livro — pleno de advertências e esperanças —, mas ninguém (tampouco eu) será capaz de achar que o que essas histórias nos contam pouco tem a ver conosco, como talvez pensássemos antes de nosso universo ter sido devastado.

Resisti a um forte impulso de alterar alguma coisa neste livro, de acrescentar-lhe indícios das lições por mim recém-descobertas que essas histórias contêm. Se elas estiverem bem contadas e se o que elas nos revelam estiver suficientemente claro, esses novos significados parecerão óbvios ao leitor. E se algumas das histórias recebem agora novas tintas de dolorosa ironia, que assim seja.

Paris
Novembro de 2001

Outras Leituras

Fontes Primárias e Seus Intérpretes

PÁG 44:

O fascinante ornamento do mundo brilhou no Ocidente, uma nobre cidade recentemente tornada famosa...

Para traduções das obras de Hroswitha, ver Katharina Wilson, *Hrotsvit of Gandersheim: A Florilegium of Her Works* (D. S. Brewer, 1998), agora disponível também em brochura.

PÁG 70:

Uma palmeira ergue-se no centro de Rusafa / Nascida no poente, longe das terras das palmeiras...

Essa tradução do tão citado poema de Abd al-Rahman foi feita por D. F. Ruggles, a quem agradeço também por seu brilhante trabalho sobre os jardins e a agricultura de al-Andaluz, agora disponível em *Gardens, Landscape, and Vision in the Palaces of Islamic Spain* (Pennsylvania University Press, 2000).

As odes pré-islâmicas podem ser encontradas no livro de belas traduções de Michael Sells, *Desert Tracings* (Wesleyan University Press, 1989), que inclui uma excelente introdução à poesia pré-islâmica. Mais recentemente, Sells tornou disponíveis em inglês eloqüentes versões das primitivas suras do Alcorão em *Approaching the Qur'an: The Early Revelations* (White Cloud Press, 1999), livro acompanhado por uma gravação em CD de recitações do Alcorão. Sua brilhante tradução da luminosa poesia do andaluz sufista Ibn Arabi pode ser lida em *Stations of Desire: Love Elegies from Ibn 'Arabi and New Poems* (Ibis Books, 2000). Ambos os volumes incluem introduções valiosas não apenas para os não-iniciados como para os especialistas no tema. Sou também grata a Michael por sua tradução de parte da canção citada no meu capítulo "O Amor e seus Cânticos", e por uma década de amizade e de leitura de poesia árabe.

PÁG 75:
Os cristãos adoram ler os poemas e os romances dos árabes; estudam os teólogos e os filósofos árabes, não para refutá-los, mas para aperfeiçoar com elegância seu domínio do idioma...

Essa tradução do famoso trecho de Alvarus foi retirada do excelente livro de Jerrilyn Dodds, *Architecture and Ideology in Early Medieval Spain* (Pennsylvania State University Press, 1990). Não apenas desse livro, fonte indispensável de informações sobre a rede de relações entre mozárabes e muçulmanos, mas também de toda a sua variada obra e de sua generosa amizade, aprendi quase tudo que sei sobre a cultura das artes e da arquitetura na Espanha islâmica.

PÁG 87:
Seja de vosso conhecimento, senhor, que nossa terra é chamada Sefarad na Língua Sagrada, ao passo que os cidadãos ismaelitas chamam-na de al-Andaluz, e o reino chama-se Córdoba.

Meus agradecimentos a Tali Farhadian por suas traduções da carta de Hasdai ao Rei dos Khazares.

PÁG 110:
Amigo, para livrar-me dos apuros / a Rocha se ergueu, / portanto ofereço este poema em louvor a Deus...

Esta e outras traduções da poesia de Samuel, o Nagid, são de Peter Cole, *Selected Poems of Shmuel Ha-Nagid* (Princeton University Press, 1996). Expresso minha gratidão ao tradutor por sua generosidade e seu renovado interesse por este projeto. Cole publicou mais recentemente um segundo livro de traduções de grandes poetas da nova poesia hebraica da Espanha islâmica, *Selected Poems of Solomon Ibn Gabirol* (Princeton University Press, 2000), que contém um ensaio introdutório inspirador.

PÁG 119:
O Amor, Deus seja louvado, é uma enfermidade cujo tratamento deve ser de acordo com a aflição...

As traduções de Ibn Hazm foram feitas recentemente por H. D. Miller, a quem faço um agradecimento especial. O *Tauq al-Hamama*, seu livro mais famoso sobre a cultura clássica árabe na Espanha, teve uma importante tradução para o espanhol com o título de *El collar de la paloma*, por Emilio Garcia Gomes, porém não se dispõe de uma tradução para o inglês à altura da obra.

PÁG 161:

Ansiosa ou serena, e Vossa minh'alma, / submissa e grata. / Vagueio por mares incertos cheio de alegria por Vós / e a Vós dou graças por onde quer que vá.

Este e outros poemas de Judah Halevi são traduções de Raymond Scheindlin, a quem agradeço por esta e muitas outras traduções ao longo dos anos e, principalmente, pela amizade e pela colaboração. Os dois volumes antológicos da obra de tradução de Scheindlin, *Wine, Woman and Death* e *The Gazelle*, livros sensíveis através dos quais muitos estudiosos tiveram seu primeiro contato com esse extraordinário acervo de poesia, agora estão também disponíveis em brochura (Oxford University Press, 1999).

PÁG 166:

[O motivo da minha demora em escrever é] o exílio longo e penoso ao qual o destino atirou-me, numa terra tão distante, no fim de meus dias...

Agradeço a Samuel Rascoff por essa sua tradução e pelo muito que aprendi em seu extraordinário ensaio (Harvard senior essay), "Cosmopolitan Critic: A Cultural Profile of Moshe Ibn Ezra" (1998).

PÁG 172:

Com os olhos marejados de tristeza / voltou-se para olhar ainda uma vez...

Da tradução de W. S. Merwin do *Cantar de mio Cid*, baseado na edição de Ramon Menendez Pidal. Embora Merwin traduza o título como *Poem of the Cid*, a famosa versão de Menendez Pidal dessa obra épica é apropriadamente intitulada "Cantar" em vez de "Poema" para enfatizar a forte convicção do editor quanto à natureza originalmente oral do poema. Dentre as versões atualmente disponíveis em brochura na língua inglesa, a melhor para os não-iniciados é a tradução em prosa *The Poem of the Cid* (Vicking, 1985) por Ian Michael, Rita Hamilton e Janet Perry.

PÁG 177:

Cumpra pois, meu irmão, ou devo dizer, meu senhor, o que prometeu a esta sua irmã, ou, deveria eu dizer, a sua serva...

De *The Letters of Abelard and Heloise* (Penguin, 1998), traduzido por Betty Radice, que também escreveu uma introdução.

PÁG 217:

Se as pessoas soubessem que sou eu o autor, não me dariam atenção nem gastariam a menor moeda sequer com estes livros...

Texto e tradução extraídos da obra fundamental de Gershom Scholem sobre *Zohar* e a Cabala, *Major Trends in Jewish Mysticism,* disponível em brochura (Schocken, 1995). Este livro de Scholem, originalmente uma série de conferências, continua a ser o mais útil para um iniciante nesse tema terrivelmente complexo. Uma outra introdução confiável, com extensa seleção de traduções do próprio *Zohar* é *Zohar: The Book of Enlightenment,* tradução e introdução de Daniel Chanan Matt (Paulist Press, 1983), da útil coleção Classics of Western Spirituality.

PÁG 234:

De Pedro, Rei da Espanha / Nobre e honrado Pedro, glória da Espanha...

A descrição de Pedro, o Cruel, feita por Chaucer encontra-se em "The Monk's Tale" e foi retirada da tradução versificada de *The Canterbury Tales* para o inglês moderno por David Wright para a World's Classics Series (Oxford University Press, 1986), bem como sua descrição do novo "Toledan Tables", que aparece em "The Franklin's Tale".

PÁG 243:

Suas majestades e seus sucessores comprometem-se para sempre a permitir que [os granadenses] vivam de acordo com sua própria religião, e a não permitir que suas mesquitas lhes sejam tomadas...

A tradução desse trecho do Acordo da Capitulação da Cidade de Granada foi feita por L. P. Harvey. A íntegra do texto constitui um apêndice em seu excelente livro *Islamic Spain: 1250—1500* (University of Chicago Press, 1992), que, apesar de destinar-se a estudiosos do assunto, é também acessível a não-iniciados e encontrado em brochura.

PÁG 253:

Ele o abriu pelo meio e, depois de ler um pouco pôs-se a rir...

Trecho de *Dom Quixote de la Mancha* de Cervantes para a edição de Penguin Classics (Penguin, 1998).

Outras Leituras

Para os interessados em outras leituras (na língua inglesa) pertinentes à literatura árabe:

The Arabian Nights é disponível em dois volumes em brochura, em excelente tradução de Husain Haddawy (Norton, 1990 e 1995). O livro de Robert Irwin The *Arabian Nights: A Companion* (Penguin, 1994) é um importante estudo que situa essa quinta-essência da literatura medieval em seus muitos contextos. Mais recentemente, Irwin publicou uma antologia de clássicos da literatura árabe intitulada *Nights and Horses and the Desert* (Penguin, 1999), igualmente importante. Ele precede os textos selecionados de introduções lúcidas que situam essa antologia bem acima da média, fazendo com que seja mais do que um livro conciso de história da literatura. Mais antigo, porém ainda útil, é o livro de James Kritzck, *Anthology of Islamic Literature from Rise of Islam to Modern Times* (Penguin, 1964), já esgotado porém às vezes encontrado em sebos. Ambos contêm uma boa quantidade de textos selecionados de autores andaluzes, situados em contexto mais amplo da literatura islâmica. Em complementação aos vários volumes de traduções de poesia árabe por Michael Sell, o leitor interessado poderá ler o livro de Cola Franzen, *Poems of Arab Andalusia* (City Lights, 1989).

Além dos livros mencionados na primeira parte, há vários outros excelentes estudos sobre a poesia hebraica na Espanha islâmica. Dan Pagis, ele mesmo um brilhante poeta israelita, deu uma série de palestras bastante acessíveis que foram posteriormente publicadas sob o título *Hebrew Poetry of the Middle Ages and Renaissance* (University of California Press, 1991). Um texto mais erudito porém mais acessível é a obra de Ross Brann *The Compunctious Poet: Cultural Ambiguity and Hebrew Poetry in Muslim Spain* (Johns Hopkins Press, 1991). O leitor nela encontrará também uma boa fonte de bibliografia.

Dentre os escritores contemporâneos vários se notabilizam pelo uso de personagens e temas andaluzes em suas obras de ficção. Jorge Luis Borges escreveu ensaios sobre as *Mil e uma noites* bem como um bom número de contos envolvendo a Espanha medieval, dos quais o mais famoso é "A Busca de Averróis". A recente publicação de *Collected Fictions* (Penguin, 1999) e *Collected Non-Fictions* (Penguin, 2000) de Borges tornou facilmente disponíveis esses textos. A obra de ficção de Salman Rushdie é, desde o início, cheia de referências ao mundo islâmico medieval, especialmente à Espanha islâmica em sua produção mais recente, pós-fatwa. A história "Christopher Columbus and Queen Isabella of Spain Consummate Their

Relationship, Santa Fé, January, 1492" encontra-se na coletânea *East West* (Pantheon, 1994). *The Moor's Last Sigh* (Pantheon, 1997) refere-se, no título, a Boabdil, apesar de o romance em si referir-se a al-Andaluz apenas indiretamente. Por fim, dentre os romances históricos que se passam na Espanha medieval e islâmica (quase todos tratam dos acontecimentos em torno de 1492), o que mais se sobressai é, sem dúvida, o que foi escrito pelo grande romancista israelense A. B. Yehoshua, cujo *Journey to the End of the Millenium* (Harcourt Brace, 2000) transporta vários andaluzes da época do califado de Córdoba em uma viagem às cercanias de Paris.

Outras Histórias

As obras pioneiras de história e historiografia de Ibn Khaldun e Edward Gibbon são facilmente encontráveis em brochuras: a tradução de Frans Rosenthal do livro *The Mukaddimah: An Introduction to History* pode ser encontrada em edição resumida de um volume (Princeton University, 1969) da Bollingen Series; também condensado em um volume, *The Decline and Fall of the Roman Empire* está disponível como "Portable Gibbon" (Viking Press, 1970). Também ainda encontrável e certamente merecedor de leitura é o clássico *The Renaissance of the Twelfth Century* de Charles Homer Haskins (Harvard University Press, 1979), no qual um intelectual questiona pela primeira vez o preconceito amplamente aceito (entre estudiosos e leigos) quanto à "escuridão" que teria caracterizado a Idade Média.

Uma seleção abrangente de fontes históricas primárias incluindo textos e documentos da Espanha medieval, acompanhada de úteis comentários é encontrada em *Medieval Iberia: readings from Christian, Muslim, and Jewish Sources,* editado por Olivia Remie Constable (University of Pennsylvania Press, 1997). Nenhum intelectual causou mais impacto em uma área do saber que Americo Castro no campo da história e da historiografia da Espanha medieval e do início da era moderna. A obra de Castro que trata da interação das três religiões em um estado que ele chamou de "convivência", gerou grandes controvérsias, principalmente na Espanha. No decorrer de sua eminente carreira como professor universitário nos Estados Unidos, Castro produziu um grande número de estudos seminais apresentando sua visão da Espanha medieval e da cultura espanhola como se desenvolveu depois. A tradução de grande parte dessa obra em 1971, com o título *The Spaniards: an Introduction to Their History,* é um bom apanhado de suas idéias.

Uma visão do contexto mais amplo no qual a história da Espanha islâmica se desenrola é apresentada com maestria por Albert Hourani em *A History of Arab Peoples* (Harvard University Press, 1991). Além da obra de L. P. Harvey que trata da Espanha islâmica a partir de 1250, há vários textos úteis sobre al-Andaluz no contexto medieval ibérico mais amplo. O livro de Bernard F. Reilley, *The Medieval Spains* (Cambridge University Press, 1993), entretece as histórias paralelas dos domínios cristãos e muçulmanos. Richard Fletcher, em *Moorish Spain* (University of California Press, 1992), focaliza al-Andaluz mais especificamente, enquanto em *The Quest for El Cid* (Knopf, 1990) ele se aprofunda no emaranhado de relações entre cristãos e muçulmanos durante o período das taifas. Uma história política bem pormenorizada pode ser encontrada em *Muslim Spain and Portugal: A Political History of al-Andaluz* (Longman, 1996), de Hugh Kennedy. Dentre as histórias publicadas mais recentemente que tratam das comunidades judaicas da Espanha cristã e islâmica, a que me parece mais interessante é *The Jews of Spain: A History of the Sephardic Experience* (The Free Press, 1992), de Jane Gerber.

Vale mencionar dois livros especializados extraordinariamente úteis e interessantes, ambos esgotados mas merecedores de uma busca em bibliotecas pelos interessados nos assuntos de que tratam: *Peter the Venerable and Islam* (Princeton University Press, 1964), de James Kritzeck e *The Matter of Araby in Medieval England* (Yale University Press, 1977), da autoria de Dorothee Metlitzki.

Livros de Referência

Os catálogos de duas importantes mostras em museus oferecem não apenas belíssimas ilustrações sobre uma variedade de obras de arte e monumentos arquitetônicos, como também muitos artigos informativos. O magistral *Al-Andalus, The Art of Islamic Spain*, organizado por Jerrilyn Dodds (Metropolitan Museum of Art, 1992) infelizmente está esgotado, mas merece bem a busca de um exemplar de segunda mão ou, pelo menos, uma ida à biblioteca. Ainda é possível encontrar o outro catálogo, que não é tão luxuoso mas é também muito bonito. Trata-se de *Convivencia: Jews Muslims, and Christians in Medieval Spain* (George Braziller and the Jewish Museum, 1992), organizado por Vivian Mann, Thomas Glick e Jerrilyn Dodds. Ambos os livros, assim como vários outros de natureza comemorativa, foram publicados em 1992, quinto centenário da queda de Granada e da expulsão dos judeus.

Nenhuma dessas publicações comemorativas, porém, aproxima-se do escopo enciclopédico de *The Legacy of Muslim Spain,* organizado por Salma Khadra Jayyusi (Brill, 1992), que se sobressai com seus artigos sobre praticamente todos os aspectos da história de al-Andaluz, da sua história intelectual, da literatura e uma enorme variedade de outros tópicos em geral fascinantes, como a cultura culinária andaluza e o papel dos muçulmanos no comércio mediterrâneo. Por fim, na coleção The Cambridge History of Arabic Literature, foi publicado recentemente *The Literature of al-Andalus,* organização de por M. R. Menocal, Raymond Scheindlin e Michael Sells. Os artigos sobre autores e tópicos literários convencionais são complementados por outros que tratam de importantes áreas ancilares (como "Linguagem" e "Música"). Nesse livro o "árabe" é definido de forma abrangente que abarca o fenômeno literário na órbita andaluza, portanto nele estão incluídos vários autores judeus e cristãos que não costumam constar de publicações dessa natureza. Tanto esse livro como o de Jayyusi contêm abundantes bibliografias sobre cada área abordada.

Agradecimentos

Este livro nasceu de uma idéia muito vaga: a de transformar o mundo que habito como acadêmica em um mundo acessível a não-especialistas. Na primavera de 1998, fui convidada pela Associação de Ex-alunos de Yale para ser uma das palestrantes nas reuniões de fim de semana daquele ano, quando o corpo docente faz palestras de interesse geral, ao invés da apresentação de suas pesquisas ou de conferências especializadas. Ao preparar e apresentar minha palestra, dei-me conta de algo de que suspeitava havia algum tempo, ou seja, de que o mundo que eu vinha estudando microscopicamente, o mundo de várias religiões e várias línguas da Espanha medieval, seria de grande interesse para um público leitor bem mais amplo e variado em nossa época. O subtítulo que usei para a palestra, "A Europa Medieval e o Multiculturalismo Autêntico", apontava para aspectos evidentemente relevantes do tema, mas, para além deles, eram os tesouros escondidos de histórias e personagens praticamente desconhecidos que pareciam estar suplicando para ser libertados dos apertados preceitos acadêmicos aos quais se restringiam e circular por um mundo maior.

Desconfio, porém, que nada teria feito, ou muito pouco, com aquele meu *insight* depois da palestra em Yale, e que este livro continuaria a ser uma vaga intenção, não fosse por uma deliciosa coincidência ocorrida naquela mesma tarde. Jeanne Bloom, por acaso, viajava no mesmo trem, no percurso tantas vezes por nós percorrido entre Nova York e New Haven. O intelecto vivo e estimulante de Jeanne e sua generosa amizade situam-se entre os mais refinados prazeres daqueles de nós que têm a sorte de ser parte de seu universo. E naquela tarde ela deu conseqüência a essas suas virtudes quando, após a leitura do manuscrito de minha palestra, insistiu em dizer que ali estava o material para um livro não-acadêmico. Foi assim que minha vaga idéia veio a transformar-se no projeto deste livro. Sou grata a Harold pelo grande interesse que demonstrou pelo projeto — e o trabalho de escrever a introdução deste livro representa apenas parte desse seu interesse — porém é a Jeanne que devo meus primeiros agradecimentos, porque foi ela quem pôs a idéia em movimento. Nos quase quatro anos que se seguiram àquela fortuita viagem de trem, principalmente nos momentos de desânimo quando eu duvidava ser capaz de escrever um livro dessa natureza, reanimava-me sempre com a lembrança vívida do rosto de Jeanne quando ela leu o que viria a ser a primeira parcela.

Meu outro agradecimento fundamental vai para a Universidade de Yale, onde ensino, aprendo e vicejo desde o outono de 1986. Este livro não seria escrito não fossem as maravilhosas regalias com que esta instituição brinda seu corpo docente: anos que podem ser dedicados à pesquisa especializada, à leitura e à escrita de trabalhos; a companhia e o exemplo instigantes dos colegas, intelectuais das mais variadas convicções; uma biblioteca com recursos incomparáveis; dotações generosas para viagens e para apoio a pesquisas; e, talvez o mais importante, dezenas de cursos oferecidos a um público extremamente apreciativo e crítico que são os alunos de Yale. Paradoxalmente, mais do que qualquer outro livro que eu tenha escrito, este é o fruto da rica vida intelectual que Yale tem me proporcionado. Nenhuma lista com centenas de pessoas que tiveram papel importante nesta vida e nenhuma tentativa de evocar as dezenas de ocasiões que me ajudaram a dar forma às histórias e às idéias contidas neste livro seriam capazes de fazer-lhe justiça. Expresso, pois, minha gratidão dessa forma bastante impessoal pela vida que tenho levado e pelas pessoas que pude conhecer e amar e com quem pude também discutir. Espero que muitos se reconheçam neste agradecimento, bem como os papéis que representaram.

Tanta gente, porém, ajudou de maneira tão distinta e significativa na elaboração do livro que não posso deixar de mencionar. Três de meus alunos — Abigail Krasner, Howard Miller e Ryan Szpiech — deram-me auxílio inestimável em diferentes etapas da elaboração dos originais: verificando e tornando a verificar fatos, datas e nomes, "caçando" em bibliotecas livros aparentemente impossíveis de encontrar, dando sugestões para ilustrações e, no caso de Howard e Abby, efetivamente fotografando localidades na Espanha das quais teria sido quase impossível conseguir boas imagens de outra maneira. Kim Hastings, que foi minha aluna há vários anos e que desde então tornou-se uma das editoras de manuscritos mais disputadas pela imprensa universitária, pôs de lado muitas coisas de sua vida pessoal e de seu trabalho quando lhe pedi que me ajudasse a produzir este livro. É o meu segundo livro que Kim ajuda a tornar possível com sua atenção carinhosa a todos os detalhes e com esse seu jeito meio mágico de se lembrar que um determinado verbo empregado em um dos capítulos anteriores aparece bem depois numa frase bem semelhante. Por tudo isso e por muito mais, inclusive por sua ternura e seu bom humor que fazem do trabalho com ela um enorme prazer, eu lhe agradeço.

Talvez o maior dos prazeres que tenho aqui é de poder agradecer a duas pessoas que se tornaram indispensáveis à minha vida nestes últimos anos de intensa dedicação à produção de textos, porque elas são as minhas colaboradoras mais modestas e as que provavelmente menos reconheceriam a importância de seu trabalho para o meu se não tivessem seus nomes ditos em voz alta. Jane Levin e Norma Thompson, com quem tenho a grande sorte de trabalhar, tornam, no dia-a-dia, minha carga mais leve, protegem-me de todo tipo de tempestade e fizeram da minha vida peripatética em New Haven parte da sua. Essa generosidade de espírito que as caracteriza é parte do cerne do que faz a vida em Yale tão feliz para mim.

Alice Martell e eu nos conhecemos como muitas mães de uma certa espécie se conhecem — sentadas, assistindo a nossos filhos jogar hóquei no gelo em uma quadra fechada no auge do calor de um dia de agosto em Nova York, quando nos preparávamos para a temporada que estava por começar. Eu era veterana e foi fácil perceber que Alice era novata quando a ouvi comentar com outra pessoa que esperava que os jogos de hóquei do filho não atrapalhassem muito os fins de semana da família no campo naquele inverno. Tomada de súbita pena por ela, apresentei-me. Eu tinha algumas novidades para ela! Disse-lhe então que até já havia escrito, para divertir-me, uma historinha sobre a experiência de levar o filho para jogar hóquei todas as manhãs frias dos fins de semana de inverno no rinque dilapidado da extremidade norte do Central Park, onde se jogava um hóquei obstinado e onde somente os pais realmente obstinados sobreviviam. Imaginei, um tanto divertida, que aquela mulher tão lindamente vestida e com uma bela bolsa não tinha a menor idéia do que a esperava, nem a menor possibilidade de sobreviver, mas é claro que Alice estava predestinada a se tornar uma mãe bem mais obstinada que eu. Meu pequeno texto sobre o assunto pode ter sido incapaz de assustá-la de uma vez por todas no que concerne ao hóquei, porém conseguiu fazer algo infinitamente mais importante: fez-nos amigas e fez dela minha agente literária, embora na ocasião eu não tivesse coisa alguma para vender. Porém Alice gostou muito de alguns pequenos textos não-acadêmicos que eu escrevia e guardava em uma gaveta, e eu gostei dela instantaneamente por ela ter gostado do que eu havia escrito e por expressar isso com aquele seu jeito tão intensamente radiante que seria capaz de derreter um rinque de patinação no gelo. Ela insistiu em que eu escrevesse outros tipos de textos que não fossem acadêmicos, e quando, algum tempo depois, eu me decidi a escrever este livro, ela me dedicou toda sua energia e sua inteligência ilimitadas, analisou comigo uma meia dúzia de versões do plano do livro, sempre com o mesmo entusiasmo e depois encontrou o melhor editor do mundo para o livro que seria escrito. Alice é uma força viva e a melhor agente que um escritor pudesse imaginar se estivesse escrevendo uma história sobre uma escritora improvável que viesse a encontrar uma agente que nem estava procurando — e além disso, a mais valorosa das mães de pequenos jogadores de hóquei.

Tenho a impressão de que desde que comecei a ouvir falar de livros e autores, sempre ouvi pessoas se queixando de que já não se faziam editores como antigamente: no passado, liam cada palavra que o autor escrevia ou até que pensasse em escrever; costumavam acompanhar a elaboração do livro desde quando ainda era só uma idéia, liam quantos manuscritos houvesse e interferiam firmemente na forma final para que ficasse como deveria, realizavam seu ofício com sentimento. Bill Phillips é uma figura saída desse universo editorial dos velhos tempos que, ao que parece, já está quase extinto e seu trabalho honra aquelas tradições e as mantém vivas. Desde nossas primeiras conversas telefônicas, quando o livro era pouco mais que uma idéia e um roteiro, e até chegarmos à nossa última discussão sobre o último advérbio que ele cortou do texto e a última vírgula que ele acrescentou, Bill esteve sempre tão envolvido com o livro quanto eu e, por vezes, parecia estar ainda mais. Ele tem um número incalculável de habilidades e uma capacidade extraordinária de colocá-las a serviço do autor. Até hoje não sei como conseguiu dizer-me que eu precisava jogar fora o primeiro esboço do livro e começar novamente sem provocar em mim o mais absoluto desespero, ou como foi capaz de ler a forma final, que àquela altura já sabia de cor, com o interesse e o espírito crítico que poucos teriam demonstrado em uma leitura. Suspeito que seu estilo de trabalho sempre tenha sido uma raridade mesmo nos anos mais dourados da editoração, e agradeço a Alice e à minha sorte por terem-no colocado em meu caminho. E Bill em nenhum momento deixou de acreditar em mim.

E agradeço a George Calhoum, que ainda é capaz de surpreender-me com uma frase perfeita quando mais eu necessito dela. E isso é uma coisa que não sei como explicar, passados já trinta anos desde quando ele me iniciou nesse mundo onde o árabe é a língua de Deus e da poesia amorosa. Por tudo isso ser-lhe-ei sempre grata.

Os livros têm por vezes um jeito misterioso de encerrar capítulos da vida do autor e este encerra um capítulo da minha. Escrevo estes agradecimentos cercada de caixas onde estão empacotados meus livros e muitas outras coisas, aguardando para serem armazenados, sem que eu saiba ao certo onde sairão dessas caixas daqui a seis meses. É uma tarefa ao mesmo tempo triste e terna, num momento como este, dirigir meus últimos agradecimentos a alguém cujo amor incondicional foi minha fonte de vida nesses últimos cinco anos, principalmente enquanto eu escrevia este livro que, por mil e uma razões, é tanto meu quanto dele. Um agradecimento público não faria sentido. Digo apenas que este livro é um tributo à vida intensa que conseguimos levar juntos nesses anos.

Nova York
Agosto de 2001

Índice

Este livro foi composto na tipologia Stone Serif, em corpo 10/15, e impresso em papel Off-set 75g/m² no Sistema Cameron da Divisão Gráfica da Distribuidora Record.